JN212573

現代人身損害賠償論

村田 輝夫 ［著］

成 文 堂

は し が き

　本書は、筆者の民法（財産法）の研究のうち、不法行為法における人身損害賠償分野の研究を中心に、現代損害賠償論の課題（第1部）及び現代民事責任と損害賠償制度（第2部）に関する論稿を集めたものである。筆者の不法行為法研究の足跡を示すものである。

　第1部は、人身損害賠償における損害論及びその他の論稿で構成されている。第1章では、スモン被害者の「恒久対策」要求の項目について、人身損害論から、損害評価の枠組みについてリハビリテーション医学の知見を手がかりに検討を行った。第2章と第3章は、損害賠償額算定における「損益相殺」について、労災補償給付や公害健康被害補償法給付と損害賠償との「調整」について、具体的な問題点の指摘を含め、検討を行った。第4章では、いわゆる「間接被害者」の問題として、「個人企業」の損害について検討を行った。第5章では、損害賠償額算定における「過失相殺」にかかわる「寄与過失」について、英国の海事条約法の制定過程の詳細な検討を踏まえて検討を行った。第6章は、JR東海事件を対象として、責任能力を欠く認知症高齢者の行為と民法714条の監督義務者責任について検討を行った。

　第2部は、現代民事責任論と損害賠償制度及びその他の論稿で構成されている。第1章では、原子力損害賠償制度の意義と問題点について検討を行った。第2章では、原子力労災と損害賠償制度について問題点を検討した。第3章では、過誤納金返還問題における民事責任論について検討を行った。第4章では、遺伝子実験施設の利用等について検討を行った。

　なお、本書に収録した論稿の多くは発表からすでにかなりの時間が経過しており、加筆修正が望ましいところ、若干の訂正を除き、原則として、初出のまま本書に収録した。ご海容賜れば幸いである。とりわけ、第2部で取り上げた原子力損害賠償の問題については、福島第一原発事故（2011年3月）で状況は一変し、多くの貴重な研究が蓄積されているものの、平常運転時における労働災害の問題や低線量被曝の問題は現在においても残された検討課題

であると思われる。

　本書各章を構成する各論稿の初出は以下のとおりである。

第 1 部　現代損害賠償論の課題

第 1 章　公害健康被害の恒久的救済と損害論の課題

　「公害健康被害の恒久的救済と損害論の課題―スモン被害者の「恒久対策」要求を中心として―」早稲田大学大学院法研論集第 29 号（1983 年 6 月）

第 2 章　損害賠償と労災補償給付の「調整」

　「損害賠償と労災補償給付の『調整』」早稲田大学大学院法研論集第 37 号（1986 年 3 月）

第 3 章　損害賠償と公害健康被害補償法給付の「調整」

　「損害賠償と公害健康被害補償法給付の『調整』」早稲田大学大学院法研論集第 51 号（1989 年 10 月）

第 4 章　間接被害者の損害賠償に関する一考察

　「間接被害者の損害賠償に関する一考察―『個人企業』の損害について―」弘前大学人文学部文経論叢第 32 巻第 2 号（1997 年 2 月）

第 5 章　イギリスにおける過失相殺論研究序説

　「イギリスにおける過失相殺論研究序説―寄与過失論の変遷と 1911 年海事条約法制定過程を中心として」弘前大学人文学部文経論叢第 27 巻第 1・2 合併号（1992 年 3 月）

第 6 章　認知症高齢者の鉄道事故と遺族の損害賠償責任に関する覚書

　「認知症高齢者の鉄道事故と遺族の損害賠償責任に関する覚書―JR 東海事件を契機として―」関東学院法学第 27 巻第 1 号（2018 年 3 月）

第 2 部　現代民事責任論と損害賠償制度

第 1 章　原子力損害賠償に関する基礎的考察

　「原子力損害賠償制度に関する基礎的考察（覚書）」弘前大学人文学部文経論叢第 30 巻第 2 号（1995 年 2 月）

第 2 章　原子力労災と損害賠償に関する基礎的考察

　「原子力労災と損害賠償に関する基礎的考察」弘前大学人文学部文経論叢第 33 巻第 1 号（1997 年 8 月）

第3章　租税過誤納金返還問題における民事責任論

　「租税過誤納金返還問題における民事責任論―不当利得ないし国家賠償の成否を中心に―」弘前大学人文学部人文社会論叢（社会科学篇）第11号（2004年2月）

第4章　遺伝子実験施設の利用等に対する差止請求

　「遺伝子実験施設の利用等に対する差止請求―バイオハザード問題と差止訴訟等―」青森法政論叢第5号（2004年08月）

　なお、本書未収録の論稿（共著）として、阿波連正一・村田輝夫『大系　環境・公害判例　第2巻　水質汚濁』（旬報社、2001年3月）、牛山積・松原哲・村田輝夫『大系　環境・公害判例　第3巻　騒音・振動』（同）、首藤重幸・村田輝夫『大系　環境・公害判例　第5巻　原子力・バイオハザード』（同）がある。これらは、公害判例を網羅的に分析したもので、同書第2巻では「地盤沈下」を、同書第3巻では、「悪臭」を、同書第5巻では「バイオハザード」をそれぞれ担当している。

　また、不法行為法以外の民法財産法や民法以外の他分野の研究として、以下の論稿がある。

＜公共契約論＞

「WTO政府調達協定の意義と公共契約―国際取引と紛争処理制度―」弘前大学経済研究第19号（1996年11月）

＜動産担保法＞

「動産売買先取特権の物上代位に関する一考察―裁判例の検討を手掛かりとして―」早稲田法学第87巻第3号（2012年3月）

「わが国における動産・債権担保融資の現状と課題―アセット・ベースト・レンディングを中心として―」青森法政論叢第14号（2013年8月）

「わが国における『集合動産譲渡担保』関連判例の動向について―最一小判平18・7・20民集60巻6号2499頁を中心として―」青森法政論叢15号（2014年8月）

「物流事業における在庫等担保融資（ABL）の意義と課題」関東学院法学第28巻第1号（2019年1月）

＜司法福祉論＞

「司法制度改革と大学教育の課題―少年司法への連携を考える―」弘前大学人文

学部人文社会論叢（社会科学篇）第13号（2005年2月）
「非行少年自立支援『学生ボランティア』活動の学際的研究にむけて」司法福祉学研究第9号（2009年8月）

　恩師である牛山積先生には、早稲田大学大学院進学以降、長きにわたりご指導を賜った。本書が先生からのご学恩に報いることができたのであれば望外の幸いである。先生のご意見を伺うことがもはやできなくなったことが残念でならない。

　なお、田山輝明先生には、大学院の授業でのご指導のみならず、大変お世話になった。法学部のゼミでお世話になった島田征夫先生には、大学院進学以降もご指導いただいた。両先生にも深く感謝申し上げる次第である。

　私事にわたり恐縮であるが、妻恭子の全面的な協力がなければ本書の刊行はできなかった。妻と子ども達のサポートに改めて感謝したい。

　恩師牛山積先生と今はなき郷里の父母の墓前に本書を捧げる。

　本書の出版にあたり成文堂社長阿部成一氏並びに編集部飯村晃弘氏に大変お世話になった。とりわけご尽力賜った飯村氏には厚く御礼申し上げる次第である。

　最後に、本書の出版は、関東学院大学法学会著書出版助成基金によることを付記する。

　　　　2025年3月

　　　　　　　　　　　　　　　　　　　　　　　　　　村田　輝夫

目　　次

第2部　現代民事責任論と損害賠償制度

第1部　現代損害賠償論の課題

第1章　公害健康被害の恒久的救済と損害論の課題
──スモン被害者の「恒久対策」要求を中心として──

1．はじめに

　淡路剛久教授は、損害論に関する研究において、「責任要件論の研究に比べて損害論の研究が相変らず手薄である」[(1)]と不法行為研究の現状を総括しておられる。しかし、一方で、近年の公害・薬害[(2)]訴訟においては、人間らしく生きる権利の回復＝原状回復の主張（スモン訴訟）や制裁的慰謝料論・インフレ算入論[(3)]の主張（クロロキン訴訟）がなされ、新たな損害論の模索が続けられているといってよいと思われる。また、他方では、従来の損害賠償実務においても、交通事故賠償で一部において住宅改造費や介護費が認められるようになったことにみられるように、少しずつ変容していく可能性もあると思われる。

　今日における損害論の課題[(4)]としては、加害行為がない状態に可能な限り回復させることが重視される必要がある。それが、健康被害者の救済に最もふさわしく、被害者の要求にもかなうからである。本稿においては、この原状回復の考え方にしたがって、まず、われわれの前に提示されているスモン被害者の「恒久対策」要求の内容を検討し、他の諸制度の内容とも比較を行なう。そして、この「恒久対策」要求を切実なものとしている背景にある障害と被害の構造・メカニズムの検討を行なう予定である。

　「恒久対策」の問題では、民事責任と社会保障との関係で単純に割り切れない部分がある。試論的な提示にとどまらざるをえないが、これらの問題も検

---

(1)　淡路剛久「損害論の新しい動向(1)」ジュリスト 764 号 22 頁。
(2)　本稿においては、健康被害については公害と食品公害・薬害を区別せずに論じている。
(3)　後藤孝典『現代損害賠償論』（日本評論社、1982 年）。
(4)　吉村良一「人身損害をめぐる理論状況と課題」立命館法学 155 号 29 頁参照。

討してみたい。

　なお、人身侵害＝健康被害の場合のうち、生命侵害の場合については、本稿では直接の検討対象外であることをおことわりしておきたい。

2．公害健康被害者の要求と「恒久対策」の意義

(1)　公害健康被害者の要求と運動

　公害健康被害者の要求が、被害者の完全救済＝人間らしく生きる権利の回復のために可能な限り必要な要素を含むものとして体系化されるようになったのは、公害問題の歴史のなかでは比較的最近のことに属する。四大公害裁判が1967年から69年にかけて提訴されるまでは、深刻な健康被害を受けながら、加害企業と行政の癒着という政治的構造のなかで、被害者の要求は圧殺されてきたのであった[5]。このような事情の下では、「元通りの健康な身体を返せ」という被害者の人間としての当然の要求を実現するために、まず何よりも加害行為と被害との因果関係を確定し、加害企業の責任を明確にすることが、訴訟における最大の課題となったのも当然であった。四大公害裁判は、1971年から73年にかけて、相次いで原告＝被害者勝訴の判決が下され、因果関係と責任の明確化という課題は基本的に達成されたのである。この間、損害論に関しても、一括・一律請求から包括請求へと原告側の主張が深化し、「環境ぐるみの人間破壊の総体」[6]として損害が捉えられるようになった。包括請求が判例上も認められるようになる[7]には今少し時間を必要としたが、このような公害訴訟における損害論の発展は、従来のような損害の評価および損害額の算定では、公害健康被害者の救済にとって全く不十分であるという事実に対する深刻な認識が根底にあったといわねばならない。ま

---

(5)　例えば、熊本水俣病事件における見舞金契約（1959年）の問題をみても明らかである。公害紛争の類型別の検討を行なうものとして、淡路剛久「公害紛争の解決方式と実態」（金沢良雄監修『注釈公害法大系第四巻紛争処理・被害者救済法』（日本評論社、1973年）所収）がある。

(6)　熊本水俣病訴訟における原告の最終準備書面（法律時報臨時増刊『水俣病裁判公害裁判第3集』（日本評論社、1973年）247頁）。

(7)　福岡スモン判決、福岡地判昭和53・11・14判例時報910号33頁。

た、四大公害裁判に関しては、判決後の対企業交渉による「協定」の問題が重要である。原告は勝訴判決をテコとして被告である企業と交渉し、裁判外の「協定」によって、年金などの要求を全面的にではないにせよ実現したのである。原告勝訴判決→協定というこのパターンは、スモン「確認書」[8]による和解にいたる過程においても踏襲された。この「協定」の問題で重要なことは、裁判上の救済＝一時金賠償では被害者の救済にとって不十分であるということを、紛争当事者である被告みずからが認めていることである。

　これに対し、食品・薬品公害の事例では、「和解」などの形で訴訟が終結したサリドマイド事件と森永ミルク中毒事件(ともに 1974 年に終結)において[9]、被害者（とその親）の要求と運動は、因果関係と責任の一定の明確化を果たし、さらに、「恒久対策」にかかわる事業を加害者の責任において行なう機構の設立に至ったのである。すなわち、「被害児の健康管理、医療、介護、教育、職業その他将来の生活の安定のため必要な事業を行うことを目的」[10]として、大日本製薬の出捐により「財団法人いしずえ」が設立され、また、「森永ミルク中毒事件に起因する被害の救済のための事業及びこれに関連する調査、研究その他の事業を行ない、被害者等の福祉の増進を図り、もって公衆衛生及び社会福祉の向上に資することを目的」[11]として、森永乳業の出捐により「財団法人ひかり協会」が設立されたのである。このような「恒久対策」にかかわる事業が、不十分とはいえ開始されるようになった背景には、被害者による「生存権・生活権・教育権等の完全回復・擁護を目的」[12]とした要求の体系化の運動があり、その結晶ともいうべきものが「森永ミルク中毒被害者の恒久的救済に関する対策案」[13]（森永ミルク中毒のこどもを守る会、1972

---

(8) 法律時報 51 巻 12 号 57 頁。

(9) サリドマイド事件は、当事者間の「確認書」および「覚書」の成立による訴訟上の和解であった。一方、森永ミルク中毒事件の場合には、同じく「確認書」が締結されたが、訴の取下げによって訴訟が終結した。

(10) サリドマイド「確認書」（ジュリスト 577 号 60 頁）。

(11) 財団法人ひかり協会寄附行為第 3 条（森永ミルク中毒被害者弁護団編『森永ミルク中毒事件と裁判』（ミネルヴァ書房、1975 年）496 頁）。

(12) 森永ミルク中毒のこどもを守る会「森永ミルク中毒被害者の恒久的救済に関する対策案」（前掲『森永ミルク中毒事件と裁判』474 頁。）

(13) 前掲『森永ミルク中毒事件と裁判』参照。

年8月）である。

　以上の二つの流れをいわば統一したものとして、スモン訴訟の事例を考えることができよう。すなわち、この事例において、被害者は、判決による国および製薬三社の責任の明確化を基礎として、東京地裁「可部和解」の水準をのりこえる「確認書」による和解をかちとり、また、薬事二法の修正[14]も果たしたのである。司法・立法・行政の三権にわたる壮大な闘いにおいて一応の成功を収めたといってよいと思われる。そして、この原動力となったものは、「恒久対策」の実現＝人間らしく生きる権利の回復に向けた被害者の要求と運動であった。その基礎となったものが、「スモン患者（キノホルム被害者）の恒久補償要求」[15]（スモンの会全国連絡協議会、1976年）をはじめとする被害者の要求の体系化であった。

　公害訴訟における包括請求論[16]の登場が、損害賠償の理論と実務に対して一定の影響を与えたのと同様、被害者の「恒久対策」の実現を求める要求と運動は、従来の損害論に欠けていた要素をまさに具体的に指摘しているがゆえに、われわれにとって避けて通れない課題を提起していると考えなければならない。

　以上のような理由から、さしあたりスモン被害者の「恒久対策」要求を素材として、その到達点を確認し、問題点を検討することも意義のあることではないかと思われる。

(2)　「恒久対策」要求

　検討の素材とするものは、前述の「スモン患者（キノホルム被害者）の恒久補償要求」（スモンの会全国連絡協議会、1976年8月、以下「恒久補償要求」という）と「スモン被害者の原状回復に関する特別措置法（略称・スモン特別法）要綱案」[17]（スモンの会全国連絡協議会、1978年6月、以下「特別法要綱案」とい

---

(14)　スモンの会全国連絡協議会編『薬害スモン全史第三巻運動篇』（労働旬報社、1981年）112頁。

(15)　亀山忠典他編『薬害スモン』（大月書店、1977年）278頁。

(16)　牛山禎「包括請求の役割とその評価」法律時報52巻9号17頁。

(17)　スモンの会全国連絡協議会編『薬害スモン全史第一巻被害実態篇』（労働旬報社、1981年）447頁。

う）を中心とする。

(1)　「恒久対策」の理念・原則

「恒久補償要求」においては、「原状回復・完全救済の原則」・「加害者負担の原則」・「薬害根絶の原則」が「基本原則」として謳われており、また、「特別法要綱案」の「目的」においても、「原状回復」と「人間らしく生きる権利（の回復）」が明記されている。たんなる損害賠償金の要求にとどまらず、「薬害根絶」や「医療・薬事行政の改善」というような個人の救済のレベルを超えた社会的なアピールが、まさに被害者の切実な要求の一環として位置づけられていることが大きな特徴であり、その「道義性の高さ」を裁判所も指摘している[18]のである。

以上のような理念・原則における特徴は、スモンの事例だけでなく他の事例においても共通に見出すことのできるものであって、みずからの要求の正当性に対する確信と被害の発生・拡大を助長した政治的・経済的・社会的要因に対する告発とが、被害者の運動のなかで形成され、「事件の核心」に迫ってきたと考えることができよう。

(2)　「恒久対策」の内容

スモン被害者の「恒久対策」要求には、前述のような社会的アピールの他にも、救済機構の構成、症度判定の基準・手続・費用負担の問題など、それ自体としては極めて重要な項目が含まれているが、本稿においては、スモン被害者の完全救済＝人間らしく生きる権利の回復を実現するために直接必要となっている諸措置の内容を検討することを主眼としているため、検討の素材を「特別法要綱案」の「第三、給付」と「第四、原状回復に関する措置」に限定をして考察することにする。

まず、考察の手がかりとして給付と原状回復に関する諸措置の各項目が被害者などの運動によってどの程度まで実現されているか、また、それらの到達点は他の諸制度における救済内容とどのような関係にあるかを明らかにす

---

(18)　福岡スモン判決（注3）判例時報 910 号 164 頁。

表1

スモンにおける恒久対策要求（スモン特別法要綱案による）の項目	スモン確認書（1979・9）	スモン対策（特定疾患医療）国・自治体
A．給付 ①賠償一時金　　　　症度Ⅰ　3,000 　（罹患〜請求時）　　〃Ⅱ　4,000 　　　　　　　　　　〃Ⅲ　5,000 　　　　　　　　　　〃Ⅳ　6,000　　　　　　（万円） 　　※年齢・職業等の加算事由あり	1000 1700 2500 の3ランク	
②療養の給付。スモン及びその合併症について以下の給 　　　　付を行なう。 　　　1．診察 　　　2．薬剤又は治療材料の支給 　　　3．医学的措置、手術、リハビリテーショ 　　　　ン及びその他の治療 　　　4．病院又は診察所への収容 　　　5．看護 　　　6．移送		○（特定疾患医療）
◦療養の給付はスモンの特性に対応したも 　　　　のであることを要し、ハリ、灸、マッサー 　　　　ジ等も含む。 　　　◦キノホルム剤に起因しない負傷・疾病につ 　　　　いても、スモン症状の影響により現に療養 　　　　を要する場合には給付を行なう。 　　　◦療養の給付に際してはスモン手帳を開示 　　　　し、療養は無料とする。		「ハリ・灸・マッサージ治療研究事業」
③療養費の支給。療養の給付が困難な場合には、療養の給 　　　　付にかえて療養費の支給をする。 ④健保との関係　1．療養の給付及び療養費については健 　　　　保負担分も含めて負担する。 　　　　　2．診療報酬の支払等についてはスモン 　　　　の特性を考慮して定める。		
⑤療養手当◦療養手当として次の費用を支出する。 　　　1．入院に要する費用 　　　2．通院に要した費用（タクシー代・宿泊代 　　　　等含む） 　　　3．付添看護費用	○ (4. と6.)	

裁判外の協定（熊新四イ日本潟市病）	公害健康被害補償法/医薬品副作用被害救済基金法	交通事故（民事）	労働者災害補償保険法	社会保険（医療/年金）	社会福祉制度（カッコ内は根拠法）
○　　→⑦	→⑦	○	→⑦		
○（熊・イ）	○	○	○	○（医療）	②関係 　更生医療（a19） 　育成医療（c20） 　特定疾患医療費助成（b） 　老人医療（k17、25） 　医療扶助（j15）等
	○（公害）		○		
○（4.熊・新・イ/5.イ）	○	○（1.～5.）	○〈傷病〉（4.）		

スモンにおける恒久対策要求（スモン特別法要綱案による）の項目	スモン確認書(1979・9)	スモン対策（特定疾患医療）国・自治体
4. 介助費 　　　　5. 温泉療養費 　　　　6. 健康管理手当 　　　　7. その他療養のために必要な費用 　※3. は実費、1. 2. 6. は定額、4. 5. 7. は症度に応じた定額 ⑥原状回復費。被害前と同じ生活を維持するために必要な費用を支給する。 　　　　1. 松葉杖、車椅子等の補装具の現物支給又はその費用 　　　　2. 身体障害者用自動車の購入・維持・運用費用及び運転資格取得に関する費用 　　　　3. 通常の生活を維持するために必要な住宅改造費（便所、風呂、廊下、断熱・耐寒工事等） 　　　　4. 暖房費、電話代の一部 　　　　5. 介助費・家事援助者費用（買物、家事等） 　　　　6. 就学費・職業訓練費 　※1. は実費、2. は定額、3. ～6. については症度に応じた定額 ⑦将来の生活補償費。健康で就業できた場合に本来得た（請求時～死亡）　であろう金額を支給する。 　　※最低保障（国公一般行政レベル）あり、賃金上昇にスライド。 ⑧葬儀費。定額（30万円程度） ⑨遺族補償費。スモン患者が死亡した場合にその相続人に支給（70歳まで、額は⑦に準じた額）。 B. 原状回復に関する措置 　①　国のなすべき措置 　　①治療方法の研究と開発 　　1. スモン治療の研究体制の強化・研究委託 　　2. 研究・開発の諸費用の保障		難病対策の見舞金（自治体） 4. 採暖費（滋賀）

裁判外の協定 (熊新四イ/日/本潟市病)	公害健康被害補償法/医薬品副作用被害救済基金法	交通事故 (民事)	労働者災害補償保険法	社会保険 (医療/年金)	社会福祉制度 (カッコ内は根拠法)
	4．介護加算→障害補償（公害）		4．（福） 5．（福） （福＝労働/福祉事業）		
		○(1．3．5．)	○〈障害〉(1．)		⑥関係 　生活用具の支給（b） 　補装具の給付修理（a20） 　自動車運転資格取得（b） 　自動車改造（b） 　住宅整備貸付金（b） 　公営住宅優先入居（b） 　住宅扶助（j14） 　福祉電話（b） 　もう・ろう・養護学校 　教育費（e） 　教育扶助（j13）等
			2．購入資金貸付（福）		
6．就学援助（熊）			6．（福）→B(ⅱ)⑤		
○〈年金〉(熊・新)	○（障害補償/障害年金）	○	○（休業・障害給付、傷病年金）	○（休業給付/障害年金）	⑦関係 　各種福祉手当等（d） 　税の各種減免 　生活扶助（j12） 　失業扶助（j19）
○（熊）	○ ○	○	○ ○（年金か一時金）	○（医療） ○（年金）	⑧関係 　葬祭扶助（j18）

スモンにおける恒久対策要求（スモン特別法要綱案による）の項目	スモン確認書(1979・9)	スモン対策（特定疾患医療）国・自治体
②専門病院・病棟の設置 　1. 全国で3ヶ所以上のスモン専門病院又は治療を行なえるサナトリウムを設置する。 　2. 右の他、各都道府県に最低1ヶ所以上のスモン専門病棟を設置する。 　3. 右病院、病棟には専門医、理学療法士、心理判定員、養護人を配置し、スモン治療及びリハビリテーションを十分に行なえるようにしなければならない。 ③スモン被害者について実態調査を行なう。 ④国は前3項の結果を定期的に公表する。 (ⅱ)都道府県知事のなすべき措置 ①患者の健康管理（定期的健診、健康相談など） ②相談機関の設置（ケース・ワーカーなど） ③在宅患者対策（医師・看護婦等の派遣・巡回指導、家事援助者の配置） ④教育・機能訓練等の制度・施設の完備 　1. スモンのため教育を受けることが困難な患者に対しては、義務教育はもとより高等教育についてもそれを可能とする制度・設備を設ける。 　2. スモン患者のために機能訓練施設を設ける。 ⑤職業訓練および就職の確保 ⑥リハビリテーションを伴う療養・生活施設の設置 ⑦スモン対策審議会の具申する事項 ⑧その他スモン患者の原状回復に必要な事項		専用病床（京都） スモン対策窓口の設置（各県）難病相談事業（京都・大阪） 世帯更正資金貸付の特例化 患者団体への助成（自治体）

裁判外の協定〈熊新四イ日本潟市病〉	公害健康被害補償法/医薬品副作用被害救済基金法	交通事故（民事）	労働者災害補償保険法	社会保険（医療/年金）	社会福祉制度（カッコ内は根拠法）
	〈保健福祉事業〉		⑤社会復帰資金貸付・生業援護金・機能回復援護（福）		※以下は(ii)の①～⑥ ①、②関係 　診査・更生相談（a18） ③関係 　訪問診査（b） 　ホームヘルパー 　　　　　　（a21-3） 　ひとり暮し介護人派遣（b） ④関係 　各種施設→⑥ ⑤関係 　各種施設（a18） 　訓練費支給（a18の2） 　就職指導（f-i） 　公共職業訓練 　　　　　（i14-15） 　職場適応訓練（h6-10） 　通勤自動車等購入資金貸付（b、1） 　作業器具購入資金貸付（1） 　就職資金貸付（1） 　自営業開業資金債務保証（1） 　身元保証（1） 　世帯更生資金貸付（b） 　売店設置等（a22-25） ⑥関係 　各種施設（a27-31、c42-3）

法令等略号（表1）

a：身体障害者福祉法
b：厚生省通知等
c：児童福祉法
d：特別児童扶養手当等の支給に関する法律
e：盲学校、ろう学校及び養護学校への就学奨励に関する法律
f：雇用対策法
g：職業安定法
h：身体障害者雇用促進法
i：職業訓練法
j：生活保護法
k：老人保健法
l：雇用促進事業団の業務
　　凡例（a18の2）＝身体障害者福祉法第18条の2

るために「**表1**」を作成した。スモンに直接関係するものとして、「確認書」による和解によって獲得された条件ならびに特定疾患医療費給付制度（難病対策の一環として実施されておりスモン被害者も対象として含まれる）および国・自治体におけるスモン対策としての諸施策があり、間接的ではあるが、公害・薬害被害の救済という点で関係のあるものとして、公害事例における裁判外の「協定」によって獲得された条件ならびに公害健康被害補償法[19]および医薬品副作用被害救済基金法[20]に基づく救済がある。このほかに比較するにふさわしい制度・実務として、交通事故民事判例、労働者災害補償保険制度、社会保険制度および社会福祉制度がある。尚、公害事例としては、いわゆる四大公害裁判（熊本水俣病訴訟、新潟水俣病訴訟、四日市公害訴訟、イタイイタイ病訴訟）をとりあげた。また、「**表1**」の諸制度における救済内容については、「恒久対策」要求との対応が一定程度確認できる範囲の項目について記載したものである。従って、それぞれの制度における詳細かつ具体的な救済内容までは触れることができなかった。健康障害の評価基準や救済内容は、それぞれの制度ごとに異なっており、機械的な比較を困難にしているこ

---

(19) 問題点を指摘するものとしては、牛山積『現代の公害法』（勁草書房、1976年）162頁以下がある。この他に、峯田勝次「公害健康被害補償法」ジュリスト臨時増刊『損害賠償制度と被害者の救済』（有斐閣、1979年）72頁などがある。
(20) 問題点については、石橋一晁「医薬品副作用被害救済基金法の成立と問題点」法律時報51巻12号63頁。

とも否定できない。例えば、障害評価の基準についてみると、これを規定する法律は 23 にのぼり、48 種の基準に分かれるのである[21]。さらに、条例に基づく自治体独自の事業を加えれば一層複雑となろう。そして、重要なことは、救済が無条件でなされることは非常に少なく、それぞれの制度ごとに救済を受けるための要件が規定されており、社会福祉制度においては所得制限が存在するのである。また、救済水準についても、社会福祉制度はいうまでもなく、「賠償」的側面を有する場合でも不十分なものである（例えば、公害健康被害補償法における障害補償費〔労働者の性別・年齢階層別平均賃金の 8 割〕や労働者災害補償保険法における休業補償給付〔被災労働者の平均賃金の 6 割——特別支給金を含めても 8 割〕の例をみよ）。

　さて、「特別法要綱案」によると、給付については、賠償一時金、療養の給付及び療養費、療養手当、原状回復費、将来の生活補償費、葬儀費、遺族補償費の七種類が規定されている。一方、原状回復に関する措置については、国のなすべき措置と都道府県知事のなすべき措置に分けられ、前者には、治療方法の研究と開発、専門病院・病棟の設置、スモン被害者の実態調査およびそれらの結果の定期的公表が規定され、後者には、患者の健康管理、相談機関の設置、在宅患者対策、教育・機能訓練等の制度・施設の完備、職業訓練・就職の確保、リハビリテーションを伴う療養・生活施設の設置、スモン対策審議会の具申する事項およびその他スモン患者の原状回復に必要な事項が規定されている。

　他の諸制度等と比較して得られる概括的な特徴を指摘すれば、㈦給付の「原状回復費」について、交通事故判例で住宅改造費等が一部認められている[22]ほかは社会福祉制度や労災制度において一定の対応する制度があるにすぎないこと、㈤原状回復に関する措置のうち「国のなすべき措置」については他の諸制度において該当するものがないこと、㈧同じく「都道府県知事のなすべき措置」については、社会福祉制度や労災制度において一定の対応

---

(21)　日本リハビリテーション医学会編『リハビリテーション白書』（医歯薬出版、1979 年）208 頁。

(22)　仙台地判昭和 54・1・17 交通民集 12 巻 1 号 13 頁、千葉地裁佐倉支判昭和 54・9・3 交通民集 12 巻 5 号 1264 頁など。

する措置があるほかに、公害健康被害補償制度および医薬品副作用被害救済基金制度において「保健福祉事業」[23]が一応規定されていること、などがある。(イ)については、スモン被害の特質、国の責任の明確化などによるものである。(ア)と(ウ)については、既存の社会福祉制度の「活用」により要求の一定の実現が可能となる一方で、これらの制度が様々な条件付きで水準も低いという事情を考慮すれば、社会福祉制度の「活用」による限界を見定め、その限界をのりこえることが不可避の課題とならざるを得ないと思われる。

(3)　「恒久対策」要求の意義と問題点

　ここで、スモン被害者の「恒久対策」要求の意義と問題点を整理しておくことが有益であろう。

(1)　意　義

　まず、第一に、従来の損害賠償による救済の不十分性を克服するために、なされるべき救済措置の内容を具体的に提起したことである。これは、原告側が訴訟において包括請求方式をとっていたことと無関係ではない。すなわち、原告側は、包括請求方式を採用することによって「総体としての被害」を明らかにし、これを損害の事実として承認させるよう努力していたからである。また、被害者の完全救済＝人間らしく生きる権利の回復の主張は、人身損害の賠償において、少なくとも理念としては原状回復をあくまで追求すべきであるという見解の裏付けとなったのである。

　第二に、「要求づくり」が、被害者の団結と運動を強化することに役立ったことである。恒久補償要求を作ることは、「第一に、全国の被害者のたたかいの基礎であり、目標である切実な要求を共通なものとして確認し、統一し、明らかにして団結をかちとるために、第二に、これを加害者につきつけて解決を迫るたたかいの大きな武器とするために、第三に、"人間らしく生きたい"、"こんな苦しみはもう二度とこの世におこしてはならない"という被害

---

(23)　保健福祉事業がなぜ進まないかということを分析し問題点を指摘するものとして、日本弁護士連合会公害対策委員会『公害被害者救済はこれでよいか〔公害健康被害補償制度実態報告書〕』20頁以下があり、非常に有益である。

者の切実な要求の正当性に対する国民の支持を得るために絶対に必要なもの」であり、「追いつめられた加害者製薬企業は、いつでも責任をあいまいにし、安上がりの解決をねらって『和解』によるゆさぶりをかけてくるのが常であるので、それに対応するためにも要求を明確にする必要」があった[24]のである。

　第三に、「恒久対策」の実現によってわが国の社会保障・社会福祉の水準に影響を及ぼし、これを底上げするという展望が、現在のところ可能性にとどまるにせよ、生まれたということである。もとより、「恒久対策」は損害賠償の一環であってたんなる福祉の要求ではない[25]が、社会保障・社会福祉の水準の向上を求める国民的要求と合致しているのであり、国民的課題となりうるからである。

(2)　問題点——実現に際しての障害——

　「恒久対策」に示されている内容を実現させるために問題となることは、すべての内容を民事責任の履行として考えることができるかどうかということである。北陸スモン弁護団の一員でもある烏毛美範弁護士は、「スモン被害者に対する原状回復措置」を「給付的・個別的措置」と「制度的・一般的措置」とに分類し、前者には、「過去の損害の補償、療養の給付（療養関係費の補償）、補装具等の給付（補装具等費の補償）、住居改造等の給付（住居改造等費の補償）、就学・職業訓練費の補償、将来の生活補償、慰謝料の補償など」が含まれ、後者には、「治療方法の研究開発、専門の病院・病棟の設置、健康管理等、在宅患者対策、教育・職業の保障、街づくりなど」が含まれるとされている[26]。

　「給付的・個別的措置」と「制度的・一般的措置」とは、それぞれ、「特別法要綱案」の「給付」と「原状回復に関する措置」とに対応するものと考えられるが、烏毛弁護士は、「金銭的救済の観点からみると、給付的・個別的措置は金銭給付による対価的・等価的な代替が可能であり、制度的・一般的措

---

(24)　前掲『薬害スモン全史第三巻運動篇』31 頁。
(25)　豊田誠・中村雅人「恒久救済対策の法理」法律時報 50 巻 5 号 35 頁。
(26)　烏毛美範「スモン被害者救済の法理（損害論）」法の科学 8 号 83 頁。

置は金銭給付による対価的・等価的な代替が不可能もしくは著しく困難」であり「この場合の金銭的救済は、結局慰謝料の調整的機能に頼らざるを得ない」と結論されるのである。

確かに、「制度的・一般的措置」の対価賠償は著しく困難ではあるが、全く不可能であるとも断定しえないように思われる。これらの措置によって「加害行為がなければあったであろう状態」にまで完全に回復させることは不可能であるかもしれないが、可能な限りそのような状態にまで近づけるための「必要な措置」はとられなければならない。そして、「必要な措置」のなかで、既存の社会福祉制度等に基づく福祉サービスの活用によって一定程度実現可能なものがあると思われる（例えば、在宅患者対策としての家事援助者＝ホームヘルパー等の派遣）。ただし、これらには時間や回数等の制約があり、被害者の必要を満たすためには、一般的な福祉サービスの水準を超えて、私費で家政婦等を雇う場合もあろう。この費用については金銭評価が可能である。実は、「給付的・個別的」処理が可能な性質を有するからである。行政上の福祉サービス機構を利用して「必要なだけの」サービスが受けられ、その費用は原因者が負担する[27]（「特別法要綱案」の「基金」構想）ことが理想である。このようにして、被害者個人に対してなされるサービスとして構成できる措置については、行政上の制度と関連する問題はあるにせよ、金銭評価が可能なものがあると考えられる。これに対して、被害者個人に対してのみなされるサービスとしては構成できない措置については、個人レベルの損害賠償請求権の内容として構成することが困難であることも否定できない。治療方法の研究・開発や専門病院・病棟の設置[28]などがこれにあたるが、これらの措置は、スモン被害者においても最も要望の強い[29]ものであり、可能な限りの原状回復をはかるために不可欠である。これらの措置は、国の社会保障施策の

---

(27) 食品・薬品公害における救済体系において、「完全救済を前提とする国の第一次的救済体系を確立し、その上で国から帰責事由をもつ事業者への求償権の行使が義務づけられる」方式が検討されてよいとする、下山瑛二『健康権と国の法的責任』（岩波書店、1979年）284頁がある。

(28) 京部の宇多野病院などで専用病床の整備が始まっている（前掲『薬害スモン全史第三巻運動篇』145頁）。

(29) 前掲『薬害スモン全史第一巻被害実態篇』417頁以下のアンケート調査参照。

一環として実現されるべきであるが、スモンの事例において国は加害者でも
あり、これらの措置をなすことが事実上義務づけられると解しえないもので
あろうか。法的構成や義務懈怠の場合の対抗手段など困難な問題が多くある
と思われるが、これらの措置を個人の権利（損害賠償請求権）の内容として構
成することが困難であるという法技術的な理由で否定することは、被害者の
完全救済＝人間らしく生きる権利の回復の見地からみて妥当とは考えられな
い。

　国の責任に関しては、国家賠償責任が否定された領域においても、「健康障
害に対する一般的な国の社会保障責任を基底としつつ、この被害発生原因と
して国が関与した程度、および国家賠償責任を肯定するまでには至らない安
全確保義務の懈怠が、国の社会保障責任の内容を覊束することが認められな
いか[30]」（＝社会保障原理に対する国家賠償原理の浸透）という牛山積教授の問題
提起があり、今後の検討課題となろう。

3.「恒久対策」と損害論の課題

(1)　人身侵害における損害評価の枠組み

　「公害裁判は被害にはじまり被害におわるといわれているが、公害事例で
なくとも深刻な健康被害が生じている事例においては被害実態へのアプロー
チが最も重要である。

　健康被害の実態の正確な把握のためには、「リハビリテーション」の理念と
方法によることが最も有益である。「リハビリテーション」というとたんなる
「機能回復訓練」としてしか理解されないことが多いが、これは全く一面的で
不十分な理解である。「リハビリテーション」とは、障害者の「全人間的復
権」＝「人間らしく生きる権利の回復」をその本来的な理念[31]とし、医学的リ
ハビリテーション、教育的リハビリテーション、職業的リハビリテーション、

(30)　牛山積「公害法と社会保障──民事責任の原理と社会保障の原理の関連」沼田・小
　　川・佐藤『現代法と社会保障』（総合労働研究所、1982年）220頁。
(31)　この理念を強調するものとして、上田敏「スモン患者の救済と恒久対策」ジュリス
　　ト656号50頁、同「障害者の全人間的復権とリハビリテーション」障害者問題研究1
　　号53頁、同「障害者問題とリハビリテーション医学」障害者問題研究3号3頁がある。

心理的リハビリテーション、社会的リハビリテーション、およびスポーツ・レクリエーションによるリハビリテーションなどからなる総合的アプローチの体系なのである[32]。

　まず、リハビリテーション医学によって障害の構造を把握することが重要である。客観的障害は、機能・形態障害、能力障害、および社会的不利の三つのレベルから構成されている。上田敏氏の定義[33]によれば次のようになる。

　「機能・形態障害（impairment）とは障害の一次的レベルであり、直接疾患（外傷を含む）から生じてくる。生物学的なレベルでとらえた障害である。能力障害または社会的不利の原因となる、またはその可能性のある、機能（身体的または精神的な）または形態のなんらかの異常をいう。」

　「能力障害（disability）とは障害の二次的レベルであり、機能・形態障害から生じてくる。人間個体のレベルでとらえた障害である。与えられた地域的・文化的条件下で通常当然行うことができると考えられる行為を実用性をもって行う能力の制限あるいは喪失をいう。」

　「社会的不利（handicap）とは障害の三次的レベルであり、疾患、機能・形態障害あるいは能力障害から生じてくる。社会的存在としての人間のレベルでとらえた障害である。疾患の結果として、かつて有していた、あるいは当然保障されるべき基本的人権の行使が制約または妨げられ、正当な社会的役割を果たすことができないことをいう。」

　この三つのレベルの客観的障害の構造という把握の方法は、損害論における損害評価の枠組みにとって有効であることから、近年注目されつつある[34]（上田氏によれば、客観的障害の他にも主観的障害ともいうべき「体験としての障害」[35]があるという）。従来の損害論や補償制度が、右の機能・形態障害レベル

---

(32) リハビリテーション全般については、前掲『リハビリテーション白書』が最も有益である。

(33) 上田敏「障害の概念と構造」科学と思想42号23頁。

(34) 伊藤文夫「生活保障──被害者の健康回復」『（交通法研究8・9合併号）交通事故賠償と生活保障・人間と道路交通』（有斐閣、1980年）26頁以下、楠本安雄「人身損害の持続性を考える」不法行為研究会編『交通事故賠償の現状と課題』（ぎょうせい、1979年）208頁、潮海一雄「公害による健康被害と原状回復」日本土地法学会編『（土地問題双書14）公害の原状回復・宅地開発と農業』（有斐閣、1980年）21頁、牛山・前掲「公害法と社会保障」212頁など。

を中心とした救済にとどまっていたことは、交通事故賠償における後遺障害等級表[36]（自動車損害賠償保障法施行令別表）などに典型的に示されているといえよう。被害者の完全救済を課題とした損害論においては、被害実態の把握を基礎として救済に必要な措置を確定するために、右の三レベルにおける障害の構造と内容を包摂しうる枠組みが、まずもって必要なのである。さらに、これらのうちでも特に社会的不利の問題を解決（ないし改善）することが決定的に重要である[37]。

　しかし、右の三レベルのみによる枠組みだけでは、被害実態の総体的把握にとって十分とはいえないように思われる。「環境ぐるみの人間破壊の総体」という視点からみると、自然環境の破壊、個人の健康・生活の破壊、および家庭破壊という重層的な被害構造を把握する必要があるからである。スモン被害者の場合には、自然環境の破壊というものは直接には問題にならないが、家庭の破壊による被害は、他の公害被害者の場合と同様に深刻である。福岡スモン判決においても、「家庭破壊──二次被害」[38]として被害の広がりのなかに位置づけられている。家庭破壊における被害構造としては、被害者個人の健康・生活の破壊の結果、家族の生活や人生設計が破壊されるとともに、それに伴う家庭内での人間関係の悪化などによって被害者個人の健康状態・生活条件が一層悪化し、精神的な被害が増大するという悪循環に陥る可能性を無視しえない。また、被害者個人の問題についても、人生における希望の喪失、生活設計の変更など、それ自体として精神的被害を構成する要因が、機能・形態障害、能力障害を悪化させる（主観的障害としての「体験としての障害」の問題）原因となることがあるのである。

　リハビリテーションの理論においても、家庭内の人間関係や「体験としての障害」などは、社会的不利や一部は能力障害の問題として考えることができ、それに対する社会的・心理的リハビリテーションのアプローチがなされうると思われるが、家庭破壊による被害や精神的被害の問題は、それ自体独

---

(35)　上田・前掲「障害の概念と構造」34 頁。
(36)　後遺障害等級と労働能力喪失率（労働基準監督局長通牒による）は、元来、労働災害補償制度に基づいているものである。
(37)　上田・前掲「障害の概念と構造」36 頁。
(38)　判例時報 910 号 162 頁。

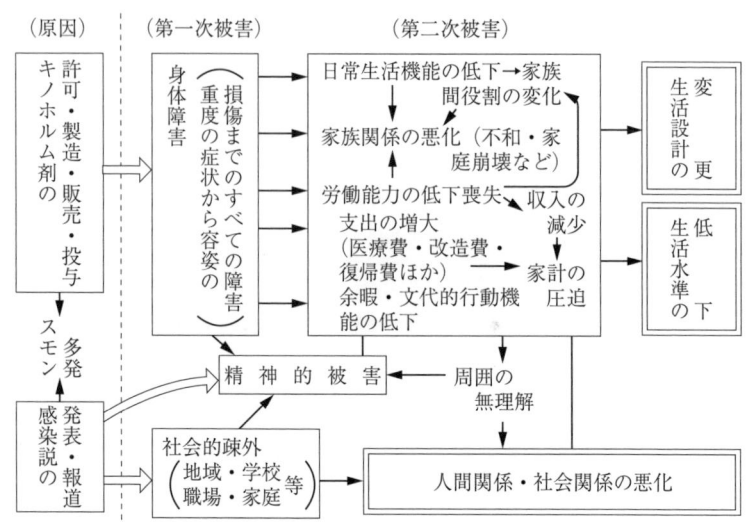

図1　スモン患者と家族の被害構造
（亀山忠典他編『薬害スモン』152 頁。）

自のものとして考える方が被害構造の把握のためにも有益であるし、損害賠償請求権者の拡大や慰謝料の問題として構成する方が損害論にとっても適合的であると思われる。

　スモン被害の構造については、飯島伸子氏の分析[39]が参考になる（**図1**）。この分析において、「第一次被害」は機能・形態障害によるものであり、「第二次被害」は能力障害と社会的不利によるものである。「第二次被害」には家庭破壊の問題も含まれている。この分析によって被害の社会的メカニズムが明らかになっていると思われる。

　以上のように、障害構造の分析と被害の社会的メカニズムの解明によって、はじめて被害実態の総体的・構造的把握が可能となるのである。そして、被害実態の総体的・構造的把握によって、「加害行為がなければあったであろう状態」に可能な限り回復させるためにはいかなる措置が必要となるかということが確定されるのである。

---

(39) 飯島伸子「スモンによる被害の構造」前掲『薬害スモン』148 頁。

　そこで、人身侵害において何を損害として考えるべきかという損害評価の問題については、次のように考えることができよう。すなわち、損害とは「総体としての被害」であり、不法行為の効果として発生する損害賠償請求権の内容は、「被害がなかった状態に可能な限り回復させるために必要な措置の総体を実施させること（＝「原状回復請求権」[40]の行使）」である。原状回復に必要な措置の総体のうち被害者個人に関連するものを、障害構造とリハビリテーションのアプローチとの組み合わせで示し、これにスモン被害者の「恒久対策」要求を位置づけてみた（表2）。

(2)　損害評価の理念・規範

　かつて、西原道雄教授が正しく指摘されたように、人間の生命や身体は交換価値を有しておらず、市場価格などというものは考えられない。その限りで、損害賠償額の算定は創造的作用を有するのであるが、これは裁判官の裁量にすべてを委ねるということを直ちに意味するものではない。不法行為制度の一つの重要な目的である損害の塡補は、侵害された権利（ないし法の保護に値する利益）の回復によってなされるべきものである。これを身体侵害の場合について考えれば、「加害行為がなければあったであろう状態」に回復することであり、もしそれが性質上不可能であったとしても、可能な限り元の状態に近づけることが追求されるべきだということである。これが「原状回復」の考え方であり、損害評価の理念として掲げられることについては、異論はないものと思われる。しかし、人身侵害においては、被害の総体的把握が立ち遅れていたこともあって、損害評価の理念としての原状回復が重視され、したがって、また、損害評価の方法や内容を支配する規範として考えられることも弱かったのである。

　ところが、公害裁判における包括請求論の進展に伴って損害論の見直しがされてくるにしたがって、被害の把握と救済に適合的な原状回復の理念が重視されるようになったのである。そして、近年においては、リハビリテーションの理念である「全人間的復権」の影響もあってか、「人間らしく生きる

（40）　前掲・鳥毛論文。葦名元夫「スモン運動からみた法律学の課題」法の科学8号81頁。

表2　スモン恒久対策要求と障害構造との対応関係

リハビリテーションの4側面／障害のレベル	医 学 的 側 面（医 療 権）	教 育 的 側 面（教 育 権）	職 業 的 側 面（労 働 権）	社 会 福 祉 的 側 面（生 活 権）
機能・形態障害 Impairment（生物レベル）	○合併症の予防と治療 ○内科的、外科的治療 ○PT、OT、ST の機能回復訓練的側面 ○看護 ・治療方法の研究と開発 ・専門病院・病棟の設置 ・患者の健康管理 ・在宅患者対策	○知的発達の促進 ○社会性の発達 ○情緒的な発達		○医療費保障（無料化） ○医療機関整備 ○教育機関整備 ・療養費の給付 ・健保との関係
能 力 障 害 Disability（個人レベル）	○義肢、装具、車椅子、自助具 ○ADL 訓練 ○家具、家屋の改造 ○心理的働きかけ	○コミュニケーションの促進 ○学力の増進 ・教育・機能訓練の制度や施設の完備	○職業訓練 ○労働用具（機械）の改造 ・機能回復訓練施設の設置 ・職業訓練	○自助具の給付拡大 ○レクリエーション、スポーツの機会の拡大 ・補装具の支給 ・身体障害者用自動車の取得等 ・住宅改造費 ・暖房・電話代の一部 ・介助費
社会的不利 Handicap（社会レベル）	○ソーシャルワーク ○社会の啓蒙（雇用者、家族等）	○高校、大学の門戸開放 ○一般教育システムへの統合の推進	○保護職場の拡大 ○住宅と通勤の保障 ○一般職場への受入れ ○基本権の保護 ○企業への補助金・就職の確保	○経済保障（介護手当を含む） ○住宅保障 ○ホームヘルパー ○社会参加 ○街づくり運動 ・将来の生活補償費 ・相談機関（ケースワーカー）の設置 ・家事援助者の配置

シロマルではじまる項目は一般的アプローチを示す。クロマルではじまるものはスモン「恒久対策」の項目である。

上田敏氏作成の表を参考に作成（『障害者問題研究』10 号 13 頁）。

権利の回復」という、より規範的な内容をもつものとして構成されるようになった。そして、「人間らしく生きる権利の回復」という主張は、被害者の「恒久対策」要求の根拠としても基礎づけられるようになったのである。小林直樹教授が指摘されるように、「現代の深刻な問題状況に対するあらゆる具体的な方策の大前提として、人間とその生き方への根本的な反省に基づく、人間回復の基本線が設定されなければならない筈である。多元的な価値対立の中で方向性を失いつつある現代人が、自らはまりこんだ技術のワナや思想の混迷から、自己をとり戻すことが先決の問題となろう。これに対して、『人間の尊厳』を核心とする基本的人権の理念は、最もすぐれた具体的指針となる」[41]と考えられるのである。人身侵害の事例においては、「人間の尊厳」＝人間らしく生きる権利の回復」という理念は、たんに理念にとどまるのではなく規範として具体的指針を導くべきものである。

　損害論に関する最近の学説のなかでも、公害被害の賠償を機として、沢井裕教授の「規範的損害論」[42]、清水誠教授の「完全救済論」[43]、淡路剛久教授の「生活保障説」[44]、楠本安雄弁護士の「全部賠償論」[45]などにみられるように、人身侵害の特質に注目した考え方が登場している。淡路教授は、「生活保障説」と「評価段階説」によって、損害評価の具体的方法——金銭評価の枠組みの提示を追求されており注目される。

　以上のような枠組みの構築の努力に加えて、公害被害者の「恒久対策」要求に示されるように、加害行為がなかった状態に可能な限り近づけるためにはどのような措置が必要であるかという問題を具体的に検討すべきであり、このような措置の理論的かつ実証的な根拠付け＝正当化の作業も不可欠であると考えられる。そして、このような根拠付けは、牛山教授の指摘される「〔恒久対策〕要求の権利性を基本的に承認する損害論」[46]の構築を重要な課

(41) 小林直樹『現代基本権の展開』（岩波書店、1976 年）3 頁。
(42) 沢井裕「新潟水俣病判決の総合的研究——法解釈学的検討・1」法律時報 44 巻 6 号 118 頁。
(43) 清水誠「公害問題における損害論の意義」法律時報臨時増刊『公害裁判——第 2 集』 2 頁。
(44) 淡路剛久「損害と損害の金銭的詔価に関する一考察」前掲『交通事故賠償の現状と課題』173 頁。
(45) 楠本・前掲論文 208 頁。

題としているのである。本稿においては、この課題の達成のために参考とな
る視角の試論的な提示にとどまらざるをえないのであるが、それは、前述の
障害と被害の構造分析と共通性を有している「障害者の発達保障」の考え方
である。「発達保障」という考え方は、1960 年代に主として障害児の教育・
福祉の分野で用いられはじめ、その後、障害者の権利保障や経済学（「人間発
達の経済学」[47]）の分野においても重要な概念として考えられるようになって
いる。「発達保障」の概念を一義的にとらえることは困難であるが、狭義に
は、「わが国における民主的な障害者教育・福祉（労働保障を含む）、医療の実
践・研究・運動の中から形成されてきたところの、障害者の発達を権利とし
て保障していくことをめざす、一定の独自な理論と実践の総体」として、広
義には、「機械制大工業の成立と発展を基盤として、労働者階級・勤労人民の
解放の思想・人権思想として創造・深化されてきたところの『全面発達』の
思想に、歴史的には包摂されうる概念」として規定する[48]ことも可能であ
る。「発達保障の権利」が「基本権」として社会的に成立するための必要・十
分条件を具体的かつ総合的に解明する作業[49]が求められるのである。

　法理論の問題としては、「発達保障の権利」の内容を、「医療を受ける権

---

(46)　牛山積『公害裁判の展開と法理論』（日本評論社、1976 年）132 頁。

(47)　基礎経済科学研究所編『人間発達の経済学』（青木書店、1982 年）、島恭彦監修『講
　　座現代経済学 1』（青木書店、1978 年）など参照。

(48)　清水寛『発達保障思想の形成』（青木書店、1981 年）305 頁。障害児の発達に関し
　　ては、田中昌人『人間発達の科学』（青木書店、1980 年）が教育学における一つの到
　　達点である。

(49)　研究上の視点としては、清水氏は、「(1)発達権という主張・理念は日本の社会状況
　　のいかなる変化を背景として顕在化したか。そこには、それを権利としての要求とみ
　　なしうるどのような客観的理由がみいだされるか。(2)それはどのような国民運動の領
　　域で、何を主要な契機として、いかなる内容をもって形成されてきたか。とくにそこ
　　にはどのような人間の発達にかんする科学や理論の創造、および発達を保障する教
　　育・医療等の実践・運動の発展が作用しているか。(3)それは国内・国際の人権を守る
　　運動とどのように関連しあいつつ生成・発展してきたか。とくに近代以降の基本権の
　　系譜の中でいかなる位置を占めるか。(4)その憲法上の根拠あるいは他の諸権利との相
　　互関係をどうとらえるか。換言すれば、それを新しい基本権として承認するのは憲法
　　のいかなる性格・構造（＝全憲法的秩序・条理）との関係においてなのか。そして、
　　そうすることは国民の権利保障にとってどのような意義・効果をもつといえるのか。
　　(5)実定法上の権利性を獲得・行使するために必要・不可欠な具体的手続き・条件は何
　　か。」等のことをあげられている（前掲書 289 頁）。

利」、「労働権」、「教育権」、「人格をもった社会的存在として生活する権利」として再構成し、国際的には、「世界人権宣言（1948 年、国連総会採択)」、「国際人権規約（1966 年、国連総会採択、発効は 76 年)」に導かれた一連の「国際人権章典（International Bill of Human Rights)」の存在（「発達保障の権利」を考えるうえでは、「障害者の権利に関する宣言〔1975 年、国連総会採択〕を中心とする国際機関による一連の宣言および勧告が重要である）が尊重されるべきであるし、国内的には、憲法 13 条、25 条、26 条、27 条などの幸福追求権・生存権・教育権・労働権を規定する条項が最上位の規範的な根拠であり、これに基づいて心身障害者対策基本法（1960 年）を中心とする障害者福祉関係立法——「権利性」の点で[50]欠陥を有していることは周知であるが——が手がかりとならなければならない。以上の考察から、人身侵害の評価においても、医療・労働・教育・生活の諸権利の複合的権利侵害——「発達権」の侵害＝「総体としての被害」として観念的には総合的な一個の損害を構成する——としてとらえることが、規範性の重視にとって有益であると考えられる。損害賠償請求権と一般的な「社会福祉受給請求権」の関係（したがって民事責任と社会保障原理の関係でもある）をどのように考えるか、また、不法行為理論における「権利侵害」と「損害」の概念の相互関係をどのように考えるかという重要な問題に対する全面的な再構成については今後の課題として残されている。

(3)　被害実態の長期的把握

　前述のような損害論における規範が、損害賠償実務において支配的な指針として機能することは、現状においてはまだ困難である。権利が歴史的・社会的生成物である以上、その必要性が社会において一般的に承認され、立法・行政に反映するというプロセス（このなかでは障害者などによるねばり強い運動が大きな意義をもつ）が積み重ねられることによって進展がかちとられるであろう。

　しかし、それ以外にも損害論の課題は存在する。被害実態の長期的把握[51]

---

(50) 小川政亮『権利としての社会保障』（勁草書房、1964 年）、同『社会保障権と福祉行政』（ミネルヴァ書房、1974 年）、同「障害者の基本的権利と社会参加の法構造」科学と思想 42 号 40 頁。

がそれである。交通事故によって一家の柱を失った母子家庭などの困難な状況が報道されることも少なくないし、森永ミルク中毒被害者やサリドマイド被害者の救済についても、当事者を含めて問題点の指摘[52]がなされている。現在すでに機能している制度等（交通事故、公害、労働災害など）において、どのような問題が生じているかということを調査・分析すること、そして、その結果を参考として、既存の救済制度等の再検討がなされることが必要であるし、また、その作業によって、「恒久対策」の内容も豊富化しうるのである。この課題は、困難な側面もあるが、重要な問題であることを指摘しておきたい。

4．むすびにかえて

　以上の考察によって、スモン被害者の切実な要求である「恒久対策」の内容の権利的構成を追求することによって一定の解決をはかる方向性がえられるのではなかろうか。今後は、われわれも、社会保障、社会福祉と人権という点でのアプローチを深めなければならないと思われる。行政による総合的な施策を講じさせることも重要である。

　「行政改革」の名のもとに公害健康被害補償制度に対する補助金の削減が検討されているというし、制度そのものの改悪の動きも強くなっている今日、被害者の政府・自治体に対する働きかけも、ますます重要となるであろう。スモン運動においても薬事二法修正をはじめ、司法、行政、立法の三権をゆるがす運動を展開してその結果えられた到達点が現在である。運動がなければ、もっと初歩的な到達点であったかもしれない。これは、制度や（民事）法理論とは異なった問題になるのだが、社会保障の場合には前面にでざるをえないと思われる。

---

(51)　楠本・前掲論文 200 頁。

(52)　森島昭夫「サリドマイド『いしずえ』、森永ミルク中毒『ひかり協会』設立後三年間の経験」ジュリスト 656 号 66 頁。北村藤一「ひかり協会の目指すもの」、泉順「サリドマイド福祉センターのなかで」（ともに前掲『損害賠償制度と被害者の救済』所収）。

第2章 損害賠償と労災補償給付の「調整」

1. はじめに

　損害賠償法において、いわゆる「損益相殺」は、過失相殺に劣らず重要な機能を有している。けだし、両者は、その本質や根拠がどうであれ、賠償額の減額という結果を招来するという点で、被害者にとってみれば死活問題となるからである。にもかかわらず、「損益相殺」問題については、判例理論の一定の集積（とりわけ「交通事故賠償」に関する実務の発達）をみている他には、損害賠償法理論の分野における研究は乏しく、教科書における義務的叙述に終始してきた[1]。一方、これとは対照的に、労働法・社会保障法の分野においては、社会保障制度の整備・確立を背景として、「損益相殺」の問題が、損害賠償と法定諸給付との「重複填補」の「調整」という問題として極めて重要な争点を形成している[2]。

　不法行為法理論において「損害論」を検討する際に[3]、この「調整」の問題は、看過しえない影響を及ぼすのではないかと思われる。

----

(1) 三木正雄「損益相殺」商業と経済（長崎高等商業学校研究館年報）昭和8年8月号47頁。坂千秋「損益相殺」(Compensatio lucri cumdamno) ニ就テ」法学協会雑誌37巻5-7号。沢井裕「損益相殺(1)-(3)」法学論集（関西大学）8巻3号、5号、9巻1号等。

(2) さしあたり、本稿も多くを負っている、西村健一郎「損害賠償と労災保険給付の控除——年金給付の場合を中心として——」末川追悼論集『法と権利(4)』（民商法雑誌78巻臨時増刊号）434頁（以下西村・前掲『法と権利(4)』として引用）、河野正輝「社会保険給付と不法行為法」『損害賠償制度と被害者の救済』（ジュリスト691号167頁等を参照。

(3) 淡路剛久『不法行為における権利保障と損害の評価』（有斐閣、1984年）62頁、伊藤文夫「生活保障——被害者の健康回復——」『交通事故賠償と生活保障・人間と道路交通』（『交通法研究』8・9合併号）26頁、楠本安雄『人身損害賠償論』（日本評論社、1984年）3頁、必ずしも十分なものではないが、損害評価の方法について検討したものとして、拙稿「公害健康被害の恒久的救済と損害論の課題——スモン被害者の「恒久対策」要求を中心として——」早稲田大学大学院法研論集29号255頁。

　本稿では、損害賠償と労災補償給付の「調整」に限定して、判例・学説等の検討を行う。

　まず、現実の訴訟において、どのような問題が生じているか検討する。

2．近時の裁判例にみる問題点

(1)　クロム労災事件訴訟第一審判決にみる問題点

　本件（東京地判昭56・9・28判例時報1017号37頁、以下頁数のみで引用）は、クロム鉱滓による環境汚染という産業公害の問題に端を発し、被告工場の労働者の深刻な健康被害が明るみに出た点で、「まさに公害と労災が一体になって始まった（254頁）ことに特色がある。そして、本判決は、原告主張の一括一律請求を事実上認めており、その限りで公害・薬害訴訟における包括請求論の民事労災訴訟への反映とみることができる。しかし、他方で、本判決が公害訴訟などと大きく異なるのは、労災保険給付等の社会保険給付既払分を「財産的意味をも含めた趣旨」の慰謝料額から「控除」した点にある[4]。この点に限って本判決を検討してみると、以下に述べるような損害「塡補」の構造が浮かび上がるのである。

　すなわち、被告の主張によれば、死亡被害者の事案において、「算出された得べかりし利益から、後記被告主張にかかる会社既払分、労災保険金受給分、厚生年金保険受給分（いずれも将来の受給額を含む）、死亡した被害者が生存中に受給した補償をそれぞれ控除すると、損害額はマイナスになる場合が死亡被害者39名中実に33名にも達する。したがって、右33名の遺族については、その損害が完全に塡補されている（119頁）」というのである。この主張が正しいとすれば、クロム禍により苦しみながら死んだ被災労働者の遺族は、被告会社からはビタ一文も賠償金を取れないこととなろう。

---

　(4) このほかにクロム訴訟第一審判決における「控除」に関して注目すべきことは、「労災保険等の既払給付額を受給名義人に限定せず、全遺族に対する関係で民事損害賠償額と調整すべき」として既払給付金を死亡被害者の損害額全体から控除し、遺族は残額について相続取得するとしたこと、公害健康被害補償法による補償給付金を損害額から控除したこと、であろう（255頁、256頁）。吉村良一「損害論の動向──最近の判決を素材として──」立命館法学1982年3号282頁参照。

表1　クロム労災訴訟における損害額計算に関する試算（被害者死亡事例）

（単位　円）

原告番号	a 損害額	b 会社既払額	c 労災保険給付 d 厚生年金給付 e 既受領額合計	f 慰謝料 (a-b-e)	g 労災保険給付 h 厚生年金給付 i 将来給付分合計	j 控除後の額 (f-i)
25	40,000,000		3,624,246	36,375,754	8,380,053	27,995,701
			3,624,246		8,380,053	
27	40,000,000		9,351,088	27,254,105	17,666,170	1,040,350
			3,394,807		8,547,585	
			12,745,895		26,213,755	
29	40,000,000	10,618,871	6,393,741	19,024,920	15,500,053	△7,424,815
			3,962,468		10,949,682	
			10,356,209		26,449,735	

（注1）a～f は判決が認容した額である（判例時報 1017 号 261 頁）。g と h は、昭和 56 年 3 月以降受給する予定の将来給付分につき、筆者が独自に算定したものである。g については、労働福祉事業である遺族特別年金を除外し、h については厚生年金法 62 条の 2 の規定によって寡婦加算を行った。g と h は、将来給付分についての昭和 56 年 3 月の時点での現価額である（本訴訟において被告が主張した計算方式とは異なる）。中間利息の控除は、法定利率につきライプニッツ方式でおこなった。労災保険・厚生年金保険の欄は、最下段が上 2 段の合計であることを示す（c＋d＝e、g＋h＝i）。△はマイナスを示す。

（注2）「生存被害者」の将来給付分の控除は、一部原告につき厚生年金給付の控除が問題となっただけである。すなわち、労災保険については、労災認定者の障害等級が 12 級〜14 級と低く、障害補償年金の受給要件を充たしていないからである。

　ところで、被告会社は、将来分の労災保険給付の「控除」計算において、労働福祉事業（労災保険法 23 条）である遺族特別年金をも含めているが、そもそも労働福祉事業は労災保険法に定める保険給付（同法 12 条の 8）ではなく、補償の性質を有しないから損害の「填補」として「控除」すべきでない（256 頁）とされている（「既受領分」についても「控除」されない）から、同年金を「控除」計算の際には除外すべきである。そこで、筆者は、同年金を「控除」計算より除外した場合にどうなるか「試算」を行った（**表1**）。

　筆者の「試算」のモデルは、被害者死亡事例の中で判決が同一の損害額を

認容したケースで、損害額から「控除」されている費目が、厚生年金保険給付のみの場合（原告番号25）、厚生年金保険給付＋労災保険給付の場合（原告番号27）、および、厚生年金保険給付＋労災保険給付＋会社既支払額の場合（原告番号29）である。判決が認容した慰謝料額（f）ですら大きな差が生じているが、仮に、将来給付分の「控除」をも認めれば、よりドラスティックな結論となる（j）。原告番号27の「賠償額」は僅か100万余円、原告番号29に至っては、マイナス740万余円である（被告会社は、「賠償額」がゼロになるように、会社既支払額のうち当該金額を不当利得として遺族に対し返還請求をしうる?!）。このような結論を導きだした労災保険等の将来給付分の「控除」計算が妥当かどうか、さらには、将来給付分のみならず既受領分についても、その「控除」自体が妥当かどうか、慎重な検討が必要であろう。また、「控除」計算を認めるとしても、右のような結論となるのであれば、そもそも判決の認定した「損害額」自体（表1のa）の妥当性について大きな疑念が生ぜざるをえない。すなわち、財産的損害を含めた意味で算定された「慰謝料」であるにもかかわらず、財産的損害のみにかかわる「控除」計算の結果、「慰謝料」が殆ど残らない（マイナスにすらなる）というのでは、包括請求を逆手にとった本来の慰謝料の巧妙な値切りでしかないからである。

(2)　三共自動車事件大阪高裁判決[5]の提起する問題点

　「三共自動車事件」といえば、通常、損害賠償と労災保険給付との「調整」について「既支給分控除、未支給分（将来分）非控除」を認めた最高裁判決を指すのであるが、この判決が確定して損害賠償金を支払った使用者が、判決で控除を認められなかった将来分の労災保険給付について、労働者の有する労災保険給付請求権に代位したと主張し、国に対し右保険給付金の支払いを請求したものが本件である（なお、本件は、昭和55年の労災保険法改正が適用にならない事案である）。使用者が、民法422条の代位取得を理由として、

---

　(5)　大阪高判昭58・10・18判例タイムズ512号154頁。本件の許釈として、岩村正彦「労働判例研究」ジュリスト831号104頁を参照。ほかには、安西愈『改正労災保険と民事賠償調整の実務』（労働法令実務センター、1882年）204頁。本件第一審判決（大阪地判昭57・9・20判例タイムズ483号139頁）について、井上浩「損害賠償から控除されなかった労災保険金の請求について」労働判例400号4頁。

将来の労災保険給付の現在評価額の支払いを請求した事案は本件が初めてとされているが、この問題は学説においてもあまり議論されておらず、使用者の請求を一部にせよ基本的に認容した[6]高裁判決が出たことは注目すべきであろう[7]。

本判決は、労働者に損害賠償を支払った使用者の労災保険法にもとづく保険給付への代位について、次のように判示している。

「民法の不法行為の規定にもとづき労働者が労災事故により受けた労働不能による逸失利益の損害賠償債務を現実に弁済した使用者は、同一の事故を原因として労働者に支給されるべき労災保険法上の長期傷病補償給付又は傷病補償年金について、弁済後に支給されるべき分のうち、右弁済額に充つる迄の部分について、民法422条により、労働者に代位して国に対する請求権を取得するものと解される。」

しかし、労災保険給付請求権が民法422条にいう「債権ノ目的タル物又は権利」にあたると理解することは疑問であり[8]、法が保険金請求権の代位取得を認める場合は明文の規定があること（自動車損害賠償保障法15条）、使用者の代位取得などによる労働者の保険金請求権の喪失を認めていないこと、労災保険法1条の趣旨および保険給付請求権の譲渡差押え禁止（12条の5の1項本文）の規定に照らせば保険給付請求権は労働者の生活保障のための公的色彩の強い権利であること、等を考えれば、使用者の代位取得になじまないであろう（本件の被告たる国の主張参照）。

さらに、本判決の理論に従えば、「被害者が、加害者に対する損害賠償請求権と同時に労災年金給付やその他社会保障年金給付（損害の塡補の性質を有するもの）の受給権を取得し、しかも将来の年金給付分が損害賠償額から控除されない場合、加害者は常に労災保険年金給付・社会保障年金給付の請求権

---

(6) 労働者が年金方式で支給される権利を一時に請求できるとした使用者の主位的請求は認めず、支払期の到達は条件とした（予備的請求を認容）。もっとも、本件では認容金額に差はでない。なお、一審は使用者の全面敗訴である。

(7) 本件の元となった最高裁判決は昭和52年10月であり、本件第一審の訴状送達が昭和55年4月である。昭和55年12月公布の改正労災保険法へむけた流れの中でみると本訴訟は興味深いといえよう。

(8) 我妻栄『民法講義Ⅳ』（岩波書店、1964年）148頁。

に代位できることになる。しかし、かかる結論は、少なくとも第三者行為災害の場合や一般の社会保障年金給付については妥当でない[9]」ことも明らかである。

　結局のところ、使用者行為災害の場合に「代位」構成をもち出さざるをえないのは、判決が述べるように「本件において重視すべきことは、使用者は労災保険の適用事業の事業主として保険料を納付する義務があり、その実質的な対価として、労働基準法の災害補償の責を免れ（同法84条）、少なくとも保険給付が行われたときはその限度で同一事故による民法上の損害賠償責任も免れる……利益を受けていることである。このような保険利益も解釈に当たり考慮に入れるべき一事情である」ことによるであろう。

(3)　小　括

　クロム労災訴訟においては、労災保険給付等の損害賠償からの「控除」（将来分については試算）により、場合によっては損害額がマイナスにもなりうることが明らかとなった。財産的損害のみにかかわる「控除」計算によって本来の慰謝料額が減少したりマイナスになったりすることは、理論上ありえないはずであり、看過しえない問題である。

　さらに、三共自動車事件大阪高裁判決の立場が認められれば、労災事故をひき起こした加害者たる事業主は、仮に、労働者に損害賠償を支払ったとしても、労働者が将来受くべき年金給付から"取り立てる"ことができることになる。これでは、根拠なく労働者の労災補償受給権を奪うことになり妥当ではない。そもそも、労災補償給付と損害賠償は、自明の如く「調整」されるものであろうか。次に、判例・学説の検討にうつることにする。

---

(9) 岩村・前掲評釈106頁。

3．労災補償と損害賠償の「調整」をめぐる判例・学説

(1)　労災補償責任の構造と損害賠償責任

(1)　労基法・労災保険法における災害補償

戦後の労働立法の一環として、昭和22年に、労災保険法が労基法とともに制定されたが、当初、労災保険法は、実際の性格・機能からみて、労基法上の災害補償義務を前提とする「責任保険」にすぎないと考えられていたといえよう。すなわち、労災保険法の給付内容は労基法上の災害補償と基本的に同一[10]であって、労災保険給付によって使用者は労基法上の補償義務を免れる（労基法84条）とされたからであった。

その後、労基法が労働条件の「最低基準」として、災害補償の面ではその水準が停滞していたのに対し、労災保険法の方は、昭和35年の改正を始めとして幾度もの改正を重ね、労基法上の「災害補償」の単なる「責任保険」的な地位を脱却し、独自の補償制度としての地位を確立した。すなわち、年金制度の導入、通勤災害への適用、全事業所への全面適用、特別支給金を含む労働福祉事業の創設などがそうであり、労基法の「災害補償」の部分は事実上その機能を停止し、労災補償の中心は労災保険法におかれることになる。

(2)　労災補償の性格

戦後、各国において社会保障の労災補償への影響が高まった[11]。そこに指摘される一つの傾向は、「労災補償を単に労働条件の側面からみるのではな

---

(10)　相違点は休業補償給付の3日間の待機期間（労災保険法14条）のみでる。

(11)　例えば、イギリスにおいてベヴァリッジ構想をもとに制定された1948年国民保険（産業災害）法。各国の労災補償制度に関しては、桑原昌宏「イギリスにおける労災補償と民事賠償」『労働法学研究会報』（以下『会報』と略す）1309号以下、岩村正彦『労災補償と損害賠償』（イギリス、フランスにおける労災補償と損害賠償について詳細に論じている）、保原喜志夫「フランスの労災補償」『会報』1336号以下、西村健一郎「ドイツ労働災害補償法の生成に関する一考察㈠・（二・完）」民商法雑誌65巻4号528頁、5号733頁、同「西ドイツの労災補償」『会報』1314号以下、林弘子「アメリカにおける労災補償と民事損害賠償」『会報』1279号以下、加藤一郎「アメリカにおける労働者（災害）補償法の発展」法学協会雑誌82巻4号445頁等がある。

く、もっと広く労働者の生活保障の一環としてとらえ、その立場から給付内容、給付形態に新たな進展をうながしたこと」[12]であった。この傾向を労災補償の「社会保障化」とよんでいるが、わが国の現行労災補償制度の主たる性格を「社会保障」的なものとみるか、個別使用者の「責任保険」的なものとみるか、あるいは、使用者集団の「集団責任」的なものとみるか、等見解の対立がある[13]。

　まず、徹底した「社会保障説」によれば、労災保険は社会保障上の「労災保障」として位置づけられ、「社会保障化」された労災保険は、①従来の個別責任に対する責任保険的性格が消滅し、生存権にもとづく国家の被災労働者の生活保障のための直接的制度に転化すること、②したがって、個別責任とは切断された全く別個の制度として、社会保障独自の保障構造がとられること、③保険料は、保険者の危険負担に対する対価ではなくなり、国家的労災保障事業のために賦課された経費としての意味をもつこと等の特徴[14]を有することになる。この立論の前提には、社会保障は労働保護法よりは一段高次の次元に立ち、国民のあらゆる生活事故を包摂しようとする包括性の強い原理を内包していること、および、労災事故発生の要因が複雑化・社会化したことによって個別使用者の責任の基礎は崩壊し、社会ないし国家が責任を負うべきであること、という理解もしくは現状認識がある。

　この説に対しては、①労災補償責任の問題を国家の国民に対する生活保障義務一般のなかに解消することによって、使用者の責任をあいまいにしている。②国家に労災保険制度における実質的補償者としての地位を認め、国庫負担を積極的に是認していることは問題である。③給付は、生活保障を目的とし、損害填補的性格が不可欠のものではなくなり、他の社会保障と同じく最低生活水準の保障（national minimum）でよいことになる結果、現行給付水準の低下を招く危険がある。④「社会保障説」の終着点が、労災保険を一般の

---

(12)　荒木誠之「労災保険法の機能変化と展望」季刊労働法 115 号 137 頁。

(13)　戦前、戦後の時期における労災補償の法的性格をめぐって学説を整理したものとして、労働法文献研究会編『文献研究労働法学』（総合労働研究所、1978 年）68 頁以下（保原筆）がある。

(14)　高藤昭「労災補償の社会保障化」恒藤武二編『論争労働法』（世界思想社、1978 年）301 頁。

社会保障制度に統合した統一社会保障制度の創設の主張（労災保険の「発展的解消論[15]」）であって、この主張は、有責の使用者を理由なく免責する結果となり好ましくない等の批判が加えられている[16]。

「社会保障説」の対極にある「責任保険説[17]」によれば、個々の使用者は、本来労基法上の義務としても、労災被災者を災害がなかった状態にもどす義務（原状回復義務）を負うべきであり、その責任は、単なる所得補償としてのみならず、リハビリテーション給付を含む包括的医療給付の補償義務にも及ぶが、実際は使用者の資力が不十分であり、右義務の履行が不可能となるため、それをカバーする目的で責任保険が存在する、とされる。たとえ、現在の労災保険給付が労基法上の災害補償を上回るものであっても、各使用者が完全な原状回復義務を負担すべき以上、労災保険は「責任を超える」補償をしたことにはならず、依然としてそれは、使用者の労災補償責任の「責任保険」として理解されるという。

この説に対しては、①零細企業まで含めたすべての使用者に、スライド年金の賦与、リハビリテーション施設の設置等を義務づけるのは困難であり、②労災保険の責任保険の構造からの離脱[18]がみられ、③労基法上の責任を中心に構成することは労災保険中心に運営されている労災補償の制度的実質に合致しない、という批判がなされている。

また、有力な「集団責任説」によれば、労災保険は個別使用者の責任によって補償し切れないもの（スライド年金の賦与、リハビリテーション施設の設置など）を、使用者の責任を集団化することによって集団としての使用者の責任の拡大・徹底をはかり、被災者のこうむった人身損害のより完全な塡補を実

---

(15) Higuchi, The Special Treatment of Employment Injury in Social Security, I.L.Review, Vol. 102, No. 2, August1970.

(16) 西村健一郎「労災補償の社会保障化」前掲『論争労働法』316頁、321頁、同「労災保険の『社会保障化』と労災保障・民事責任」日本労働法学会誌40号43頁（以下、西村・前掲『社会保障化』として引用）。

(17) 最近の学説においては純粋の「責任保険説」に立つものはあまりないようである。総評の労働基準法改正案（労働法律旬報804号63頁）がこれに近いとされている。むしろ、労災訴訟において、使用者が「責任保険説」をとることが多い（もっとも、その場合には、リハビリテーションまで含めた「原状回復義務」というような積極的要素はみられない）。

(18) 西村・前掲『社会保障化』44頁、45頁。

現し、それを通して被災者の生活の確保をはかるための補償制度である、とされる[19]。

この説に対しては、集団化による事実上のメリットはともかく、集団化されたとはいえ使用者責任に違いはなく、何ゆえにこの責任が個別使用者の責任を上回るのか、理論上は疑問という批判がある。

ところで、社会保障的性格と使用者の災害補償責任を結びつけた、いわば折衷説的な立場である「重畳領域説[20]」によれば、労災保険法の第一義的性格としては、同法が使用者の労基法上の災害補償責任を基本的に責任保険化したものである以上、労働契約の履行と法的に相当因果関係にある災害に対する損失補償を行うことであり、第二義的には、国による被災者またはその遺族に対する生活保障責任が見出されるとする。したがって、同法は、「二つの責任、二つの給付、二種の受給権者を重畳させているのであり」、「労災保険法はその基本において労基法上の災害補償の責任保険であり、附加的に国による社会保障としての特質と規定を重畳的にもつ。」とされるのである。

重畳領域説的な理解[21]は、現状認識についてはさほど奇異なものではないが、責任の性質は統一的に理解すべきであり、この説は「木に竹を接ぐもの」という批判がある。

最後に、有泉教授のユニークな説を検討しておこう。有泉教授は、遺族補償と遺族の損害賠償請求権との調整の関係について次のような考え方を述べている。

労災保険は、「使用者の補償責任を保険する責任保険というよりは労働者の業務上の死亡によって dependants に生ずる損害を直接に保険する損害保険に近いものになっている。そして労災保険そのものの仕組みからみても、加入や保険料の支払いなど事業主が主体になっているが、保険料は労働者を使用するためのコストとしては賃金と性質を異にしない。見方によって事業主は労働者のための事務管理を法律上強制され、または引き受けたものなの

(19) 西村・前掲『社会保障化』54頁。
(20) 桑原昌宏「労災補償論」沼田還暦記念下巻『労働法の基本問題』(総合労働研究所、1974年) 601頁、610頁。
(21) 角田豊『社会保障法の課題と展望』(法律文化社、1968年) 22頁、23頁。籾井常喜「災害補償と労災保険法」『新労働法講座8』(有斐閣、1967年) 74頁。

である。そのことは一人親方などの特別加入制度が導入されたことによっても裏づけられている。保険事故が業務上の災害に限られることもこれらの諸関係から理解できるであろう。」

「このようにみることが許されるならば、保険給付と被災労働者が事業主に対してもつ損害賠償請求権とは必ずしも調整しなければならないというものではないことになる。特に、民法による遺族の損害賠償請求権と労災保険による給付との間に大きな食い違いが認められる遺族補償給付についてはその調整を断念してもよいのではあるまいか[22]。」

有泉教授の指摘は的を射たものと考えられる。ここでは、労災保険の保険料は使用者にとっては賃金と性格を異にするものではなく、使用者が保険料を負担しているとはいえ、実質は「労働者が労働者（およびその家族）自らのために保険をかけている」と捉えうることを確認しておきたい。

(3) 労災補償と損害賠償の「調整」の方法

労災補償と損害賠償の「調整」方法については、次の三つの類型がある。

第一の類型は、労災補償か損害賠償か、どちらか一つを選択した場合、他方の請求権は消滅するという「選択型」である。例えば、イギリスにおいて、無過失責任原理にもとづき新しく制定された1897年労働者災害補償法（Workmen's Compensation Act 1897 (60 & 61 Vict. c. 37)) の１条２項(b)は、「選択型」の規定であった。この状態は、1948年法改革（人身損害）法（Law Reform (Personal Injuries) Act 1948 (11 & 12 Geo. 6. c. 41) まで続いたのであった[23]。現在でもアメリカの州法の中には「選択型」を残しているものがあるといわれる[24]。

第二の類型は、労災補償を優先させ、原則として損害賠償を認めない「民事賠償否定型」である。ドイツにおいては、1884年７月に成立した労災保険法によって、労働者は、労災保険組合（Berufsgenossenschaft）より補償を与

---

(22) 有泉亨「労災補償と労災保険」日本労働法学会誌36巻27頁、28頁。

(23) 岩村前掲書62頁以下。

(24) 荒木誠之『労災補償法の研究——法理と制度の展開』（総合労働研究所、1981年）32頁。

えられる代償として、原則として自己の使用者に対する民事法上の一切の損害賠償請求権を失った。1911 年には、労災保険法がライヒ保険法（Reichsversicherungsordnug, RVO）のなかに吸収され、数度の改正を受け、1963 年の労災保険新法（Unfallversicherungs Neuregelungsgesetz, UVNG）を経て現在に至っている。

現行西ドイツ労災保険法による民事責任の排除は極めて広い範囲にわたり、慰謝料すらも判例・学説は排除しているという[25]。フランスにおいても、1898 年の最初の労災補償立法で、すでに「損害賠償の禁止」が規定されている（同法2条1項）。第三者行為災害の場合は例外的に損害賠償の請求をすることが認められた（同法7条）[26]。

第三の類型は、労災補償請求権、損害賠償請求権の両方の行使を認める「両方請求型」であり、わが国の法制やイギリスのベヴァリッジ報告以降の制度がこれにあたる。この類型においては、労災補償と損害賠償とで「重複」する部分があれば、「調整」がなされることになる。

わが国の「調整」の方法についても考え方の対立がある。労災補償給付等と損害賠償の「調整」自体を否定する立場を「調整否定説」と呼ぶとすれば、その反対の立場にあるものが「調整肯定説」であり、従来の用語法を踏襲すれば、既払い分の労災補償給付を損害賠償から「控除」し将来給付分についてはその「控除」を否定する「非控除説」と、右将来給付分まで含めて「控除」を認める「控除説」とに分かれる。従来の議論では、「非控除説」と「控除説」の是非が、換言すれば、将来給付分の「控除」が認められるかどうかが論じられており、「調整否定説」の立場は、「調整」自体を自明のものとして前提においていた論者の思考の埓外に置かれていたといってよい。

ところで、労災事故において加害者が第三者なのか、使用者[27]なのかによって処理の方法が異なっているので、「第三者行為災害」の場合と「使用者行為災害」の場合に分けて検討する。

---

(25) 西村・前掲『会報』1315 号 37 頁。
(26) 保原・前掲『会報』1336 号 28 頁。
(27) 同僚の労働者が加害原因者である場合も使用者行為災害に含める。

(2)　第三者行為災害における「調整」問題

(1)　判例の状況

　後述する最高裁判決（最判昭52・5・27）以前の下級審判例の状況は、圧倒的多数が「非控除説」であり、「控除説」は少数[28]であった。「控除説」の根拠としては、将来給付分を含めて控除する方が衡平の原則にかなうというものである。「非控除説」の根拠としては、①労災保険法12条の４の規定の趣旨より当然であること、②将来給付分を一括控除すると被害者は分割弁済の不利益を受けること、③将来の年金給付等には不確定・不安定な要素があり、控除は被害者にとって不利益となること、などがあげられている。このような判例の状況をうけて、最高裁は「非控除説」に立つことを明らかにした[29]。すなわち、厚生年金法40条および労災保険法旧20条（現12条の4）は、受給権者に対する第三者の損害賠償義務と政府の保険給付または災害補償の義務とが、相互補完の関係にあり、同一事由による損害の二重填補を認めるものではない、と述べた上で、次のように判示した。

　「右のように政府が保険給付又は災害補償をしたことによって、受給権者の第三者に対する損害賠償請求権が国に移転し、受給権者がこれを失うのは、政府が現実に保険金を給付して損害を填補したときに限られ、いまだ現実の給付がない以上、たとえ将来にわたり継続して給付されることが確定していても、受給権者は第三者に対し損害賠償の請求をするにあたり、このような将来の給付額を損害額から控除することを要しないと解するのが、相当である。」(最三小判昭52・5・27民集31巻3号427頁)

(2)　学説の状況

　学説においても、右最高裁判決以前に、「控除説」と「非控除説」の対立があったが、「非控除説」が多数説であった。「控除説」[30]の根拠は、被害者が

---

(28)　札幌高判昭46・1・18判例時報624号44頁、名古屋地判昭47・5・31判例時報691号52頁。

(29)　これ以前にも、原審の判断は正当として上告棄却（「非控除説」）した最判昭46・12・2判例時報656号90頁があるが民集不登載である。

(30)　西原道雄『判例評論』105号120頁、沢井裕（判批）民商法雑誌55巻5号764頁。ただし、これらは恩給と扶養料に関するもので特殊な場合である。

損害賠償のほかに将来の年金給付を受けると、一時金で受ける場合に比較して不公平となること、である。「非控除説」[31]の根拠としては、①「保険給付をしたとき」(労災保険法12条の4)に将来付給分の年金等を含ましめることは文理解釈上無理があること、②加害者たる第三者にとっては、いずれにせよ被害者か政府に対して支払わなければならず、被害者への支払いを命じられたとしても不利益はない（逆に、被害者に対する損害賠償から将来の年金給付等を控除すれば、不当に加害者に有利となる）こと、③将来分の年金給付等を控除すると、被害者に対し分割弁済の不利益を強いること、④将来、被害者または遺族が死亡等により年金受給権を失った場合には、将来給付分につき一括控除してあると差額分につき不利益を被ること、などがあげられる。

(3)　問題点

　まず、同じ第三者行為災害の場合において、被害者またはその遺族が受給すべき給付が労災保険給付以外でも、「非控除」という労災保険給付と同一の結論となるかどうかについて、最高裁は別の判断を下していることが注目される。

　すなわち、公務員の遺族扶助料、遺族年金について損害賠償からの控除を認め[32]、地方公務員の退職年金、遺族年金について、死亡者の平均余命年数の間は両者が重複するとして、遺族年金の現価額を控除すべきであるとした原審の判断を正当としたのである[33]。

　したがって、第三者行為災害の場合においても、労災保険法の場合とは異なり、年金給付等を控除していることになる。しかも、恩給法は別としても、労災保険法12条の4と同趣旨の規定がある（国家公務員等共済組合法48条、地方公務員等共済組合法50条）場合についても判断が異なるのであるから、「条文の文理解釈からだけでは結論は出せない」[34]ということになろう。各種年金給付の目的・性格を検討する必要があると思われる。

---

(31) 下森定（判批）判例タイムズ335号97頁、359号117頁、367号36頁、西村健一郎「厚生年金・労災保険の確定と損益相殺」民商法雑誌78巻3号362頁。

(32) 最一小判昭50・10・21判例時報449号44頁。

(33) 最三小判昭50・10・21判例時報799号39頁。

(34) 西村・前掲『法と権利(4)』440頁。

　次に問題となるのは、「非控除説」によれば、将来の年金給付分について、受給権者が損害賠償と重複して塡補を受ける可能性があるということである。すなわち、実際の労災保険の実務においては、事故後３年目までの年金給付額については、支給した年金の額を限度として損害賠償請求権に代位し（保険給付が先行した場合）、あるいは、３年目までの年金給付を停止する（損害賠償が先行した場合）が、３年目以降の分については、代位も支給停止もおこなわないことになっている[35]。この実務を前提としたうえで、前記最高裁判決が「非控除説」を採用したということは、最高裁も結果として「重複塡補」となる事実を容認しているものと解することができよう。

⑶　使用者行為災害における「調整」問題

　第三者行為災害においては、結果はともかく、労災保険法 12 条の４の存在によって、「理論上は重複塡補が生じないよう手当がされている」[36]が、使用者行為災害については、労災保険法に明文の調整規定がなく、保険料と損害賠償を二重に負担しているという不満が事業主側にあり[37]、昭和 55 年の法改正の際に取り入れられたものである。

⑴　判例の状況

　後述する最高裁判決（昭 52・10・25）までの下級審における状況は、「非控除説」に立つ方が多いものの、「控除説」に立つ判決も第三者行為災害の場合に比較すれば多いようである。

　「控除説」の根拠としては、①労基法 84 条２項にいう「補償を行った場合」には、将来の年金給付が確定している場合も含むと解すべきこと[38]、②労災保険は責任保険的性格を有すること[39]、③遺族補償と被災者の得べかりし利

---

(35) 昭 41・6・17 基発 610 号、昭 43・12・23 基発 810 号。３年というのは、損害賠償請求権の消滅時効の関係による。時岡泰「損害賠償請求と労災保険給付の控除」『新・実務民事訴訟法講座 4』（日本評論社、1982 年）295 頁。

(36) 時岡・前掲論文 296 頁。

(37) 『月刊いのち』172 号５頁岡村発言が法改正の背景を指摘している。

(38) 高松地丸亀支判昭和 45・2・27 交通民集 3 巻 1 号 333 頁。

(39) 名古屋高判昭 52・1・31 判例時報 858 号 75 頁。

益は同一性があること[40]、などがあげられている。

一方、「非控除説」の根拠としては、①労災保険法12条の4に定める趣旨から、いまだ現実に給付されない労災保険給付を控除すべきでないこと[41]、②労災補償と損害賠償においては、その請求権の発生原因、権利主体など（遺族補償年金の場合）に相違があること[42]、③将来の年金給付は不確実であり、被災者に分割弁済の不利益を強いること[43]、などである。

最高裁は、前記判決によって「非控除説」に立つことを明らかにした。

すなわち、労災保険の実質は、使用者の労基法上の災害補償責任を政府が保険給付の形式で行うものであって、損害の塡補の性質を有するから、保険給付のあったときは、労基法84条2項の規定を類推適用し、使用者は、同一の事由については、その価額の限度において民法による損害賠償責任を免れる、とした上で、次のように判示した。

「右のように政府が保険給付をしたことによって、受給権者の使用者に対する損害賠償請求権が失われるのは、右保険給付が損害の塡補の性質をも有する以上、政府が現実に保険金を給付して損害を塡補したときに限られ、いまだ現実の給付がない以上、たとえ将来にわたり継続して給付されることが確定していても、受給権者は使用者に対し損害賠償の請求をするにあたり、このような将来の給付額を損害賠償債権額から控除することを要しないと解するのが、相当である。」（最三小判昭52・10・25民集31巻6号836頁——いわゆる三共自動車事件）

(2)　学説の状況

従来は、特に使用者行為災害を念頭において論じられたものは少なかったが、前記最高裁判決以降、特に、昭和55年の労災保険法改正をめぐって議論がなされるようになった。若手労働法学者で「控除説」を主張する論者が目立つのが最近の特徴である[44]。

---

(40)　東京高判昭52・5・31労働法律旬報934・5号80頁。西村教授の指摘されるように、前記最高裁判決〔注(32)、注(33)〕でも類似した根拠づけを行っている。
(41)　名古屋地判昭45・3・30交通民集3巻2号504頁。
(42)　福島地会津若松支判昭48・9・13交通民集6巻5号1511頁。
(43)　神戸地判昭50・5・20労働判例230号13頁。

　「控除説」の根拠としては、①使用者が保険料と損害賠償との二重の負担をしなければならず「保険利益」が失われる[45]、②保険給付を損害賠償に先行すべきである[46]、などがあげられているが、使用者の「保険利益」の問題に尽きるであろう。

　これに対し、「非控除説」の根拠としては、①被害者に分割弁済の不利益を及ぼすこと[47]、②労基法84条2項の解釈に「給付が確定しているとき」を含ましめることは困難であること、③将来の給付分はそれ自体期待権にすぎず不安定な性格を有すること[48]、などである。

(3) 問題点

　最高裁が使用者行為災害においても「非控除説」を採用したことは、第三者行為災害の場合における処理と統一されたことを意味するが、将来の年金給付と民事賠償との調整規定がない使用者行為災害の場合には、使用者から「保険利益」を奪うものとの批判が強まり、昭和55年の労災保険法改正への大きな契機となった。

　この改正は、労使双方の主張を折衷したような形で当分の間は決着したといえる。すなわち、前払一時金、失権差額一時金など新しく一時金部分をふやし、前払一時金のある年金給付については、当該額までは年金でもらっても、一時金でもらってもよいが、当該額の限度で損害賠償は履行猶予または免責となり、当該額を超える部分については、賠償先行の場合に、9年を限度として年金支給が停止され、前払一時金のない保険給付については、賠償先行の場合に、9年を限度として保険給付が停止される（昭56・6・12発基第60号、昭56・10・30基発第696号）。

　「調整」される保険給付分が増加したわけであるが、9年を超えれば支給が

---

(44) 西村、岩村の両教授がそうである。前掲のほかに、岩村「社会保障法と民法の交錯」ジュリスト828号191頁。

(45) 岩田誠「労働判例研究」ジュリスト584号154頁。西村、岩村、保原各教授の所説。

(46) 斉藤修（判批）民商法雑誌78巻6号114頁。

(47) 谷水央「遺族年金」判例タイムズ268号201頁。

(48) 藤原精吾「労災保険金・厚生年金の損益相殺」労働法律旬報913号66頁、千葉憲雄「被災労働者の生命と健康の代償」労働法律旬報839号36頁。

再開されるので、その部分については依然として「重複塡補」の可能性はなくはないから、やはり、従来同様の問題が残るのである。

(4)　小　括

(1)　労災補償責任の法的性格・目的

　まず、労災補償責任の法的性格については、災害補償に関して責任保険的側面と社会保障的側面があることは否定できない（重畳領域説的理解）。基本は、個別使用者の責任であるが、被災労働者の生存権保障の見地から、社会保障政策の一環として位置づけることができ、このことは政府管掌の保険制度であることによって実質的に裏付けられる。

　労災補償の主たる目的は、損害塡補なのか生活保障なのかといえば、生活保障を主たる目的とするものと解され（多くの保険給付が被災労働者個人の平均賃金を基礎に算出されることを想起せよ）、市民法の枠組の中で損害の「完全塡補」を目的とする損害賠償制度とは異なり、独自の社会保障的制度であるが、給付がなされることにより、結果として「損害塡補」となることは事実である。

(2)　労災補償と損害賠償の相互関係

　右の両者に相互補完性を認めるということは、労災補償と損害賠償の「調整」をしなければ「重複塡補」となり被災労働者にとって不当に有利となり、公平でないという理解が前提となっている。しかし、両者を「調整」しなければ当然に「重複塡補」となるとはいえない（「重複塡補」の可能性にすぎない）。

　というのは、「真実の損害＝労災補償＋（労災補償を控除した）損害賠償」という公式は、現実には、到底成立しないからである。まず、損害（人身損害）の把握が、通常、極めて部分的なものでしかない。労働法学者の多くが、制度の枠組みの中でしか人身損害を考えていないのではないかと思われる。「労基則別表第二」にみられるが如く、impairment のみを問題にしているにすぎない。損害の概念についての検討は損害賠償法の課題であって、労働法学の課題ではないという反論もあろう。しかし、損害の全体像[49]を不問とし

た上で、被災労働者の救済を考えても無意味である。また、仮に、労災補償と損害賠償をどの程度「調整」すべきかについては、労働者と使用者との間における損害の公平な分担の問題であり、換言すれば立法政策の問題であることを認めたとしても、現実の労災補償給付の水準や損害賠償額が、労働者の生存権の保障たりうるかについては、事実認識の問題であることは否定しえない。保険法学者が「ある程度までであれば」労災保険給付等と損害賠償の「調整」を不要とする立場をとっていること[50]が示唆的であろう。

(3)　労災補償における「保険利益」

　昭和55年の法改正は、民事労災訴訟の「増加」によって賠償金支払いを迫られた使用者側の強い要望によって実現したが、使用者側の最終的な意図である「民事賠償否定型」の実現には程遠いものである。一方、労働側にとっても、「調整」期間が増加し、訴訟提起に影響が出よう。本改正は、被災労働者の救済という観点からは、労災補償史上も「逆行」(年金→一時金) しており、賠償を含めた救済水準総体を低下させる危険があろう。

　さて、度々ふれたように、賠償と労災補償を「調整」しなければ使用者は保険に加入している利益を失うといわれるが、果たしてそうか。

　まず、「調整」が問題となるケースは、労災事故の中でも圧倒的少数（提訴の数が少ないこと自体の問題は措く）であり、殆どのケースでは使用者は災害補償責任を免れるという「保険利益」に浴していることを確認すべきである。全体からみればごく一部（それも、不法行為であれば、因果関係、故意・過失などの必要な要件をクリアし、非難性の高い場合である）の、使用者自ら賠償責任を負うべき場合の負担を軽減せんがために、「調整」がなされなければ、使用者はそもそも保険加入の利益を失うとか、給付水準の向上に取り組む意欲を喪失させるとかいう主張はフェアではない。さらに、有泉説のように考えれば、実質的に労働者自らの出捐する保険料によって運営される保険に使用者がクレームをつけるのは筋違いということになろう。

　また、実務上、第三者行為災害の場合においては、3年をすぎると「重複

---

(49)　前掲拙稿〔注 (3)〕参照。

(50)　西島梅治「所得保障保険と給付調整」『交通法研究』10・11 合併号 30 頁等。

塡補」を認めているのであり、これとの均衡を考慮すべきであろう。

　以上を考慮すれば、「控除説」には問題があり、少なくとも「非控除説」は維持すべきものと考える[51]。

4．むすびにかえて

　損害賠償法の上からは、一見技術的で小さな問題に見える「損益相殺」が現実の訴訟においては無視しえない重みをもつことが明らかとなった。社会保障制度において各種の保険給付間の「調整」も問題となっており、損害賠償との関係も含めて総合的に考察することが課題となろう。

---

(51)　岡村親宜外『労災職業病Ⅰ（損害賠償編）』（労働教育センター、1979 年）158 頁等。

第3章　損害賠償と公害健康被害補償法給付の「調整」

1. はじめに

　昨年末に下された千葉川鉄公害訴訟第一審判決[1]は、患者原告らの住む地域の大気汚染につき「川鉄が主要な排出源である」と認定、「健康被害との間に相当な因果関係がある」とし、立地、操業時の公害防止対策を怠ったとして大気汚染防止法に基づく被告川鉄の無過失責任を認め、原告患者61人（死亡患者14人）のうち46人に対して、1人最高245万余円、総額7714万余円の損害賠償の支払いを川鉄に命じた。第6溶鉱炉の操業差止請求は棄却、汚染物質の排出差止請求については却下した。賠償額は、公害健康被害補償法（以下「公健法」ともいう）に基づく給付の一部などが「控除」され、請求額よりかなり減額され、患者原告ら15人については、「公健法による給付で損害が補償されている」などとして請求を棄却したものである。

　ところで、一つの事故を契機として、労災保険給付や社会保障給付が重複して給付可能になることがあり、更にその事故の原因者＝加害者が明らかな場合には、損害賠償請求が可能になる場合がある[2]。これら、諸制度間、あるいは、損害賠償との「調整」問題＝いわゆる「損益相殺」が近時重要な問題となってきたが[3]、右川鉄公害訴訟判決は、後に検討するいくつかの判決とともに、公健法に基づく補償給付を民事損害賠償から「控除」することの可否についての新たな素材を提供することとなった[4]。

---

(1)　千葉地判昭63・11・17判例タイムズ689号40頁。

(2)　行法制度上の代表的な調整規定としては、①社会保障的制度として、A、厚生年金保険法40条、B、健康保険法67条、②民事責任を前提とした特殊な行政的制度として、C、公害健康被害の補償等に関する法律14条（給付調整規定）、D、労働者災害補償保険法——2条の4、67条、③民事損害賠償制度として、E、原子力損害の賠償に関する法律附則4条、F、自動車損害賠償保障法73条、G、予防接種法19条などがある。

　これらの諸制度給付と民事損害賠償との「調整」については、民事損害賠償が一時金方式を採用していることと年金給付を主体とする諸給付との間で、具体的な算定にあたっての計算技術上の根本的な矛盾を抱えているほかに、近年公害・薬害訴訟などにおいて形成されてきた「包括請求方式」が財産的損害を含めた慰謝料（包括慰謝料）を請求することが多く、その場合には、具体的な項目別の年金等の給付を行う他の制度との間で、損害評価・賠償額算定上困難な問題を生じることが否定できない。これらの問題は、「原状回復」の理念を基礎に新たな「差額説」ともいうべき理論の構築を図る最近の理論動向[5]とも関連し、検討する意義は大きいと思われる。

　ところで、公健法2条1項のいわゆる第一種地域には、全国で41地域が指定されていたが、産業界からの強い要請もあって、1988年3月、「改定」法（公害健康被害の補償等に関する法律）が施行され、右全地域の指定を解除して新たな患者を認定しない代わりに、企業の出捐した基金で環境改善や調査・研究をすることになった。解除以前に認定されていた患者には引き続き補償給付がなされるので、問題が消滅したわけではない[6]。

　本稿では、以上の問題意識から、右第一種地域での問題に限定して、公健法給付の損害賠償からの「控除」について、公健法の立法過程、裁判例、学説などを検討するものである。

---

(3)　「損益相殺（代位）」については四宮和夫『（現代法律学全集10）（事務管理・不当利得・不法行為　中巻・下巻）不法行為』（青林書院、1985年）600頁以下が、損益相殺を「原状回復の理念」の反面としての「利得の防止」の思想に基づくとし、規範的な把握を強調する。沢井裕「損益相殺(1)-(3)」法学論集（関西大学）8巻3号、5号、9巻1号の立場を四宮教授も支持する。労災保険と民事賠償の「調整」について、拙稿「損害賠償と労災保険給付の『調整』」早稲田大学大学院法研論集37号231頁。

(4)　小川竹一「四日市市における大気汚染被害者救済制度の展開と特質」早稲田大学大学院法研論集39号73頁。

(5)　四宮和夫「不法行為による人身損害に関する考え方の対立について」『林還暦記念・現代私法学の課題と展望（上）』（有斐閣、1981年）129頁。潮見佳男「財産的損害概念についての一考察──差額説的損害観の再検討──」判例タイムズ687号4頁。楠本安雄『人身損害賠償論』（日本評論社、1984年）19頁。

(6)　清水誠「公健制度の後退と今後の公害問題」法律時報59巻2号6頁。同号の他の論文も参照。

２．公害健康被害補償法の法的性格

(1)　公害健康被害補償法制定に至るまでの経緯

　公害健康被害補償法制定以前にも、公害による健康被害に対する救済を目的とした諸制度が存在した。周知のように、被害者の地元にあたる地方自治体による医療を中心とした救済制度の展開が先行したが[7]、ようやく、1969（昭和 44）年に、「公害に係る健康被害の救済に関する特別措置法」以下（「旧法」という）が、国のレベルにおける公的な救済制度として制定された。旧法では、社会保障制度の補完的な制度として、事業者からの寄付による納付金と公費（各 2 分の 1）を財源とし、当面の緊急措置として医療費の自己負担分等の給付を行うという行政上の救済措置が講じられた。しかし、旧法による救済制度においては、公害被害者の生活保障に関する措置が講じられていないという不備が被害者や地方公共団体から指摘されていた。一方、1972（昭和 47）年には、大気汚染防止法と水質汚濁防止法の一部が改正され、無過失責任に関する規定が設けられ、私法上（民事上）の見地からも被害者の救済が図られるようになった。しかし、このように民事上の救済が図られても、訴訟という手段により損害賠償を求めるものであるために、その解決には多くの労力と日時を要し、また、被害者が訴訟で勝訴しても相手方の資力によっては賠償が実行されない、加害者が不明なために訴訟の手段をとれないという問題等が生じ、私法上の救済のみでは限界があった。無過失責任規定を設けた上記 2 法につき加えられた附則（昭和 47 年 6 月 22 日法律第 84 号）3号は、検討事項として、「政府は、公害に係る被害者の救済に関し、その損害賠償を保障する制度について検討を加え、その結果に基づき、すみやかに、必要な措置を講ずるものとする。」と規定し、政府は検討義務を負うことに

---

(7)　国・地方自治体の救済制度及び賠償協定などについては、宮川勝之「公害医療救済法の前史」国民生活研究 12 巻 2 号 20 頁、同「公害医療救済と被害者救済」国民生活研究 14 巻 2 号 62 頁、同「公害健康被害補償法と被害者救済」国民生活研究 15 巻 4号、宮川・利根川「資料　公害による人体被害と賠償協定・生活補償措置」国民生活研究 13 巻 4 号、太田義武「行政上の被害者救済」『公害行政法講座第 3 巻』（ぎょうせい、1976 年）169 頁以下などを参照。

なった。

　そして、右検討を行うために、昭和47年4月8日には、中央公害対策審議会に費用負担特別部会が設置され、環境庁長官の諮問を受けて、右部会に損害賠償負担制度専門委員会が設けられ、翌48年4月5日には環境庁長官に対し審議会の答申がなされた。この答申を受け、環境庁が法案の立案に着手し、6月15日には、法案の閣議決定がなされ、同月19日国会に提出された。両院の審議を経て、同年9月26日に法案は可決成立した（昭和48年10月5日公布、同49年9月1日全面施行[8]）。

　国会での審議において問題になった主要な点は、①障害補償費の給付水準、②慰謝料の取扱い、③指定地域の範囲、④指定疾病の種類、⑤公害保健福祉事業の内容、⑥被害者に重大な過失があった場合の補償給付の制限条項、⑦農業、漁業等の生業被害に対する補償制度、⑧遡及適用問題、⑨政令一般についての問題、の9点であった[9]。

　ところで、通常2〜3年かかる公健法法案の作成をわずか1年の「突貫工事」で仕上げなければならなかった最大のインパクトは、1972年（昭和47）年7月の四日市公害訴訟の原告勝訴判決[10]であったことはいうまでもない[11]。右判決の影響を恐れた政府や産業界が、全国的に高揚しつつあった公害反対の住民運動の鎮静化を図るべく[12]、政府・与党や産業界が率先して公害健康被害についての賠償補償制度の創設を望んだのである[13]。そして、こ

---

(8) 松浦以津子「公害健康被害補償法の成立過程(1)-(3)」ジュリスト821号29頁、822号80頁、824号91頁。

(9) 太田義武「公害健康被害補償法の解説(1)-(2)」商事法務646号2頁、647号26頁。

(10) 津地四日市支判昭47・7・24判例時報672号30頁。

(11) 浜田・淡路・田尻・塚谷・宮本「（座談会）公害健康被害補償制度の功罪」公害研究9巻2号41頁（淡路発言）は、四日市判決の共同不法行為論によれば、加害企業は全額負担となり、全額負担は公害の抑止効果を持つが、その全額負担の原則も公健法により崩れた、と指摘する。

(12) 当時の経団連常務理事・産業部長は、新しい賠償保障制度に求めた機能は、「迅速で、ある程度十分な救済をやれば紛争が抑止されるだろうということで、紛争抑止効果をねらったこと」と「経営の安定効果で、これはいわゆる民事責任の一部を免責されて肩がわりされる一種の保険のような効果をねらっているわけである」と述べている（菅元彦「これからの企業経営と公害対策」商事法務619号2頁。なお、右論文の内容は、公健法の「改定」を含む公害対策のその後の「変遷」をかなり確実に「予言」しており実に興味深い。）

のことは、公健法成立直後（施行10月5日）に発生したいわゆる「オイル・ショック」[14]後の公害対策の見直しや公健法の廃止への動きに至る伏線となったのであった。

　以下においては、公健法法案の審議状況を「第71国会衆議院公害対策並びに環境保全特別委員会」の審議記録（『公害対策並びに環境保全特別委員会議録』（以下単に『会議録』として引用））を素材に「慰謝料問題」を中心に立法過程の議論を検討する。なお、右委員会には、昭和48年7月4日に法案提出がなされ、同月6日、公害健康被害補償法法案の提案理由・内容が三木環境庁長官から説明され、同委員会における審議が開始した。そして、「補償給付の制限」に関する規定の削除等の修正を受け、9月13日同委員会で可決された。なお、同法案通過にあたり、「6、慰謝料については、公害裁判判例にみられるように、これが公害病患者に対する補償の重要な要素であることにかんがみ、本制度においても補償給付の内容の充実を図るよう積極的に検討すること。」という附帯決議（全体で21項目にわたる。参議院でも同様であった）が付された（『会議録』48号6頁）。

(2)　公害健康被害補償法の法的性格

(1)　公害健康被害補償法の責任の性質

　公健法は、「事業活動その他の人の活動に伴って生ずる相当範囲にわたる著しい大気の汚染又は水質の汚濁の影響による健康被害に係る損害を塡補するための補償並びに被害者の福祉に必要な事業及び大気の汚染の影響による健康被害を予防するために必要な事業を行うことにより、健康被害に係る被害者等の迅速かつ公正な保護及び健康の確保を図る」（同法1条）ことを目的としている（農業や漁業などの「生業被害」[15]やその他の財産被害、騒音被害などは、公健法制度の対象外であることに注意）。

　公健法制度の基本的性格は、民事損害賠償の一環なのか、それとも、社会

---

(13) この間の経緯等について、橋本道夫『私史　環境行政』（朝日新聞社、1988年）165頁以下が詳しい。

(14) 昭和48年10月17日のOAPECの原油供給削減と原油価格の4倍の値上げに始まった。

(15) 高原賢治「公害補償としての生業補償」ジュリスト532号47頁。船後政府委員の答弁『会議録』36号12頁。

保障制度なのか、が問題となる。裁判例・学説における理解については、後で検討するが、公健法に対する行政側の理解は、中央公害対策審議会答申に述べられるように、「本制度の対象とする被害の発生が原因者の汚染原因物質の排出による環境汚染によるものであり、本来的にはその原因者と被害者との間の損害賠償として処理されるべきものについて制度的な解決を図ろうとするものであることから、基本的には民事責任を踏まえた損害を塡補するための制度であると考えるべきである」[16]ことで一貫している。

　「民事責任を踏まえた制度」とはいっても、公健法は、自動車損害賠償保障制度や原子力損害賠償保障制度のように原因者の民事上の損害賠償義務の履行を保障するという形を採っておらず、原因者集団としての責任を基礎とする原因者負担による被害者救済制度として構成されており、これだけを見るならば、労災補償における「集団責任説」[17]と一見近似した構造を有するかのようである。右のような制度として構成された理由として、「大気汚染疾病地域においては一般に私法的責任の主体を特定することが、現段階では難しいと考えたことがあると思われる[18]。」という指摘がある（労災保険は政府管掌であり、また、加害者の特定は原則として可能であるから同一には論じられない）。

　しかし、公健法の責任構造は、単に原因者集団としての責任と理解するのは適切ではなく、それは、大気を汚染する者の責任を前提とし、「一定量以上の排出行為について汚染者責任を基礎に原因者責任が加わる二重構造が、公健法の費用負担を根拠づける責任構造で」あり、「汚染者責任は、一定量以上の大気汚染行為はそれ自体に非難性があるという評価が前提となるが、それは大気汚染による健康被害の存在という事実を基礎として、当時社会的に承認されており、それが公健法に反映した[19]」と考えることがより適切である。

---

(16)　城戸謙二編『逐条解説公害健康被害補償法』（ぎょうせい、1975 年）88 頁。太田義武「公害健康被害補償法の解説(1)」商事法務 646 号 2 頁など。

(17)　西村健一郎「労災保険の『社会保障化』と労災保障・民事責任」日本労働法学会誌 40 号 43 頁が代表的である。

(18)　宮川・前掲論文「公害医療救済と被害者救済」66 頁。

(19)　片岡直樹「公害健康被害補償法の特質——第一種地域について——」『公害と環境法の展開』（法律文化社、1987 年）68 頁。本稿は右片岡論文に多くを負っている。

さらに、被害者との関係では民事責任型、汚染原因者との関係では社会保障的・相互扶助的な性格[20]を持つ分裂的・二面的性格を有するととらえることもできよう。

いずれにしても、労災補償における「集団責任説」と同様、加害責任を徹底して追及するという構造にはなっていないことは明らかであり、被害者に対する社会保障的（生活補償的）性格をも一面で持つことになる。

ところで、答申段階では、「故意または重大な過失により給付の原因になった行為を行った事業者に対しては、給付を行った価額の限度において、当該事業者に求償することができるものとすべきであろう。」（『中公審答申』Ⅰ　四(6)エ）とし、事業者に対する求償の項が取り上げられていたが、法案ではこの点に触れていない。委員会の審議では、第一種地域では、原因者の追及が困難であり、求償の規定を設けることは実益がなく、また、第二種地域においても、求償に必要な民事上の条件を整えることには非常に複雑な問題があるので、「特定賦課金」制度に代置した、されている（橋本政府委員『会議録』45号6頁）。この点からも、公健法制度は、公害の加害責任を徹底して追及するというよりは、加害企業の「危険分散」＝「保険」的色彩の濃い制度であるといえよう[21]。

したがって、そのようなものとして公健法制度の本質を理解するならば、公健法制度の存在意義は、被害者の救済という観点から規定されるのではなく、制度の消長に関し産業界の意向が反映するのは当然の成りゆきであったといえる。

(2)　公害健康被害補償法の給付水準

『中央公害対策審議会答申』（Ⅰ　4(4)）は、公健法給付の水準について、以

---

(20) 費用負担の点で「PPP」の原則と切断されている。淡路剛久「公害健康被害補償制度の問題点と改革——第一種地域を中心に——」公害研究14巻3号2頁。

(21) 清水誠「PPPの法律的側面」公害研究3巻1号、同「公害健康被害補償法の本質的問題点」公害研究16巻2号9頁。牛山・河合・清水・平野『公害と人権』（法律文化社、1974年）263頁以下（清水筆）。清水教授は、本制度は被害者への賠償金の「仮払い」を行う制度とし、その後制度の側で加害者に求償すべきであるという提案をしている。

下のように述べている。

「公害事件における賠償責任の特質は、四日市公害裁判における判決理由において指摘されているように、企業の生産活動の過程において生ずる公害においては、原因企業はその生産活動によって利潤をあげることを予定しているのに対し、被害者である附近住民らにとって当該企業活動から直接得られる利益は存しないこと、また住民らにとってその被害の回避は不可能であること等にあるとみることができる。したがって、本制度の給付水準を定めるにあたっては、基本的にはこれらの特質をふまえて制度化すべきであろう。」——［A］

「しかしながら一方においては、本制度の対象となる患者は、非特異的疾患にあっては、環境汚染調査、疫学調査、医学的所見を基礎として得られた地域、指定曝露要件等の基準をもとにして想定される指定地域の人口集団にあらわれた疾病発現等の現象を確率論的にとらえ、このような集団現象をその集団に属する個人に投影して因果関係を広く認定するものであるので、給付水準を定めるにあたってはこのような事情をも考慮する必要がある。」——［B］

「以上により、非特異的疾患における補償費の給付水準は、公害裁判における判決にみられる水準、社会保険諸制度の水準等をふまえ、公害被害の特質、本制度における因果関係についての考え方、前述の慰謝料的要素等を総合的に勘案し、結果的には全労働者平均賃金と社会保険諸制度の給付水準の中間になるような給付額を設定することが適当である。」——［C］

（「なお、特異的疾患で疾病と汚染原因物質との特異的な関係を明らかにすることができるものについては、給付水準を定めるにあたって、これらの特殊事情を配慮する必要があろう。」という部分は、法案には盛り込まれなかった。）

右［A］の事情の下におかれた公害患者が、自らとは直接関係のない［B］という事情が加わったために［C］の水準まで救済水準を低められるのか疑問である。このようにして「値切られた」障害補償費の水準に対しては、批判が多い[22]。

---

(22) 牛山積『現代の公害法』（勁草書房、1976年）162頁。淡路剛久『公害賠償の理論』（有斐閣、1978年）185頁など。

　「公害被害者に対しては、公害の特殊性から労働者の平均賃金による生活モデルが適用されるべきであり、ただ、その生活モデルの実現のためにどれだけ平均賃金に上積みすべきか算出が難しい点を考慮すれば、上積み分について民事解決に委ね、制度では最低限平均賃金が支給されるべきであろう。この点については遺族補償費について障害補償費のような水準の切り下げをしていないこととの関係からも当然と考えられる」という指摘を挙げておこう[23]。

　ところで、公健法給付の水準を検討する場合に、労災との比較が一つの手がかりを与える。ここでは、さしあたり、労災補償給付における「休業（補償）給付」が、支給期間はともかく、被災労働者の平均賃金の60％を障害等級などの率を乗じることなく無条件で支給され、通常は、「労働福祉事業」である「特別支給金（20％相当額）が加算され、実質80％の水準となることを指摘しておく[24]。

　ところで、公健法14条に関連して、生活保護との調整の問題は重要であるが、「公害病認定患者で生活保護を受けている患者に対して、障害補償費や遺族補償費の支給は生活保護の収入認定とされるのか」という委員の質問に対し、橋本説明員は、公健法給付と生活保護法給付との調整を肯定している（『会議録』39号18頁）。具体的には、補償給付のうち、医療費、介護加算、療養手当、葬祭料は全額収入認定されないが、その他の障害補償費・児童手当にあっては、一定金額を除くほかは、すべて収入があったとみなされる[25]。

(3)　慰謝料問題

　公害被害において特殊な問題が残るとすれば、「慰謝料という形であるにせよあるいは逸失利益という形であるにせよ、それはもし問題が残るならば

---

(23) 片岡・前掲論文71頁。

(24) 詳しくは、新美育文「公害健康被害補償制度の給付水準」ジュリスト821号43頁以下。特別支給金については、小室豊允「労働福祉事業」『窪田還暦記念　労働災害補償法論』（法律文化社、1985年）263頁。西村健一郎『労災補償と損害賠償』（一粒社、1988年）277頁は特別支給金の控除をも主張するが、判例・実務（昭56・6・12発基第60号）からも後退することになり問題である。

(25) 太田義武「国における健康被害救済」『公害行政法講座第3巻』（ぎょうせい、1976年）180頁。

当然民事の解決にゆだねるべきものである」とし、「逸失利益プラス慰謝料というように構成いたしまして、慰謝料部分は幾らだという考えはとっておりません（船後政府委員『会議録』40号18頁）というのが、政府の一貫した説明である。この立場は、審議中いささかも変わることなく、審議に加わった各委員も「ますます分からなくなった。」を連発した。政府側の説明は説得力を欠き、少なくとも、慰謝料を含むということが具体的・明示的に導けない以上、実際の給付水準で判断するしか方法はないであろう[26]。そして、その水準が、逸失利益の一部にとどまる以上、慰謝料を含むということは考えられない[27]。「慰謝料を含み、それを上積みしているというならば12割ですよ。それを8割にするならば、それは収奪というものです」（島本委員の発言『会議録』39号12頁）というのも、あながち暴言とはいえない。

　次に、遺族補償費については、障害補償費を基準に8割の7割（死亡による本人の生計費を3割として損益相殺）ということで56％ということも考えられるが、「障害補償費よりは特に慰謝料的な要素を考える必要がある」として、初めの部分を100％としてその70％、「結論といたしましては7割というような給付水準が妥当ではないか」（船後政府委員『会議録』41号2頁）という。

　遺族補償費の支給は、被認定者の死亡により破壊された遺族の生活が回復し、安定した生活ができるようになるまでの期間を目途とし、通常民事において損害賠償として支払われる一時金の額との均衡を失しないものとなるような妥当な期間として、10年間を支給期間としている。

　しかし、男子被認定者の死亡の場合に限って試算してみると、昭和49年度から10年間遺族補償給付を受給しても、受給額の合計は最高約1925万円（昭和8年度生まれの階層）となり[28]、当時の自賠責保険の死亡一時金1000万円（翌50年には2000万円、51年には2500万円となる。）の法定利率5分での運用

---

(26) 慰謝料が含まれるとの理解をする立場は、新美・前掲論文48頁。森島昭夫「（座談会）公害健康被害補償法の問題点」ジュリスト821号22頁も同様。

(27) 牛山・楠本・沢井・篠原・豊田・野呂「座談会　公害健康被害補償法をめぐって」法律時報47巻3号73頁。「慰謝料が入っているというのは欺瞞的です（沢井発言）」。淡路・前掲書185頁。同・前掲論文2頁。

(28) 環境庁告示に基づく筆者の試算。初（49）年度についても通年受給とした概算値である。

額約 1628 万円と大差はなく（大正 9 年度以前および昭和 21 年度以降生まれの場
合には右運用額にすら達しない。）、さらに自賠責保険金が 1500 万円の場合の運
用額約 2443 万円を大きく下回る[29]。交通事故での死亡の場合には、逸失利
益や慰謝料の合計が右自賠責保険金額で収まる事は通常考えられないから、
「遺族補償費なり児童補償手当の中には相当大きな慰謝料部分が入っておる」
（船後政府委員『会議録』45 号 20 頁）ということは、まずありえない。給付の
実態が証明しているのである。したがって、遺族補償費の性格についても、
遺族の生活補償費としての色彩が強く、慰謝料的要素は否定されると考えら
れる。

　また、児童補償手当については、児童（15 歳未満）は、労働能力の喪失等
による損害がないなどの理由から障害補償費の支給の対象にならないが、指
定疾病に罹患することにより、児童本人にとっては、成長が遅れる、学業が
遅れる等の支障を来し、発作等による肉体的精神的苦痛があること、他方、
親にとっては、養育に手間がかかるといった面があること等の理由から、児
童の日常生活の困難度に応じて定額の給付（児童補償手当）が養育者に対して
なされる。右手当については、「児童については明らかに逸失利益というもの
はない」のに「それになおかつ手当を支給するというのは慰謝料的な意味が
ある」（船後政府委員『会議録』40 号 18 頁）という。しかし、親が児童の夜間の
発作等のために労働や日常生活の制約をせざるをえないような例を考えてみ
ても、「親の経済的損失が考慮されており、親が出捐する経済的負担への塡補
が主目的[30]」であることは明らかであり、児童補償手当は、慰謝料という
よりも、養育者に生じる積極的損害としての性格を有するものとして位置づけ
ることが妥当である。

---

(29)　遺族補償給付につき各年度の受給額を法定利率で運用した場合の総額が約 2471 万
　　　円である。
(30)　片岡・前掲論文 70 頁。

3．公害健康被害補償法給付の損害賠償からの「控除」

⑴　公害健康被害補償法における「調整」構造

　公健法について問題となる「調整」パターンとしては、①公健法給付と民事損害賠償との調整、②公健法給付と他の制度給付との調整、および③公健法制度における複数の給付間の調整の3通りある[31]。

　①については、㋐公健法の給付が民事賠償に先行する場合と㋑民事賠償が給付より先行する場合とに分かれる。

　㋐については、被害者の損害はその補償給付に相当する分だけ塡補されることとなるので、支給された補償給付と同一の事由について被害者が加害事業者に対して有する損害賠償請求権は、その価額の限度において当然消滅ないし縮減し、当該事業者は、補償給付の支給を受けた被害者に対してはその価額の限度で免責され、このことは明文の規定はなくても、損害理論から当然そうなるのであるとされる。他方、㋑については、公健法給付を受けることができる者が、裁判、和解等で損害の塡補を受けた場合には、既にその塡補を受けた損害については補償給付を行う必要がなくなるため、同一の事由についてはその価額の限度で公健法の側で補償給付を行う義務を免れるとされる（法13条）。

　②については、同じく、公健法の給付が先行した場合には、法令の規定により同一の事由について公健法の補償給付に相当する給付等を支給すべき保険者等は、支給された補償給付の価額の限度で、当該保険給付を行う義務を免れることとし、原因者責任を負う公健法制度の側で第一義的な責任を負うとされる。逆に、他の保険給付等が先行した場合には、公健法の側でその支給された給付等の価額の限度において補償給付の支給を免れ、当該保険給付を行った保険者等は公健法の側に求償することとし（制度間求償）、いずれにしても、最終的には公健法の側で費用を負担することになる（法14条1項）。現在この調整を行う制度は、26に及ぶ（公害健康被害の補償等に関する法施行

（31）　城戸・前掲書。および、『公害関係法令・解説集昭和63年度版』（ぎょうせい、1988年）2271頁以下（松田将筆）。

令7条)。

　③については、公健法が患者の認定というよりは指定疾病の認定という制度を採っているために、同一人物が複数の障害補償費を受給できる可能性があるが、その場合には、当該認定者の障害補償標準給付基礎月額を限度とするもので、公健法制度内の併給調整である（法27条）。

　以下の検討では①の(ア)の場合に限定するものである[32]。

(2)　裁判例の検討

　公健法給付の損害賠償からの「控除」が問題となった裁判例は、現在のところ以下に検討する４例のみである。川鉄公害訴訟以外にも、公健法指定地域に関係する大気汚染関係の大規模訴訟が控えており、新たな展開が予想される[33]。

(1)　日本化工クロム労災訴訟第一審判決（以下「クロム判決」[34] という）

　本判決は、公健法に基づく補償は、「公害による健康被害に係る損害を填補することを目的とするもの」であるとし、原告のうち３名は、「本件で認定した被害と同一の被害について、同法に碁づく補償給付を受けたものと認められるから、すでに受給した補償給付の限度において、実質上損害が填補されていることになる。したがって、右受給額については、本件損害額から控除の対象になるものと解するのが相当である」と判示した。そして、同法に基づき原告らが受給した「障害補償費」及び「療養手当」について、「右各金員はいずれも、各原告の損害額から控除すべきものというべきである。」としている。

(2)　国道43号線公害訴訟第一審判決 [35]

　本判決においては、原告らに公健法所定の疾病の認定を受けた者が含まれ

---

(32)　①の(イ)の場合につき片岡・前掲論文 71 頁参照。

(33)　ジュリスト 928 号特集参照（西淀川、川崎、倉敷）。

(34)　東京地判昭 56・9・28 判例時報 1017 号 34 頁。

(35)　神戸地判昭和 61・10・15 判例時報 1203 号 1 頁。

ていることは、当事者間に争いがなかったが「右原告らは、療養の給付については これを受けているものと推認することができるが、障害補償費については、……その支給を受けていることを認めるに足りる証拠はない。」として、被告らの損益相殺の抗弁は理由がないとした（詳細は不明）。おそらく、控訴審において本格的に争われるものと思われる。

(3)　土呂久鉱害第二次訴訟控訴審判決（以下「土呂久判決」(36)という）

　本件は、操業なき鉱業権者が被告であるため、被告が公健法の賦課金を支払っていないという特殊事情がある。本判決は、立法経緯と文理上の解釈を考慮すれば、公健法給付は「私法上の損害賠償の立替払的性格」と「緊急に救済を要する者に対する給付という社会保障的性格」という二面的性格を併せ有すると解するのが相当であるとし、公健法の実施に必要な費用については、同法52条以下の賦課金を分担させることは同法に基づく給付が「私法上の損害賠償の立替払的性格」を有すると見ることにより、合理的な説明が可能であるとし、そして、「公健法給付の私法上の損害賠償の立替払的性格からすれば、同給付が行われたときは、公害被害者の損害賠償請求権は給付の限度で補填されたことになり、私法上の損害賠償義務者は右給付の限度で賠償を免れると解するのが相当であり、このことは右損害賠償義務者の前記賦課金納付の有無によって消長を来すものではないと解される」と判示した。

　結局、本件認定の慰謝料は実質上健康被害に基づく財産上の損害の塡補を補完させるとして、右給付の限度において右財産上の損害のその部分が実質的に補塡されている、として控除を認めた。

　なお、本件では、控訴審段階で、被告が公健法に基づく給付額の控除の主張をするに及んで初めて原告らが本訴請求は公健法に基づく給付額を控除した残額についての請求である」旨主張するに至ったが、原告らの主張は、結局全損害額を過大に主張していることに帰し、右給付の事実を減額事由として考慮することは何ら二重控除になるものではないとして原告の主張を退けた。

---

(36)　福岡高宮崎支判昭63・9・30判例時報1292号29頁。

　本判決では、給付のうち、社会保障的性格の部分は、どこなのか問題であり、「二重控除の主張」の排斥は、包括請求方式の弱点を突かれた形といえる。

⑷　千葉川鉄公害訴訟第一審判決（以下「川鉄判決」という）

　本判決は、まず、将来の精神的損害及び財産的損害について、患者原告らの症状の変動は、口頭弁論終結時後においても起こり続けるものと推認することができるが、「将来における症状の推認については、これを的確に把握することができないものというほかないのであるから、口頭弁論終結時後においても継続すると推認し得る症状に起因する損害については、これを賠償額算定の対象として取り込まないものとするのが相当である。」と判示した。

　次に、「公健法、市条例、市要綱及び過去分補償要綱に基づく補償の給付は、本件において認定した健康被害と同一の被害を填補する目的の下に行われたものと認めることができる。」として「原告らは、固有の精神的損害に対する慰謝料のほか、休業損害及び逸失利益等の財産的損害に対する賠償を含めたものを包括慰謝料として請求しているものと解すべきであるところ、公健法等による補償の給付のうち、補償一時金（過去分補償）、障害補償費・療養補償金・児童補償手当、遺族補償費・遺族補償一時金・遺族補償金は、いずれも右の損害を填補するものに当たるものと認めるのが相当」であり、原告らに生じた損害は、「いずれも右の各給付額の限度において填補されたものというべきであって、原告らの損害賠償額を算定するに当たってはいずれもこれを控除するのが相当である。」

　なお、本判決では、「遺族補償費は、被認定者の逸失利益相当分及び精神的損害相当分並びに遺族固有の精神的損害相当分として支給される」とし、あるいは、児童補償手当につき「その性格は慰謝料的な要素が中心となっている」としており、財産的損害の部分のみの控除とはなっていないことに注意を要する。

　以上の裁判例と生活保護の収入認定項目につき対照表を作成すると以下のようになる。

——補償給付費目毎の対照表——

0＝控除　×＝非控除　？＝不明　／＝受給せず　△＝一部収入認定（生活保護）

生ク保	ク土ロム	土呂久	川鉄	
△	0	？	0	障害補償費（法25条）
△	／	？	0	遺族補償費（法29条）
△	／	？	0	遺族補償一時金（法35条）
△	／	？	0	児童補償手当（法39条）
×	／	？	0	障害補償費の介護加算（特級のみ）
×	／	？	×	療養の給付及び療養費（法19条、24条）
×	0	？	×	療養手当（法40条）
×	／	？	×	葬祭料（法41条）

(3)　学説の検討

　行政側の解釈は、前述の「公健法における『調整』構造」において紹介した通りであり「控除」にかかわる損害理論からは当然とされる。本稿では、右川鉄判決をめぐり控除を積極的に認める説と消極的に解する説を検討する。

(1)　積極的立場

　藤村教授は、「慰謝料としての請求であっても、そこに財産的損害に対する賠償をも含ましめている場合には、現実に給付がなされている以上、その限りにおいて損害が塡補されたと考え、これを損害額から控除してよい。」とされ、療養手当・葬祭料の給付の控除については、その事実が認定されている以上控除していない点は疑問とされる。また、公健法による給付額が認定額を上回っていた（認定額ゼロ原告らに対するリアクションの問題があると指摘される[37]。

---

(37)　藤村和夫「川鉄千葉公害訴訟判決における損害論」法律のひろば42巻3号26頁。

　また、松浦教授は、原告が損害賠償を請求している損害の一部について何らかの方法によって補償を受けている場合に、その額が控除されるのは当然であり、控除されるのは、被害者の損失が填補されているからであり、補償制度が、救済法のように「行政上の救済制度」であろうと、公健法のように「損害賠償責任を基礎とした制度」であろうと、制度の性格づけとは関係ないと考えられる、とされる。

　そして、控除をめぐる問題は、どのような補償がどのような内容の損害を填補しているかということである。公健法給付が財産的損害だけを填補しているかどうか議論の余地があるが、本件は包括慰謝料の請求であるのでこの点は論ずる必要がないとされる。

　さらに、医療手当・介護手当・療養手当・短期療養手当は、損害の填補にあたらないという判決の判断は明白ではないと批判される[38]。

　ところで、松浦教授は、また、川鉄判決は、被害者毎の損害を算定するにあたり、疾病の発症および症状の増悪に影響を及ぼした原因およびその程度、つまり「他の原因」を考慮すべき要素としているが、その妥当性には疑問がある、とされ、被害者に帰責事由のない原因について、しかも発症および症状の増悪にどのような割合で影響を及ぼしているかの立証もないままに、その部分について被害者に負担させるような方向で考慮することは公平ではない、と批判される。

(2)　消極的立場

　一方、消極的立場に立つ吉村教授も、「一般的に、公健法給付を損害賠償から控除することはありうる」とされ、公健法の性格については議論もあるが、その給付が少なくとも機能的には被害者の損害を填補する面を持つことは否定できないことは肯定される。

　また、注意すべきは、原告の請求額の意味であるとされ、原告は公健法給付を受けてもなお回復されない被害に対する賠償請求を行っているのだとすれば（牛山教授はこのように理解される。）、公健法給付は二重に控除されたこ

---

(38) 松浦以津子「千葉川鉄公害訴訟判決における因果関係論・損害論」ジュリスト928号17頁。

とになってしまうのではなかろうか、と判決を批判される[39]。

(3)　判例の立場（労災保険給付の場合）

　公健法の給付と損害賠償の「控除」に関しては、未だ裁判例が十分集積していないし、最高裁の判例もないが、構造は、他の社会保険給付と全く異なるわけではないので、公健法と関連して、労災の使用者行為災害における「調整」問題について検討しておくことが有益であろう[40]。

　すなわち、第三者行為災害においては、結果はともかく、労災保険法12条の4の存在によって、「理論上は重複填補が生じないよう手当がされている」が、使用者行為災害については、労災保険法に明文の調整規定がなく、保険料と損害賠償を二重に負担しているという不満が事業主側にあり、昭和55年の法改正の際に取り入れられたものである。

　「右のように政府が保険給付をしたことによって、受給権者の使用者に対する損害賠償請求権が失われるのは、右保険給付が損害の填補の性質をも有する以上、政府が現実に保険金を給付して損害を填補したときに限られ、いまだ現実の給付がない以上、たとえ将来にわたり継続して給付されることが確定していても、受給権者は使用者に対し損害賠償の請求をするにあたり、このような将来の給付額を損害賠償債権額から控除することを要しないと解するのが、相当である。」（最三小判昭和52・10・25民集31巻6号836頁——いわゆる「三共自動車事件」）

　右判決で、最高裁はいわゆる「非控除説」に立つことを明らかにしており、第三者行為災害の場合のそれと同様、現在では揺るぎのない判例の立場である。ここでは、いわゆる将来給付について「控除説」を判例が採用していないことが重要である（もっとも、最高裁の判例でも、他の種類の場合控除を認めたと解されるものもあり、また、労災保険給付については、下級審において「控除説」を採るものがある。）

　ただ、原告の請求がいわゆる包括請求の場合に対しても、右の結論が適用

---

(39)　吉村良一「千葉川鉄公害訴訟判決における損害論」法律時報61巻5号45頁。牛山積「因果関係認定方法を評価」毎日新聞昭和63年11月17日夕刊。
(40)　注（3）拙稿参照。

されるとはいえず、判例の射程の問題はあろう。

(4)　検　討

　まず、調整を完全に否定できるかと考えると、機能上損害を塡補する性質の補償給付であれば、その限度において調整は肯定せざるを得まい。生命保険金のような場合においては、その目的・機能が損害の塡補とは評価できないから、損益相殺が否定されるが、公健法給付の場合には、一部において、損害賠償における逸失利益の働きをするものがあり、その限度において調整されることになろう。

　では、「控除説」を採用すべきか、という問題には、否定的に解すべきである。公健法給付と損害賠償においては、その請求権の発生原因、権利主体など（遺族補償給付の場合）に相違があること、将来の補償給付は不確実であり、公害患者に分割弁済の不利益を強いること、などを考慮すれば控除説には、到底与しえない。

　したがって、調整を肯定するとしても、「非控除説」をとるべきであり、その場合には、控除される給付の性格を検討すべきである。

　既に検討したように、療養の給付及び療養費、障害補償費のうちの介護加算部分、療養手当および葬祭料については、現物給付の性格を共通して有しており、給付の後、被害者の状態が以前より経済的にプラスになることは期待できない（原状回復のための最低限度の費用である）から、控除をなすべきではないと考えられる。生活保護における収入認定の有無はこの判別方法と合致し、社会保障上も根拠を有するものと考えられる。

4．むすびにかえて

　公害健康被害補償法の給付には、慰謝料の要素が認められず、なおかつ、控除を肯定できる補償費も一部にとどまる以上、既に受給した公健法給付を過去分の損害賠償から控除すれば、少なくとも、慰謝料相当分および公健法給付ではカバーできない損害（包括請求によってその内容が豊富化されてきているもの）が残るはずであり、損害賠償額がゼロになることは、理論上ありえ

ないはずである。

　もし、計算上ゼロないしは著しく低額なものとなれば、それは、前提たる賠償額総額が適切に算定されていないことを窺わせるであろう。そのような賠償額の算定につき、包括請求方式は、十分対応できているであろうか。特に、労働能力喪失説を逸失利益の算定に利用する場合、生活能力の喪失をふさわしく構成することが次の課題となると思われる。

第4章　間接被害者の損害賠償に関する一考察
——「個人企業」の損害について——

1．はじめに

　交通事故における、いわゆる「間接被害者」の損害賠償について検討することが、本稿での課題である。この問題は、いわゆる「企業損害」の問題として、かなり前から議論されてきたものである。1985年の日航機事故の際に松下グループの役員が多数遭難したことはよく知られている。同グループは、一時的には、かなりの損失を被ったものと推測されるが、このような場合、航空機会社に対して損害賠償を請求できるのであろうか。企業の規模や法人格等の相違によって結論は違ってくるのであろうか。「企業損害」の問題に関して多くの訴訟が提起されたことの背景には、いわゆる「法人成り」で看板は「会社」となっているが、実態は全くの個人企業という「会社」が多数存在していることがあげられる[1]。このような「会社」では、「代表取締役社長」が直々に取引先から集金をし、あるいは、注文の品物をバイクに積んで配達するのであるから、交通事故に遭遇する機会も多い。しかも、「社長」が事故で倒れると、「会社」も売り上げが激減する可能性がありうる。このような場合に、加害者に対して、独自に、「会社」の損害について賠償請求が可能か、また、可能としても、どの範囲まで請求できるのかが問題となったのである。

---

(1)　平成2年の商法改正によって、株式会社について最低資本金制度が導入され（同法168条ノ4）、株式会社は最低1000万円以上の資本金を要することとなった。また、有限会社の最低資本金も10万円から300万円に引き上げられた（有限会社法9条）。原田晃治「最低資本金制度の円滑な実現に向けて」法律のひろば49巻2号参照。平成7年10月段階で、最低資本金に達していない株式会社が約44万社、有限会社が約60万社あり、全体に占める比率は約33％である。休眠会社がその多くを占めるものと推定されるが、我が国における個人会社の多さとも無関係ではあるまい。

　本稿では、上記のような、交通事故における間接被害者[2]の損害賠償について、問題とすべき間接被害者の類型を整理し、特に、いわゆる「個人企業」（あるいは「個人会社」）の損害の賠償についての判例・学説の到達点を確認した上で、問題点を検討することとする[3]。

2．間接被害者の類型

(1)　間接被害者の類型

　以下、間接被害者の損害賠償請求権が問題となる場合について、不法行為の加害者を A、被害者（個人会社の代表者）を B、被害者が代表する会社を C として検討する。類型化については、裁判例を素材として様々な類型化の試みがなされているが、本稿では、基本的に、四宮教授、安次富教授、好美教授の用語法を参考にして行っている[4]。

　それぞれの類型にモデルを付した（**図1〜図3**参照）。図中の記号は、以下の損害項目を表す。原状回復ライン（図中の破線 ℓ ）とは、事故にあわなかったと同様の利益状態を示す。本来の「完全賠償」を得るには、X＋Y＋Z＋a の総和を獲得し、「トライアングル」を形成しなければならないはずとなろうが、実際は、これまでの判例実務を前提にする限り、X＋Y の賠償にとどま

---

(2)「間接被害者」の損害を「間接損害」という場合もある。ただ、間接損害は直接損害に対する表現であって、同一被害者に生じた第一次的損害、第二次的損害（後続損害）の関係である。従って、被害者とその会社という場合には、直接被害者、間接被害者という用語の方が適切であろう。

(3)　この問題については、さしあたり以下の文献が参考となる。西原道雄「間接被害者の賠償請求」『実務民事訴訟法講座第 3 巻』（日本評論社、1969 年）213 頁、倉田卓二「交通事故と企業の損害」『民事交通訴訟の課題』（日本評論社、1970 年）63 頁、徳本伸一「間接被害者の損害」『現代損害賠償法講座第 7 巻』（日本評論社、1974 年）287 頁、川井健『現代不法行為法研究』（日本評論社、1978 年）56 頁、徳本伸一「間接被害者からの賠償請求」『新・実務民事訴訟法講座第 4 巻』（日本評論社、1982 年）265 頁、安次富哲雄「自動車事故と間接被害者」（加藤一郎・木宮高彦編『自動車事故の損害賠償と保険』（有斐閣、1991 年））145 頁、浜崎恭生「間接被害者」判例タイムズ 268 号 136 頁、加藤了「企業固有の賠償請求について」判例タイムズ 303 号 51 頁、中村行雄「民法 422 条の類推による代位請求を認めた事例」判例タイムズ 247 号 300 頁。

(4)　四宮和夫『（現代法律学全集）不法行為（事務管理・不当利得・不法行為　中・下巻）』（青林書院、1985 年）493 頁以下、安次富・前掲論文 132 頁、好美清光「間接被害者の損害賠償請求」判例タイムズ 282 号 22 頁。

り、Ｚやいわんやａの賠償などは否定される傾向が強い。「トライアングル」全体の賠償を獲得することは相当困難であるが、少なくとも、原状回復ライン（X＋Y＋Z）を下回らないことが被害者の権利を保護するために要請されているのではなかろうか。

　　Ｘ：Ｂ個人に関わる治療費などの積極損害、慰謝料
　　Ｙ：Ｂ個人が取得すべき逸失利益（休業損害）
　　Ｚ：Ｂの家族、従業員など（Ｄ）によるバックアップ分（拡大損害）
　　ａ：Ｃ会社の逸失利益（事業の継続・拡大に関わる逸失利益）

①第1類型（不真正間接被害者）

　いわゆる「肩代わり」のケースである。すなわち、Ａの加害行為によってＢが死傷した場合に、ＣがＢ又はＢの遺族に賃金や労災保険給付を支払ったケースである。不真正間接被害者Ｃが、Ａに対して損害賠償請求権を取得するのは、Ｂに生じた当該給付分の損害をＣが「肩代わり」した結果、Ｂの損害はその限度において縮減し、その分Ａが免責されるのは妥当ではなく、その損害を「肩代わり」したＣに損害賠償請求権を取得させることが必要であるからである。それによってＡはなんらの過大な負担を負うわけではない。Ｃの当該請求権の法的根拠は、賠償者の代位（民法422条類推）、代償請求権（民法536条2項類推）、代位弁済（民法499条・500条）に求められる[5]。

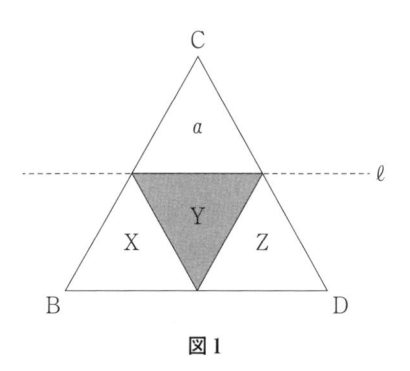

図1

②第2類型（形式的間接被害者）

　実質的には直接被害者Bの損害が、形式的には、経済的同一体であるCに生じている場合、Cの被害を形式的間接被害と呼び、これについては、B、Cの経済的一体性ゆえに、C自身も当該損害の賠償請求をなすことが認められるケースである[6]。この場合において問題とされるのは、個人企業であるCの営業上の損害などであるが、実質的にはBの損害の範囲と同一であって、Aに過大な負担を負わせるものではない。この類型では、事例によっては、図のYとaとの境界線が不鮮明となることも考えられる。

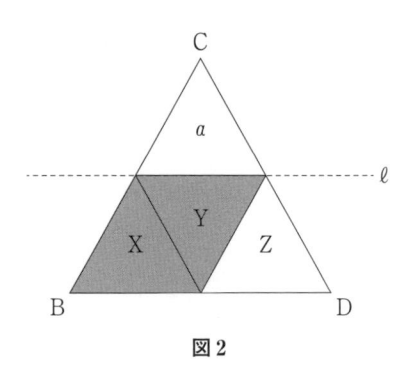

図2

③第3類型（真正間接被害者）

　この類型は、従業員あるいは代表者Bの死傷による不就労状態によって、給料相当額を節約した上でCに営業上の逸失利益が生じている場合に、Bと経済的一体関係がないCに、損害賠償請求権は認められるかというケースであり、Cを「真正」間接被害者と呼ぶ[7]。第2類型とは異なり、直接被害者Bの損害とCの損害は重複する部分がなく、C固有の損害が問題になる。BがCの従業員であった場合には、もっともストレートな形でC固有の損害と

---

(5) 四宮・前掲書497頁参照。

(6) 四宮・前掲書498頁では、形式的被害者からの請求を却下するのは訴訟経済に反するからとしている。

(7) 安次富・前掲論文133頁。

して把握しうる。

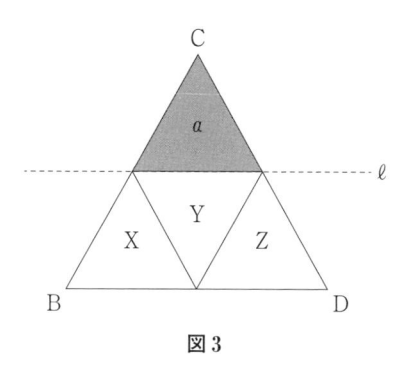

図3

(2) 検　討

第1類型（不真正間接被害者）に関するCからの損害賠償請求は、Bの「肩代わり」であり、実質的には、BのAに対する損害賠償請求権を前提として、賠償者代位、あるいは、弁済者代位を根拠として、Cの損害賠償請求権の行使は認められている（判例・多数説）。この点については、給与などの支払いが義務的なものか否かにより、請求権の根拠付けは異なるが、基本的に問題はないと思われる。従って、第2類型（形式的間接被害者）、第3類型（真正間接被害者）についての問題を次に検討することとする。

なお、個人会社の例ではないが、従業員約50名の会社の代表取締役兼部長が、交通事故により就労できなかった場合において、役員報酬中、利益配当等の実質を持つ部分を除く額を基礎として休業損害、逸失利益を認め、右代表取締役及び同取締役に役員報酬を支払った会社の双方に対して損害賠償を認容した事例[8]があり、図のYの内容をさらに区分してグルーピングする場合に参考になろう。この点は後述の個人企業主の「寄与率」の問題とも関連をするが、「会社」としての実態を有しない個人企業の場合、役員報酬をさらに細分化して所得内容の性格を検討しても、積極的な意味を持たないと思わ

---

(8) 東京地判昭61・5・27判例時報1204号115頁。

れる。

3．間接被害者の損害賠償請求に関する判例・学説

　企業が間接被害者となった場合の裁判例に関しては、吉田教授の詳細な研究があり有益である[9]。右研究によれば、昭和35年から61年までの間に53件の裁判例があり、このうち、「企業損害」に対する損害賠償責任については、肩代わり損害を除けば、肯定例13件、否定例35件である。これらの大部分は、「相当因果関係」ないし「損害」の有無の問題として論じられており、肯定例においても、後述の最高裁判決（②）が指導的役割を果たし、賠償範囲に一定の限界が画されているとされる。以下、主要な裁判例に限って検討することとする。

(1)　裁判例
①福岡高判昭40・3・19[10]
　代表取締役Bとその妻で設立されたC有限会社が、薬局を営んでいたところ、自動車事故によってBは両眼視機能を失った結果、Bは薬剤師の仕事が十分にできなくなり、実質上はBの個人会社である薬局に売上減少が生じた場合において、C会社が、加害者Aに対し、不法行為を理由として薬局の被った右損害の損害賠償を請求した事件である。福岡高等裁判所は、「ある人に対し直接加えられた加害行為の結果、その人以外の第三者に損害が生じた場合でも、加害行為とこの損害との間に相当因果関係が存するかぎり、不法行為者は第三者について生じた損害を賠償しなければならない。」と判示し、さらに、「Aが直接Bに加えた不法行為によってC会社は得べかりし利益を喪失して損害を被り、この損害はAの不法行為と相当因果関係があるものと解するのが相当であるから、AはC会社について生じた損害を賠償すべきである」と結論づけた。その理由としては、「C会社が損害賠償請求権を有しな

---

(9)　吉田邦彦「『第三者の債権侵害』に関する基礎的考察（九・完）」法学協会雑誌104巻7号72頁以下。

(10)　下級裁判所民事裁判例集16巻3号458頁。

いと仮定すれば、BにおいてもAに対する得べかりし利益の喪失による損害賠償請求権を有しない結果、Aは遂に何人に対しても損害賠償の義務を負担しないことになり、著しく不合理であって公平の理念に反する」ことを挙げている。この判決は、典型的な相当因果関係説の立場を明確に示すものであり、かつての裁判例の主流であった。

②最二小判昭和 43・11・15（真明堂薬局事件[11]）

右事件の上告審判決であり、間接被害者の賠償請求に関するリーディングケースである。最高裁判所は、「C会社は法人とは名ばかりの、俗にいう個人会社であり、その実権は従前同様B個人に集中して、同人にはC会社の機関としての代替性がなく、経済的に同人とC会社とは一体をなす関係にあるものと認められる」とし、「原審が、上告人のBに対する加害行為と同人の受傷によるC会社の利益の逸失との間に相当因果関係の存することを認め、形式上間接の被害者たるC会社の本訴請求を認容しうべきものとした判断は、正当である」と判示した。右最高裁判決における企業損害肯定の要件は、

(a)Cが実質上個人会社であること

(b)BにはCの機関としての代替性がないこと

(c)BとCには経済的一体関係が存すること

の3要件である。問題は、個人会社、不代替性、経済的一体性という3要件の充足によって、本来損害賠償請求権のないCについて例外的にCの権利を認めると考える（損害賠償請求権原則否定説的理解）のか、それとも、右3要件の充足は、相当因果関係の判断要素であり、右要件を充足すれば、相当因果関係がある、という損害賠償範囲の限定の機能を果たす（相当因果関係説的理解）のか、いずれとも解する余地があり、右最高裁判決の立場は、相当因果関係説を確認したものかどうか評価が分かれている。潮海教授は、この判決の立場を相当因果関係説ではなく、企業損害原則否定説として理解されている[12]。

---

(11) 民集 22 巻 12 号 2614 頁。

(12) 潮海・前掲判例評釈 126 頁。

③大津地判昭和 54・10・1[13]

社長以下 15 名から構成される個人的色彩の強い企業が観光バスで慰安旅行中に落石事故に遭遇して従業員 10 名が死傷し、休業に追い込まれた事例に関して、当該企業の休業損害の賠償請求が問題となった事例において企業「組織体」固有の損害の賠償請求を肯定した、おそらく唯一の裁判例である。右裁判例は、「企業に対する侵害の具体的場合につき、右企業の組織および活動の内容、侵害の態様、被害の内容および程度等を総合的に勘案し、損害の公平妥当な負担の見地から、右侵害行為の違法性の有無を判断し、違法性ありと判定された場合に、右違法の侵害によって生じた企業の損害の要賠償性が肯定されるが、本件落石事故により損傷を受けた人的組織は企業の存立および営業活動にとって不可欠であり、右人的組織全体が維持されて良好に機能することにつき有する利益は法的保護の対象となり、右人的組織の損傷の程度が広汎かつ深刻であったこととそのため受けた営業活動上の打撃が原告の企業規模との関係で甚大であった反面、原因惹起者である被告が法律上無過失責任を負担するものであるがゆえに、原因である道路の管理の瑕疵がその態様および程度において尋常のものでなかったことに徴すると、当該企業を直接被害者とする賠償請求が認められる」と判示した[14]。

しかし、控訴審（大阪高判昭 56・2・18[15]）では、企業固有の損害賠償請求は否定された。以下をその理由としている。「(イ)右請求を認めることは、賠償請求権者の範囲を拡げすぎることにより、加害者の予測ないし計算可能性を越えることとなり、加害者にあまりにも酷である。(ロ)C 会社は代表者、従業員らに対する労務給付請求権の不安定性を企業計算のなかに織りこんでおくべきである。(ハ)それゆえ、C 会社がいわゆる個人会社でない場合、加害者がC 会社に損害を与える目的で代表者、従業員らに対し加害行為をしたときに限り、C 会社に対する関係において不法行為の成立要件を充足し、C 会社は、右加害行為による企業の固有の損害の賠償を加害者に請求しうると解するの

---

(13) 大津地判昭 54・10・1 交通民集 12 巻 5 号 1355 頁。

(14) 潮海一雄「判批」法律時報 52 巻 11 号 124 頁は、「各個人（直接被害者）に対し救済をなせば、これで足りると解すべき」であり、会社の「休業損害まで認めることが妥当であるかどうか、いささか疑問」とする。

(15) 判例タイムズ 446 号 136 頁。

が相当である。」

(2)　学　説

　現在の多くの学説は、被害者Ｂの死傷によって生じた間接被害者Ｃの固有の損害について、Ｃが実態としてＢの個人会社である場合を除き、原則として、Ｃの損害賠償請求権を否定する立場をとっている。それは、徳本教授の要約によれば、以下のような理由によるものである[16]。

　まず、第一に、人身事故においてもっとも重視されるべきことは、直接被害者（本人またはその遺族）の保護であり、損害賠償法の目標も侵害された身体・生命の価値の回復を中心にしなければならないことである。個人企業は法的には別人格の会社の損害といっても、結局は、右の範囲の問題に帰する。右の枠からはずれる企業の損害は、およそ損害があれば当然に賠償の対象となるというべきものではなくて、さらに負担能力に応じた損害の公平な分配という観点からの検討を要する。この点については、(イ)一方で、このような損害につき安易に企業からの賠償請求を肯定することは、あまりに賠償範囲を拡げすぎることになるおそれがあり、偶発的な交通事故の加害者にあまりに多額の賠償義務を負担させる結果となる場合が生じる。(ロ)他方、企業の従業員の負傷に伴う業務上の損害などは、営業上のリスクとして、あらかじめ企業計算のなかに含まれているべきものということもできるから、これを企業の負担としても、それほど酷な結果とはならない。(ハ)もし、まれに特定の企業に損害を加える目的で従業員を死傷させたという場合は、会社に対する故意が認定できるのであるから、その限りで加害者に責任を負わせてよい。

　第二に、このほか生命・身体の侵害による賠償額を定額化する方向で考えてゆくとするならば、企業損害などの間接被害者の損害は、一律に賠償範囲外とするのがよいという見解もみられた。

　徳本教授は、理論構成としては、間接被害者は損害賠償請求権を取得し得ないのが原則である、とするのが、最も簡明な理論構成であるとされ、ドイツにおける不法行為に関するドイツ民法823条1項の解釈を一つの根拠とさ

(16)　徳本・前掲「間接被害者の損害」298頁。

れる[17]。

(1) 損害賠償請求権否定説

　この説は、Cに間接被害者としての損害賠償請求権を認めず、Bのみで足りるとするものである[18]。第2類型以外にはCの損害賠償請求権を認める実益はなく、さらに、第2類型の場合であっても、Bの損害がCのそれと重なるのであれば、Bのみに請求権を与えれば十分とするものである。従って、すべての類型においてCの損害賠償請求権は否定されることになる。間接被害者の損害賠償に関する理論としては一番簡明であり、現実として賠償を認める必要のある第2類型についても対処しうると思われる。ただし、個人企業であれば評価された家族などのバックアップ面での損害（Z）が、法人となることにより、その利益の中に取り込まれ、正当に評価されない可能性があり、配偶者及び扶養家族に限っては、実質に注目して救済を与える余地があろう[19]。

(2) 損害賠償請求権原則否定説

　現在の多数説である[20]。直接被害者のみが、その権利侵害に対する損害賠償請求権を有し、間接被害者には、原則として損害賠償請求権を認めない。その理由としては、前述の(イ)〜(ハ)の諸点があげられる（前述の③事件の控訴審判決の理由とほぼ同様である）。そして、間接被害者が個人企業である場合に限って、経済的同一体の関係にあることを理由として、法的人格は異なるが、例外的に間接被害者に原告適格を認める立場である[21]。要件としては、Cが

---

(17)　徳本伸一「間接被害者の損害賠償請求権」法学33巻3号15頁。しばしば引き合いに出される例は、人気のある舞台俳優やオペラ歌手などが交通事故で負傷したため、興行主たる劇場などが多額の損害を蒙ったとしても、劇場は間接被害者であるから損害賠償を請求しえないとするものである（Enneccerus-Lehman, Schldrecht, 14. Aufl. (1954) §249 S. 969 など）。徳本・前掲「間接被害者の損害」304頁注29参照。

(18)　西原・前掲論文225頁、幾代・前掲書257頁、四宮・前掲書530頁。

(19)　幾代通『（現代法律学全集）不法行為』（筑摩書房、1977年）258頁。幾代教授は、配偶者や扶養親族の損害については、本人の損害に含めて処理するか、あるいは、これら親族各自も、会社組織という形態を通して（会社から）得べかりし利益を喪失したことに対する自らの損害賠償請求権と構成することを提案されている。

(20)　好美清光「判批」判例タイムズ282号22頁。

個人会社であって、ＢとＣには経済的同一体の関係があることを要するとされる。不代替性は経済的同一体の要件が充たされればこれに吸収されるとする立場が多いようである。なお、経済的同一体の関係とは、「経営の実権のみでなく、株式の大部分を握って、企業を所有している[22]」実態が必要とされる。従業員の死傷による会社の損害が問題にならないだけでなく、実権のない「社長」が被害者の場合も要件を充たさない。要するに、企業の所有と経営が分離していない状態であることが必要である。なお、第２類型のＣからの損害賠償請求を認める場合において、後述の「労務価額説」が採用され、Ｂの個人的寄与に基づいて収益部分を算定すべきであるとされる[23]。

(3)　債権侵害説

この説では、いわゆる第三者による債権侵害という構成をとる[24]。すなわち、ＣはＢに対して債権（役員などの場合には委任契約に基づく労務給付請求権、そうでない場合には、労働契約上の労務給付請求権）を有しているが、当該債権を第三者Ａが侵害することにより、ＡのＣに対する不法行為が成立し、ＣはＡに対して損害賠償請求権を取得すると構成する。この説においては、債権侵害に関してＡの故意が必要かという点について争いがある。故意（または害意）を要すると考えるのが多数説であるから[25]、自動車事故において問題となるとしても、前記第３類型の場合に限られる。しかも、債権法上は、故意または害意という強い違法性を必要とするにもかかわらず、「交通事故一般においては、債権侵害の前提である人身侵害についてすら過失にすぎないから、抽象的な債権侵害に対する予見義務を云々するのは、ほとんど擬制に近い」という批判がある[26]。ほとんど例外的な場合の理論構成として、しかも、間接被害者について直接生じた損害の賠償にしかならないから、間接被害者の損害賠償としては似つかわしくないと思われる。

---

(21)　倉田・前掲書 92 頁。
(22)　倉田・前掲書 95 頁。
(23)　徳本・前掲「間接被害者からの賠償請求」277 頁。
(24)　丸尾武良「企業の損害」判例タイムズ 212 号 102 頁。
(25)　四宮・前掲書 496 頁参照。
(26)　浜崎・前掲論文 137 頁。好美清光「判批」判例タイムズ 222 号 88 頁。

⑷　企業＝直接被害者説

　代表者や従業員の死傷を直接企業の人的組織に対する侵害と構成し、企業自体が直接の被害者として損害賠償できるとする説もある[27]。下級審裁判例に一部この立場を採用したものがあったことは前述した。この説は、企業Cが直接不法行為の「被害者」となるとみる点でかなり特異的なものである。しかし、このような場合の企業の組織体に対する侵害というものは、被害者Bに第一次的損害が生じ、その後、別の人格に第二次的（後続損害）が生じる場合における、後続損害にあたるのであり、間接被害者の損害という問題とは全く別次元の議論である。後続損害においては、帰責基準、違法性判断の基準も第一次損害における場合と異なるのであり、別途検討を要する問題であろう[28]。

⑸　相当因果関係説

　加害者Aの加害行為と間接被害者Cの損害の発生に相当因果関係が認められる場合には、Cの損害賠償請求権を認める説[29]であり、Cが賠償請求権の主体となるか否かという、請求権主体の問題として処理するのではなく、Cの損害は、Aの賠償すべき損害の範囲に含まれるか否かという賠償範囲論の問題とする。この説では、Aの加害行為とCの損害発生との相当因果関係を議論するので、わざわざ間接被害者を直接被害者と区別する必要はない[30]。その限りで、「間接被害者」からの損害賠償という枠組み自体が不要である。本稿の採用する3類型別の検討という作業も不要であろう。

　下級審裁判例の中には、この説を採用するものが多いが、いずれにしても、個人企業、不代替性、経済的一体性という3要件の充足によって相当因果関係ありと判断するのであって、実際上は、相当因果関係の判断（＝賠償範囲の制限）を右3要件の具備如何によって置き換えるものである。しかし、右3要件を賠償範囲の制限原理として機能させることはおよそ現実的ではない。

---

(27)　栗田哲男「間接被害者の賠償請求」加藤一郎＝米倉明編『（ジュリスト増刊）民法の争点Ⅱ』（有斐閣、1985年）197頁。

(28)　四宮・前掲書530頁。

(29)　青竹正一「判批」ジュリスト475号172頁。

(30)　安次富・前掲論文137頁。

実務上は、別の原理によって賠償額を算定する方法が採用されている。その一つは後述の最二小判昭43・8・2が採用した労務価額説である。労務価額説では、Ｂの労働寄与率をもとにＣの損害額を算定する方法を採る。従って、その額は企業の事故前の収益を下回ることは必至であろう。相当因果関係説に対し、損害賠償責任の際限のない拡大を招くという批判は、現在の実務を前提とする限り、的はずれである。さらに、相当因果関係説においては、Ｃの損害発生に対するＡの予見可能性を要するのではないかという点に関しては、裁判例では、経済的一体性の要件を充たす限り、特別損害ではなく通常損害と解しているから[31]、予見可能性も不要であり、この点での批判も当たっていない。

4．間接被害者の賠償額算定に関する労務価額説

(1)　労務価額説

　間接被害者の損害賠償請求を肯定したとして、では、一体どのような方法で企業主の労働不能による損害を算定すべきであろうか。この問題について労務価額（価値）説を採用したリーディングケースである最二小判昭43・8・2[32]は次のように判示している。

　「原則として、企業収益中に占める企業主の労務その他企業に対する個人的寄与に基づく収益部分の割合によって算定すべき」と判示し、さらに「企業主の死亡により廃業のやむなきに至った場合等特段の事情の存しないかぎり、企業主生存中の従前の収益の全部が企業主の右労務等によってのみ取得されていたと見ることはできない。したがって、企業主の死亡にかかわらず企業そのものが存続し、収益をあげているときは、従前の収益の全部が企業主の右労務等によってのみ取得されたものではないと推定するのが相当である」と結論づけた。しかし、収益の差額を損害と推定すべきであることになると、「差額」が生じなければ損害は発生していないことになってしまう。バックアップに回った家族や従業員の要素（Ｚ）が切り捨てられる可能性があ

---

(31)　東京地判昭 42・12・8 判例時報 513 号 57 頁。
(32)　民集 22 巻 8 号 1525 頁。

り問題があると思われる。「組織体としての企業の性格上、企業主の労働能力喪失がストレートに収益減として現れず、家族・従業員のオーバーワークなどによって吸収されることも十分ありうる」からである[33]。そのような場合には、寄与率の算定は極めて困難となろう。次に、この問題にかんする下級審裁判例を検討することとする。

(2)　裁判例

　右最高裁判決以降の交通事故裁判例において個人企業主の休業による企業の逸失利益が問題となった 10 件の判旨の概要は以下の通りである。

　①大阪地判平 5・1・28（交通民集 26 巻 1 号 122 頁）：従業員 15 名の同族会社の代表者が会社から得ていた収入のうち労働の対価部分の割合は 8 割とすべきである。

　②大阪地判昭 63・4・21（判例タイムズ 693 号 158 頁）：夫婦で販売業を営む場合において、妻は主婦兼業で販売の準備を手伝っている事情を考慮して夫の経営に対する寄与率を 7 割とすべきである。

　③神戸地判昭 59・11・29（判例時報 1143 号 130 頁）：従業員 10 名を有する個人企業経営者の休業損害は、労務その他の個人的寄与に基づく収益部分の割合によって算定すべきであるが、休業中も継続して利益をあげ、従業員も増加しなかった事情においては右個人的寄与率を測定できず、申告所得額によるのが相当とすべきである。

　④大阪地判昭 59・10・25（判例タイムズ 545 号 251 頁）：個人企業経営者の休業損害について平均賃金を基礎として逸失利益を算定すべきである。

　⑤大阪地判昭 59・4・19（判例タイムズ 531 号 227 頁）：収益に不確定要因が多い個人事業主の休業損害について、「みなし法人所得税」申告額を算定の基礎とすることは相当でなく、平均賃金によって逸失利益を算定すべきである。

　⑥東京高判昭 58・1・27（判例時報 1072 号 112 頁）：個人企業経営者の休業損害について、限界利益減少額に追加費用を加算すべきとの原告の主張は、会計学上の一見解であり、休業損害の算定にこれを採用することはできない。

　⑦新潟地判昭 52・3・25（訟務月報 23 巻 4 号 625 頁）：夫婦が二人三脚状態で経営に当たっている個人企業の場合においては、企業の実態と経営者の労働方法

---

(33)　楠本安雄『人身損害賠償論』（日本評論社、1984 年）143 頁。

を考慮し、事故による労働能力喪失が経営に及ぼす影響を考えて逸失利益を算定すべきである。

⑧名古屋地判昭47・3・8（判例タイムズ283号182頁）：同族的会社の代表取締役の休業損害算定において、同人の会社における寄与率と平均労働能力低下率とを基準にして会社の逸失利益を算定すべきであり、本件における右寄与率は4割と認定すべきである。

⑨横浜地判昭45・10・31（判例タイムズ261号333頁）：個人企業の代表取締役が自己の損害として逸失利益を請求していないときには、会社の損害として個人の得べかりし利益を請求することは認められる。

⑩新潟地判昭44・6・27（判例時報585号70頁）：個人企業主の逸失利益の算定は、原則として、企業収益中に占める企業主の労務その他の個人的寄与に基づく収益部分の割合によって算定すべきところ、右割合が認定できない場合には企業主個人の労務日当に基づいて算定することができる。

(3)　検　討

右裁判例のうち算定に際し個人的寄与率を認定できたのはわずか3件にとどまり、残り7件は、個人的寄与率の測定が困難であるとし、平均賃金などの統計資料や納税の申告額によって逸失利益を算定しているのが実状である。寄与率の認定が容易でないことは明白であろう。有力実務家の説は、「ある個人の寄与分が測定しうるとすれば、他の者の寄与分も、労働結合による寄与分も、固定資本による寄与分も、それぞれ測定しうる筈であり、結局、ある個人の労務が対価以上にどれだけを企業に与えたかが算出できる筈である[34]」とするが、現実問題としては、そのような測定が不可能に近い個人企業の場合においては、机上の空論となってしまう。

楠本弁護士は、稼働能力喪失説の立場から、収益や寄与率の立証が一般的にきわめて困難な個人営業の場合、もっと端的に企業主の稼働能力を評価できないであろうか、とされ、現在の判例・通説が採用する労務価額説の当初の主張者たちは、企業収益を算定の根拠としたわけではなく、むしろドイツ法にならって、「従前と同様の収益をあげるために堪能かつ経験のある財産

---

(34)　倉田・前掲書98頁。

管理人を雇い入れる費用」をもって真の損害とみていたという事実に注目すべきであるとされる。もっとも、この方法を唯一とするのではなく、収益の立証に格別困難がない場合（確定申告額の範囲内での主張）には、従来通りの方法によってもよく、また、代替労働力を考えることが困難な場合（芸術家・芸能人など）には、その収益を基礎として稼働能力を評価せざるをえない場合もあろう。

　個人企業主の「労働」は余人をもって代え難い部分があり、その意味で、企業の収益喪失に関する逸失利益を算定する際に、経営者も従業員も区別しないというような「稼働能力」概念を使用することは妥当ではないと考えるが、他に適切な算定根拠がないというような場合に限り、特定の業種に関する平均利益率のような統計資料に基づいた算定方法も認めるべきであると思われる[35]。

5．むすびにかえて

　間接被害者の損害賠償請求権について、原則としてこれを否定すべき通説の立場を支持したい。下級審裁判例の多くが相当因果関係説を採用しているが、法的構成は異なれ、その結論は原則否定説における場合と同様となろう。損害賠償請求事件一般において、相当因果関係説が依然として主流である以上、その一般的枠組みの中で処理する方式もやむを得ないと思われる。

　なお、今回は、類型化のモデルをさらに詳しく検討することはできなかった。個人企業の特質に照らすと類型化の手法がどの程度有効かについて問題はあろうが、特に、第2類型におけるY、Z、aの各費目群についてもう少し細分化できるかどうかについては、類型化の手法の限界の検証とあわせて今後の検討課題としたい。

---

(35) 滝谷滉「企業の逸失利益」交通事故紛争処理センター編『交通事故賠償の法理と実務』（ぎょうせい、1984年）264頁。

第5章　イギリスにおける過失相殺論研究序説

——寄与過失論の変遷と1911年海事条約法制定過程を中心として——

1. はじめに

(1)「過失相殺」の意義

　過失相殺は、わが民法では、不法行為による損害賠償額の算定において、損益相殺と並んで、否それ以上に重要な問題である。自動車事故による損害賠償の問題という身近な例を考えてみても、衝突事故の態様、類型毎に過失相殺率が論じられ、結局、被害者の賠償額が減額されることが多いことは、法律の専門家ならずともよく知られている。

　ところで、わが民法では、「過失相殺」という用語自体について、そもそも何故、「過失」が「相殺」されるのかということをあまり問題にしていない。当初、過失相殺をするためには被害者に責任弁識能力を必要とするという議論があったが、その後、責任弁識能力は必要でなく、被害者本人に事理弁識能力があればよいとされた。そして、この立場は、昭和39年6月24日の最高裁大法廷判決（民集18巻5号854頁）において、判例上も確立された。さらに、近時では、過失相殺の制度は、公平の見地から、生じた損害を被害者と加害者との間でどのように分配するべきかという問題にすぎない（したがって、被害者の不注意や事理弁識能力すら不要とする）とする説まで登場している[1]。

　このほか、被害者に対する社会的非難可能性の要素をも不要とする見解を背景にして、賠償額算定に当たって被害者の「素因」を考慮するという「素因斟酌論」や「寄与度減責論」が主張されることも増えてきた[2]。とりわけ、大気汚染関係の公害訴訟において、他原因を斟酌するという傾向が顕著に見受けられる[3]。過失相殺の無原則的拡張の傾向には、大いに慎重でなければ

ならない。

さて、欧米においても、過失相殺の問題は歴史上古くから存在し、例えば、ローマ法において、Pomponius の法格言に「ある者が自己の過失にもとづいて損害をうける場合には、彼は損害を受けるとは理解されない（Quod quis ex culpa sua damnum sentit, non intelligitur damnum sentire.)」[4]とあるが、これは、いわゆる寄与過失論にきわめて近いものである。ただ、ローマ法では、文字通り、「過失」の「相殺」による消滅を議論しており、妥当性はともかく、用語と理論の一致があったことは注目される[5]。

ヨーロッパにおいて、過失相殺が学問的に論じられるようになったのは、意外と新しく、18世紀頃、Eisenbach に始まり、Glück を嚆矢とするといわれる[6]。まさしく、19世紀の法律学の功績であるが、ドイツにおける学問上の進展とまさに同時期に、イギリスにおいても寄与過失準則が確立されたことは興味深い。わが民法では、過失相殺は、加害者を免責する機能を果たすことなく、早期に賠償額の減額事由として定着したのに対し、例えば、イギ

---

(1) わが国における過失相殺理論の推移については、さしあたり、森島昭夫『不法行為法講義』（有斐閣、1987年）382頁以下を参照。同書392頁においては、過失相殺の根拠を民法起草者のように因果関係の問題としてとらえることが提案されている。このほか、四宮和夫『事務管理・不当利得・不法行為（現代法律学全集）』（青林書院、1988年）614頁以下参照。四宮教授は、被害者の過失能力を問題にせず「賠償額控除」と呼ぶことすら提案する。四宮「被害者が幼児である場合と民放722条2項」民商法雑誌58巻1号134頁参照。

(2) 「寄与度」による賠償額減額については、窪田充見「被害者の素因と寄与度概念の検討」判例タイムズ558号37頁が詳しい。フランスおよびドイツの議論については、松原哲「フランスにおける交通事故損害賠償の現代的展開——複数原因と交通事故被害者の地位——」判例タイムズ637号63頁、同「フランスにおける過失相殺の動向——交通事故賠償制度における被害者のフォートについて——」判例タイムズ750号41頁、北山雅昭「不法行為における被害者の病的素因の取り扱い——クリスチャン・シュルツェの見解を素材として——」早稲田大学教育学部学術研究（地理学・歴史学・社会科学編）36号15頁、角田光隆「損害賠償の軽減——被害者の体質的素因」早稲田大学大学院法研論集52号141頁の各論稿が有益である。

(3) 例えば、千葉川鉄公害訴訟における他原因の問題について、吉村良一「千葉川鉄公害訴訟判決における損害論」法律時報61巻5号48頁参照。

(4) 学説彙纂第50巻第17章第203法文。柴田光蔵『ローマ法概説』（玄文社、1981年）75頁参照。

(5) 菅原眷二「過失相殺論」法學論叢6巻4号1頁。

(6) 末川博「被害者の過失」法學論叢19巻1号1頁。

リス法では、強力な抗弁としての機能を果たしながら、最終的には（その長い法の歴史からみて、ようやく最近に）、やはり、賠償額の減額事由として純化される過程を辿る。その過程での、わが民法の経験しなかった理論の変容を跡づけることは、大いに意義のあることではないかと考える。

(2)　イギリスにおける「寄与過失」

　イギリス[7]における過失相殺理論を検討するに当たっては、コモン・ロー（common law）上の抗弁（defense）として確立した「寄与過失（contributory negligence）」論の変遷を、まず、検討しなければならない[8]。

　通常、「寄与過失」は次のように定義されている。すなわち、「損害の発生に寄与したところの、被害者自身の、自己の安全に対する注意の欠如（want of care）」[9]である。この準則は、陸上の事件については、実に、1945年の制定法によって、右原則が変更され、いわゆる「過失相殺」の原則にかわるまで、コモン・ロー上の強力な抗弁として機能したのである。この間、この「寄与過失」の準則は、例えば、共同雇用の法理（common employment rule）として有名な法準則として、労働災害における被災労働者の使用者に対する損

───────────────

(7)「イギリス法」といっても、周知のように、これは「単一」の国家法ではない。国家としての「イギリス」が民族・宗教の対立に悩まされてきたように、法体系も、単一でない。古代ローマ人の植民、中世の Norman Conquest（1066）などを通じ、対外的な影響を受けており、イングランド、ウェイルズ、アイルランド、スコットランドが、それぞれ、法制度の発展を異にしている。例えば、スコットランドにおいては、ローマ法の影響が極めて強く、イングランドの法制度とは、全く異質のものである。1706年にイングランドとスコットランドは、政治的に連合した一つの国になったが、これは、双方の法制度の融合には全く役に立たなかった。したがって、以下、便宜上、「イギリス法」と無限定な表現を使用するが、厳密には、ブリテン島における「イングランド法」である。ブリテン島の初期の法と慣習法について、詳しくは、J.H. BAKER, AN INTRODUCTION TO ENGLISH LEGAL HISTORY, 2nd. ed. pp.1-8. J. ベイカー（小山貞夫訳）『イングランド法制史概説』（創文社、1975年）3頁以下。

(8) 本稿がその多くを負っている基本的な文献としては、さしあたり次のものをあげる。望月礼二郎『英米法（現代法律学全集）』（青林書院新社、1981年）。塚本重頼『英国不法行為要論（増補版）』（中央大学出版部、1977年）。安武東一郎「英法に於ける競合過失の理論的考察」(1)-(3完) 法學志林34巻3号20頁、4号66頁、5号29頁。碧海純一他『法学史』（東京大学出版会、1979年）。田中英夫『（英米法叢書1）英米法総論　上』（東京大学出版会、1981年）。同『（英米法叢書2）英米法総論　下』（東京大学出版会、1982年）。

(9) 望月・前掲書260頁。

害賠償請求を抑圧する最大の武器となったが、これは、被害者の同意（危険の引受＝assumption of risk）が黙示的に存在したとして、使用者を免責する強力な効果を有していた。19世紀後半頃よりその運用は制限されていたが、その廃棄は、右1945年法の制定まで待たねばならなかったのである[10]。

(3)　本稿の課題

　本稿は、これまで、損害賠償額算定に関する諸問題を検討してきた筆者の研究の一環をなすものである[11]。イギリスの海事法という特殊な領域であり海商法という本来は商法の分野に多く関連するが、従来あまり十分に紹介されていない、1911年海事条約法制定過程を分析し、1945年法による一般的適用の「伏線」となった立法の検討を行うことが本稿の直接の課題である。

　したがって、本稿では、時期を1911年海事条約法成立までとして、コモン・ローにおける寄与過失論の変遷を概観し、同法の成立過程を「船舶衝突に関する統一条約」成立とあわせて検討することにしたい。

2．コモン・ロー上の抗弁としての「寄与過失」

(1)　「寄与過失」の意義

　イギリス法においては、寄与過失は、被害者の同意（volenti non fit injuria とか assumption of risk といわれるもの）、必要行為（necessity）および自己防衛（self-defense）、制定法の授権（statutory authority）などとならんで、すべての不法行為類型に共通する一般的抗弁（general defenses）を構成する。すなわち、抗弁（defense）とは、本来、訴訟において、原告の請求原因が存在することを論理的前提として被告の側から提出される責任阻却事由を指すのであって、「注意義務の不存在」とか「損害の遠隔性（remoteness of damage）」などのように原告が主張・立証すべき事柄について争うことは本来の抗弁に

---

(10)　労働法の分野では、岩村正彦『労災補償と損害賠償』（東京大学出版会、1984年）に詳しい外国法分析がある。

(11)　拙稿「公害健康被害の恒久的救済と損害論の課題」早稲田大学大学院法研論集29号255頁、「損害賠償と労災補償給付との『調整』」同37号231頁、「損害賠償と公害健康被害補償給付との『調整』」同51号193頁参照。

当たらないことを注意すべきである[12]。

　寄与過失とは、前述のように、「損害の発生に寄与したところの、被害者自身の、自己の安全に対する注意の欠如（want of care）」と定義される[13]。1945年の制定法（「法改正（寄与過失）法」(Law Reform（Contributory Negligence) Act 1945)）により変更されるまで、コモン・ロー上、寄与過失は被告の責任を全面的に免除する強力な抗弁であった。この準則が確立したのは19世紀初頭のことであったとされる[14]。次に、この準則が生成された経緯の概略を、その前史も含めて探ることにする。

(2) 「寄与過失」準則の確立

(1) 前　史

　寄与過失の準則は、比較的近代に至り発展したものとされるが、その萌芽はかなり古いものといわれる[15]。すなわち、1470年、当時の慣習によって、自己の土地の境界に垣を設置すべき義務があったにもかかわらず、これを怠った者は、他人の家畜が自己の土地に迷い込んだとしても、それは自己自身の過失の結果であるから、その家畜の所有者に対する訴権を有しないとされた判例が存在した[16]。そして、1567年の判例では、旅館の宿泊者自身の過

---

(12)　望月・前掲書260頁。その他の参考文献として、さしあたり以下のものを参照。古賀哲夫「過失の主張・立証」『英米判例百選II私法』（有斐閣、1978年）22頁、G. ウィリアムズ・B.A. ヘップル、飯塚和之・堀田牧太郎訳『(翻訳叢書17) イギリス不法行為法の基礎』（成文堂、1983年）、杉浦貫一『(大阪経済大学研究叢書7) 英国不法行為論』（大阪経済大学、1979年）113頁。労働災害に関しては、野村平爾「英國に於ける労働者災害補償制度の歴史的考察」早稲田法学11巻1頁、および、水島密之亮『英國に於ける労働災厄賠償制度の研究』（三省堂、1935年）が有益である。R.W.DIAS & B.S.MARKESINIS, TORT LAW, 363 (1984). J.G. Fleming, *Comparative Negligence at Last by Judicial Choice*, 64 CALIF.L.REV. 239(1976). Schwartz, *Contributory and Comparative Negligence : A Reappraisal*, 87 YALE L.J. 697 (1978). Gravells, *Three Heads of Contributory Negligence*, 93 L.Q.REV. 581 (1977). T.WIER, A CASEBOOK ON TORT (5th. ed., 1983). HEPPLE & MATTHEWS, TORT --- CASES & MATERIALS (3rd ed., 1985). V.E.SCHWARTZ, COMPARATIVE NEGLIGENCE (2nd ed., 1986).

(13)　望月・前掲書261頁。R.W.DIAS & B.S.MARKESINIS, op. cit. p.363.

(14)　望月・前掲書261頁。

(15)　以下の部分は、塚本・前掲書の323頁以下にその多くを負っている。

(16)　Choke, J, in Y.B. Pasch. 10 Edw. 4, S.S. vol. 44, p.68. in W.S.HOLDSWORTH, HISTORY OF ENGLISH LAW, vol III, p.378.

失によってその荷物が盗難にあった場合には、旅館の主人が宿泊者の荷物の保管に関し厳格な責任を負っていたにもかかわらず、主人の責任を否定したのである[17]。

18 世紀後半に至り、「同意あれば被害なし（volenti non fit injuria）」という理由づけをした判決もみられるようになった[18]。

(2)　Butterfield v. Forrester 判決

寄与過失に関する先例（classic authorities）のうち 1809 年の著名な判例は、公道における公的ニューサンス（public nuisance）の訴訟であった[19]。

Butterfield v. Forrester（1809）11 East 60

被告は路上に竿を横たえて違法に通行を妨害していた。夕刻暗くなりかけた頃原告が馬を走らせてきて竿に突き当たり落馬して怪我をした。障害物たる竿の存在は 100 ヤード離れた所から認識することが可能であった。裁判所は被告の賠償責任を否定した。Bailey 裁判官は、「もし原告が通常の注意を払っていたら障害物を［事前に］認識したはずであるから、事故は全面的に原告自身のフォールトから生じたものと思われる。」とのべ、Ellenborough 卿は、「ある者がフォールトをおかしているということは、他の者が自分自身につき通常の注意を払うことを不要にするものではない。」と述べた[20]

(3)　「寄与過失」準則の問題点

寄与過失の準則は、Butterfield v. Forrester 判決により確立されたといわれるが、実は、1798 年、1803 年にその「先達」たる無名の判決があった。これらの初期の判例によれば、当時の裁判所は「新しい法理」を宣言しているなどという自覚はまったく有していなかったようである[21]。すなわち、これ

---

(17)　Sanders v. Spencer（1567）, 3 Dyer 266 b.

(18)　Cruden v. Fentham（1799）, 2 Esp. 685.

(19)　Butterfield v. Forrester（1809）, 11 East 60；103 E.R. 926.

(20)　望月・前掲書 261 頁の訳による。

(21)　望月・前掲書 324 頁。F.H. Bohlen, *Contributory Negligence*, 21 HARV.L.REV. 233（1908）.

らの判例では、被告の「過失（misconduct）」と結合した原告自身の「過失（misconduct）」によって原告自身に損害がもたらされた場合、原告は損害賠償をなし得ないということは、十分に確立された準則（a well-settled rule）であると宣言されていたのである[22]。したがって、一般的な法原理の検討もなく、そのような法原理を個々の事実に適用し、裁判所が到達した結論が不可避のものであることを示す論理的な議論もなされなかったのである。そして、19世紀初頭に、先例として確立された後は、「すべての法律問題を先例に照らして裁判すべし（stare decisis）」という当時の法形式主義（formalism）からすれば、先例の背後にある条理（reason）を論ずることなく、また、政策的配慮や当事者間の衡平への配慮を働かせることがなされなくなったのであった[23]。

寄与過失の抗弁の基礎に関して一般に提唱されたのは、以下の3つの法理である。すなわち、寄与過失の抗弁は、

①法的因果関係の近接性（proximity of legal causation）

②共同不法行為者間の損害填補（indemnity）または負担部分（contribution[24]）、あるいは、

③volenti non fit injuria という法諺として表明される危険の引受（assumption of risk）、

を支配する準則の個々の事実への適用によって決まる、と主張されたのであった[25]。

しかし、Bohlen の指摘によれば、寄与過失の抗弁がどのような法原理に基礎付けられているかということを確かめるこれらの試みは、すべて、裁判所がすでに明らかに無意識に到達していた結果を説明しようとする ex post facto（事後的）な努力にすぎないのであった[26]。

---

(22) Bohlen, op. cit., p.234.

(23) 望月・前掲書 39 頁。

(24) 共同不法行為者間での求償権の行使は、コモン・ローでは認められず、1935 年の法改革（妻および不法行為者）法（Law Reform（Married Women and Tortfeasors Act 1935）の制定を待たなければならなかった。

(25) Bohlen, op. cit., p.234.

(26) ibid.

⑷ 「最後の機会」準則の登場と拡大

　ところで、Butterfield v. Forrester 事件においては、原告（被害者）自身の過失が事故の唯一の原因と認定され、これを根拠にして被告の責任が否定されたが、事故当事者の双方が損害を蒙ったような事故において双方の過失が事故の原因と認定しうる場合には、どちらも相手方の責任を問い得ないということになる。これを海上の船舶衝突に当てはめれば、双方の船主は相手に損害賠償請求をすることができなくなってしまうが、海事法の法準則は寄与過失の処理とは別の方法を選択する（後述）。そして、そのような「手詰まり状態」(stalemate solution) を避けるために、「最後の機会」の準則（rule of last opportunity——アメリカでは last clear chance の準則という）とよばれるものが寄与過失の準則に付加された。それは、事故の発生を避ける最後の機会を利用しえたはずの者が被告である場合には、原告は、たとえ彼自身過失をおかしていたとしても、事故の損害につき全面的に賠償を得ることができる、とするものであった。「最後の機会」の準則を最初に述べた判例は、Davies v. Mann 事件であったといわれる[27]。

Davies v. Mann(1842)10 M.&W. 546

　原告が自分のロバの前脚を縛って公道上に不注意に放置しておいた。そこへ被告が馬車を疾走させてきてロバをはねて殺した。裁判所は、被告が事故を避ける最後の機会を有していたと認定して、被告の責任を認めた。すなわち、「原告の側にもネグリジェンスがあったとしても、原告が通常の注意を払っていた（by the exercise of ordinary care）にもかかわらず、それでも、被告のネグリジェンスによる結果を回避することができなかったのであれば、原告には損害賠償請求権がある。」というのであった。

　「最後の機会」の準則は、その後拡大されて、たとえ被告が現実に「最後の機会」をもっていたのでなくても、注意を払えばその機会をもったであろうと認められる場合には、被告は「最後の機会」をもっていたものとみなされ

---

(27)　望月・前掲書 262 頁。

るようになる。これを「擬制的な最後の機会」(constructive last opportunity)
という。枢密院司法委員会の下した判決に次のものがある[28]。

British Columbia Electric Ry. v. Loach ［1916］1A.C. 719

　馬車に乗っていた原告が、被告鉄道会社の踏切を渡ろうとしたが、電車に
はねられ死亡したので、その遺産管財人が損害賠償を求めた。まず、原告に
は、進行してくる電車に気が付かなかった点で過失がある。しかし、電車は、
通常の速度以上で進行してきており、かつ、そのブレーキが故障していた。
ブレーキの故障がなければ、電車の運転手は原告を発見した時点でブレーキ
をかければ、制動の範囲内に収まり、衝突を回避できた事例であった。運転
手が故障したブレーキをかけても衝突には間に合わない（結果回避は不可能）
が、速度の遅い原告は容易に停止できたはずであるから（結果回避可能）、本
来であれば、「最後の機会」は原告側にあったといえそうだが、本判決は、鉄
道会社がブレーキの整備を怠っていた点に過失があり、もし、ブレーキが正
常であったならば、結果回避可能であり、「最後の機会」は被告にあったはず
であるとして、被告の責任を認めた。現実の回避可能性があったかどうかで
はなく、自己の過失がなければ回避可能であった者が「最後の機会」を有し
ていたはずであるとした点で、「最後の機会」が擬制されているのである。貴
族院も、後に、別の事件においてこの「擬制」を認めた[29]。

(3)　小　括

　以上、寄与過失準則の成立と展開の概略をみてきたが、寄与過失の準則も、
それを修正した「最後の機会」の準則も、問題を因果関係の問題として処理
しようとしたために、原告に全面的な賠償を与えるか全面的に否認するかと
いう all or nothing の解決しかもたらさなかった。したがって、どんなに軽
微な過失でも損害の発生に寄与する過失をおかした原告は全面的に賠償を否
認され、より軽微な不注意によってより大きな損害を蒙った者を救済するこ
とができなかった。コモン・ローではこの硬直した原則が1世紀半もの間君

---

(28)　British Columbia Electric Ry. v. Loach ［1916］1A.C. 719.
(29)　McLean v. Bell（1932）147 L.T. 262.

臨したのである。この問題を労働災害の場合において考察すると、共同雇用の法理（common employment rule）は、18世紀後半からの個人主義的法思想の展開としての側面を有するが（被害者の同意、危険の引受＝assumption of risk）、単に、その論理的帰結としてのみ説明しうるとは考えられない。使用者を免責する強力な法的効果は、資本の蓄積に極めて好都合であり、産業革命後の異常な資本主義の発展に寄与するところ絶大であったといわねばならないであろう[30]。

　その間、海上衝突事故については、事故当事者双方のフォールトの程度に応じて損失を配分する（原告のフォールトの程度に応じて賠償額を減額する）という過失相殺方式が制定法によって採用された（Maritime Conventions Act 1911, s. 1）。その後、この方式が1945年の「法改正（寄与過失）法」(Law Reform (Contributory Negligence) Act 1945) の制定により、陸上のすべての事件にも適用されることになったのである。これにより、現在では、寄与過失は、被告の責任を免除する抗弁ではなく、賠償額を減額する事由として[31]、すなわち、過失相殺として援用されうるものとなった（その名称も「比較過失（comparative negligence)」と呼ばれる場合が多くなった。）。1945年法により、初めて、わが民法の過失相殺とその内容を同じくするに至ったのである。その契

---

(30)　水島・前掲書71頁参照。SHERMAN & REDFIELD, LAW OF NEGLIGENCE, 5th ed. p. vi は、「種々の動機から富豪階級の利益のためには忠実であったが、しかし他階級に就いては一顧だにくれなかった少数練達の裁判官達が、雇主責任に関し、大胆に一般原則に対する例外を謀策し、以て雇人からその保護を奪ったのである」と痛烈に断じている（水島訳による）。

(31)　R.W.DIAS & B.S.MARKESINIS, op. cit. p.365. によれば具体的な算定方法は以下のように説明される。「寄与過失のある原告が総計として受け取る金額は、原告が権利を有したであろう損害額のうちで、原告の責任負担に比例して減額された合計である。もし、原告および被告が、互いに相手を訴えるならば、その時は、両当事者の損害額の合計は、責任の自らの負担割合に従って減額される。AとBが互いに相手を訴え、裁判所が4分の1をAに、4分の3をBにという比率で責任を配分するとしてみよう。もし、Aが100ポンドに相当する損害を被っているならば、Aは、75ポンドの賠償を得る権利があり、もし、Bが、80ポンドに相当する損害を被っているならば、Bは、20ポンドの賠償を得る権利がある。その結果、Bは、55ポンドをAに支払うべきことになろう（W.A. Jay & Sons v. J.S. Veevers Ltd.[1946] 1 All E.R. 646.）。もし、両当事者が、責を負わなければならないことは明らかであるが、そのいずれがより多く責を負うかという証拠がないならば、責任は、等しく配分される（Baker v. Market Harborough Industrial Co-operative Society Ltd.[1953] 1 W.L.R. 1472.)。」

機は、結果的には次に検討する海事法の独自の展開に関連することになる。

　なお、アメリカでは、いまなお、コモン・ローの準則——寄与過失および「最後の機会」の準則を責任阻却事由とする——を保持している法域もあるが、イギリスの 1945 年法と同様の制定法（損失配分法 apportionment statute とよばれる）をもっている法域も多数ある[32]。

3．1910 年船舶衝突の規定の統一に関する条約[33]

(1)　コモン・ローと商慣習法（law merchant）

(1)　海事慣習法の成立

　さて、コモン・ローにおいて、寄与過失が強力な抗弁としての機能を果たしていた時代においても、当時既に世界的な海運国としての地位を誇っていたイギリスにとっては、海上衝突をめぐる船主の責任に関する法原則は、国内問題というよりは国際的な紛争の要素を帯びることが多く、コモン・ローとは異なった法原則の生成・発展をみることになる。しかし、歴史を遡れば、中世、イギリスの海運がまさに勃興期にあった頃から、実は、海事法上の諸

---

(32) アメリカにおける最近の動向につき、青野博之「Alvis v. Ribar, Krohn v. Abbott Laboratories, Inc., 85 Ill. 2d 1, 421 N.E. 2d 886 (1981)　——イリノイ州において、判例により寄与過失を棄て純粋の比較過失を採用する」（[1985-1] アメリカ法 152 頁）参照。アメリカにおける寄与過失論の発展を歴史的に検討するものとして、W.S. Malone, *The Formative Era of Contributory Negligence*, 41 ILL.L.REV. 151 (1946). 村井衡平「(W・S・マロン) 寄与過失の形成時代」神戸学院法学 6 巻 2 号 (1975 年) 171 頁以下にその紹介がある。

(33) 正式には、「1910 年船舶衝突についての若干の規定の統一に関する条約 (International Convention for the Unification of certain Rules of Laws in regard to Collisions (Brussels, September 23, 1910)」というが、以下便宜上、「船舶衝突条約」または単に「統一条約」と呼ぶ。条約の原文は、Marsden, op. cit., pp.810-814. 参照。船舶の衝突についての基礎的な文献として、小島孝「双方過失による船舶衝突の責任」ジュリスト 300 号 228 頁、戸田修三『海商法（四訂版）』（文眞堂、1987 年）234 頁、田中誠二・原茂太一『新版海商法（全訂版）』（千倉書房、1988 年）260 頁。田中誠二『海商法詳論（増補版第三版）』（勁草書房、1985 年）、松波港三郎『総合判例研究叢書商法(一)船舶衝突』（有斐閣、1956 年）、小町谷操三『海商法要義下巻之二（船舶衝突法論）』(1949 年)、鴻常夫「双方過失による船舶の衝突」『我妻先生還暦記念　損害賠償責任の研究（中）』（有斐閣、1958 年）621 頁、坂本雄三「船舶衝突に関する英国判例の研究」法律論叢 27 巻 1・2 号。

慣習が成立しつつあったのである。

　ところで、中世の商業都市では、その地域内の契約や不法行為の紛争を解決するために裁判所を持っており、商人の中の長老が裁判にあたっていた[34]。そのなかでも、海事事件については、近世まで残っていたいわゆる「五港裁判所（Courts of Cinque Ports）」が有名である。これは、ウィリアム一世の時代の、Dover, Sandwich, Romney, Hastings, Hythe を指すが、13世紀に Winchelsea, Rye が加わった後も五港裁判所という名称がそのまま残った。そして、14世紀に入ると、国王も貿易振興に力を注ぎ、輸出入品の売買が公認された Westminster などの町に指定市場裁判所（Courts of the Staple）を設置し、紛争処理にあたらせた[35]。この時期に、「海軍指令長官（Admiral）」による行政的、軍事的職務に端を発し、やがて、海事裁判権の行使を担当する独自の機関となった「海事裁判所（Court of Admiralty）」が国王の裁判所として設置され、さらに、15世紀から16世紀にかけてその管轄権を海事事件のみならず一般の商事事件まで拡大していった[36]。

---

(34)　Bristol では、1971年までこの裁判所が残っていたという。この時代の海事法・海事裁判については、詳しくは、田中英夫・前掲書（上）101頁以下を参照。

(35)　中世の海事法につき、Geldart, op. cit., p.44、末延・前掲訳70頁。

(36)　海事裁判所は、もともと「海軍指令長官の裁判所」に由来するがゆえに、Admiralty という名前を冠されているのである。その創設時期については、エドワード三世統治下の1340年ないし1357年頃と推定されている。創設の背景としては、中世における海上の無法状態のなかで、海賊や略奪行為による外交上の紛争が多発した結果、国王が臣民の犯した海賊的行為に対する損害賠償請求に関して絶えず外国との交渉に忙殺されており、これらの事件を迅速に解決する必要性を痛感していたことがあげられる。本来、海事裁判所は、単なる商事事件の紛争解決のために設置されたというより、海上犯罪を処罰するための刑事裁判権を行使することが求められたのであって、「海軍指令長官」の登場は当然のことであった。その後、海事裁判所は、ヘンリー八世の時代に全盛期を迎え、傭船契約、海上保険、海上物品運送、その他の商事関係の事件に対しても広範な管轄権を有していたとされる。その歴史については、Baker, op. cit., p.106 ff. 小山・前掲訳96頁以下参照。中世以来の海事法および海事裁判所に関しては、戸田修三「イギリス海法の形成と『海事裁判所』（Admiralty Court）の変遷」法学新報59巻12号232頁および、同「海法におけるイギリス法系と Law Merchant の素描㈠」法学新報61巻12号21頁がより詳細である。後に絶対主義時代になって、チャールズ一世治下のいわゆる Long Parliament において国会側が国王を圧倒するとともに、コモン・ローが優位に立ち、商取引までその管轄を拡大していた国王の大権裁判所（prerogative courts）は廃止される。そして、海事裁判所の裁判権も、コモン・ロー裁判所の取り上げない海事関係の事件に限定されることになる。

　これらの裁判所で採用された法原則は、いわゆる law merchant（Lex mer-catoria）と呼ばれる商慣習法であり、イタリアの諸都市の商慣習をその淵源とする[37]。したがって、教会法（canon law）とともに、ローマ法の影響下にあったのである。ちなみに、16 世紀半ばに、フランスは、イギリスのヘンリー八世に対し、ドーヴァー海峡で頻発し始めた紛争を解決するために、条約の締結を申し入れたとされるが、イギリス政府は、これを拒否したという。その理由は、イギリスの海事裁判所は、海事紛争をフランス政府と同一のルール、すなわち、ローマ法大全（Corpus Juris Civile）にしたがって解決しているというものであった[38]。

　さて、海事事件の商慣習を成文化する試みが各地でなされていたが[39]、なかでも、特にバルセロナにおける海事判例に基づき、1340 年以来編纂されたといわれる Consolato del Mare、Biscay 湾中の Oléron 島の商人裁判所の判決に基づく Rolls of Oléron（12 世紀に始まる）、および、リューベックにおいて編纂された 15 世紀ハンザ諸都市の協約海法たる Laws of Wisby（wisby Seerecht）の三大海法典が著名である。このうち、Rolls of Oléron（オレロン海法）は、同島がボルドー北方のフランス沿岸にあって、1370 年までイギリスの統治下にあったこと、ボルドーからイギリスへのワインの輸出が多かったことなどから、特にイギリスでは重視されたといわれる。

　なお、海上衝突、海難救助の他に、海事裁判所の特殊な管轄権として、「戦時捕獲（prize）」に関する管轄権があげられる。これは、交戦国によって海上で捕獲された船舶および貨物の所有権に関するあらゆる問題を決定する管轄

（37）17・8 世紀についてであるが、イギリス商法・海法への law merchant の継受については、L. Stuart Sutherland, The Law Merchant in England in the Seventeenth and Eighteenth Centuries, in：Transactions of the Royal Historical Society 1934, 149 ff. を参照。また、前掲・戸田「海法におけるイギリス法系と Law Merchant の素描㈠」参照。

（38）Helmut Coing, Die ursprüngliche Einheit der europäischen Rechtswissenschaft. Sitzungsberichte der Wissenschaftlichen Gesellschaft an der Johann Wolfgang Goethe-Universität Frankfurt/Main, Bd. Ⅵ, 3, 1968.（ヘルムート・コーイング（佐々木有司編訳）『ヨーロッパ法史論』（創文社、1980 年）76 頁。

（39）中世における海法の形成は、国民ないし領邦別ではなく、一地域を越えたヨーロッパ的大規模商業・取引関係の成立によるものであった。F・ヴィーアッカー（鈴木禄弥訳）『近世私法史』（創文社、1980 年）253 頁。

権であった。戦時捕獲法の指導原理は、ナポレオン戦争当時に、Stowell 卿によって確立され、これが、後に二度の世界大戦において適用された戦時捕獲法の基礎であった[40]。

(2)　船舶衝突における損害分担ルール

　船舶衝突の場合の損害分担については、上述の三大海法典にそれぞれ規定があるが、その分担比率は必ずしも等分ではなく、共同海損分担金（genaral average contribution）の方法によったものもあるようである[41]。Marsden は、その準則の基礎となっている原理もしくは観念について「（船舶の）衝突は海上で生じる一つの危難（a peril of the sea）であり、あらゆる当事者が、あるいは等しく、あるいはその利益が危険に晒された比率に従って、受忍すべき共通の不幸（common misfortune）である[42]」と推測している。既に検討したように、陸上では、個人の責任を過度に強調することによって、寄与過失論が発達をしたことに比べると、船舶衝突における法準則の生成期においては、責任（liability）を問題にするというよりは、共通の不幸（common misfortune）を当事者がそれぞれ受忍することから始まっており、その特徴はまことに対照的である。

　その中のオレロン海法の第15条には次の規定がある。

　「停泊中の船舶が進行中の船舶によって損害を受けたときは、その船舶の損害は両船舶の所有者の間に分割し、積荷の損害は商人の間にこれを分割するものとする。但し、進行中の船舶の船長及び船員が故意にその損害を与えたるものにあらざることを宣誓したときに限る[43]。」

　この損害等分の原則こそがイギリス船舶衝突法のルーツである。しかし、オレロン海法の想定するのは、「停泊中の船舶が進行中の船舶によって損害

---

(40)　William Geldart, op. cit., p.46.

(41)　安武・前掲論文26頁。Marsden, Reginald Godfrey,(the Library of Shipping Law, 3) Marsden on the Law of Collisions at Sea, 10. ed. by Kenneth C. McGuffie, 1953 pp.151–157.

(42)　Marsden, op. cit., p.152.

(43)　安武訳による。安武・前掲論文26頁。オレロン海法と海事裁判所については、T.J. Runyan, The Rolls of Oléron and the Admiralty Court in the 14th Century England, 19 AM.J.LEGAL HIST, pp.95–111 (1975).

を受けたる時」であって、海上交通が盛んとなり、進行中の船舶同士が衝突するということはオレロン海法編纂者の予想しなかった事態であった。したがって、イギリス海事裁判所においても、双方過失による船舶衝突に右原則を適用するに際しては、その損害分担の理由が各判例とも区々にして何等統一がなかった。しかし、法思想の発展にともなって、船舶衝突における損害額の算定をきわめて大ざっぱにおこなう、いわゆる rusticum judicium（粗雑な判決）に代わって、合理的な法的根拠が海事裁判にも求められ、次第に、損害等分のルールが海事法における独自の法原則として確立されるにいたったのである。

そして、19 世紀に入って、1815 年の The Woodrop Sims 事件における Stowell 卿の判断によって、初めて衝突法の基礎が確立されたといわれている[44]。これは、obiter dictum（傍論）ではあったが、次のように定式化されている。すなわち、

「衝突が、(a)双方の過失によらざる場合、即ち偶然の事故による場合には、両船々主に責任なく、(b)双方の過失による場合には、損害を分配し、(c)被害船のみの過失によるときは加害船主に責任なく、(d)加害船のみの過失によるときは、加害船船主が全損害を賠償する責に任ずること」であった。それまでの判例では、衝突の原因が不可抗力によるものか、過失によるものかを問わず、したがって、双方過失の場合においてもその過失の程度を問わず、損害の半額分担主義を採用していたといわれるから、この新たな法原則の適用の結果、損害の分担が生じるのは、双方に過失がある場合に限られ、かつ、損害の分担方法は、それぞれの過失の程度を問わず半額分担主義によることになった。ようやくにして、いかにも法律の原則らしい体裁をなしてきたのであった。それまでの衝突法が、法原則としては未発達であったことは、そもそも、衝突事故自体が少なかったことによるものと推測される。海上交通の発達にともない、事故の数が急速に増加すれば、その紛争を処理すべきルールも、明確かつ単純なものに純化されたのであった。

その後、右原則は、1854 年の商船法（Merchant Shipping Act 1854）によっ

---

(44) 小町谷操三「英米法に於ける船主責任の変遷」法學協會雜誌 47 巻 11 号 26 頁以下による。

て、一時、事実上廃棄された[45]。同法によると、甲船が制定法上の規定に違反し、乙船がその他の点、例えば見張り（lookout）につき過失があった場合には、甲船の所有者は、損害賠償請求権を失うのに対し、乙船の所有者はその損害の半額につき賠償請求でき、もし、両船とも過失があった場合には、荷主は、いかなる場合にも半額の損害賠償請求権を有するというのであった。そして、その法的効果が不当とされ、1862 年の改正商船法（Merchant Shipping Amendment Act 1862）によって再び以前の原則に戻った。そして、1873 年の裁判所法（The Judicature Act 1873）制定により、コモン・ロー裁判所においても、双方過失による船舶の衝突の場合には、寄与過失原則の優先を廃止し、海事法の原則が適用されることになった。さらに、1911 年の海事条約法制定により、損害等分の原則から、フォールトの程度による損害の比率分担原則（過失相殺原則）へ、海事法はその基本原則を大きく転換させることになるのである。その契機は、船舶衝突についての法原則を統一させようという国際的な努力によって生まれた「統一条約」の成立であった。

(2)　船舶衝突に関する統一条約の成立

(1)　「統一条約」の締結

　船舶衝突については各国の法制度において相違点が大きく、公海上で予想される国籍を異にする船舶同士の衝突については、特に、双方に過失がある場合において、法的解決の一致が困難であるため、1885 年早々に海事法の統一を支持する運動が開始されると、それ以降、様々の国において種々の非公式の海事団体がこの目的を促進するために設立され、万国海法会（the International Maritime Committee）のもとに諸団体が提携することになった。万国海法会の傘下にあった諸団体は、法律家、船舶所有者、海上保険業者、海商企業および海法法の利害関係者によって構成され、そして、多くの非公式の

---

(45)　安武・前掲論文 28 頁。1854 年の商船法については、西川鉄次郎「英國商船法」法學協會雑誌 25 号 40 頁、28 号（1886 年）37 頁、40 号（1887 年）41 頁（1887 年）、44 号 46 頁、45 号 26 頁（1888 年）、51 号 175 頁（1889 年）において逐条訳が一部なされている。1894 年から 1928 年までの商船法に関しては、Temperley, Robert, the Merchant Shipping Act, 4th. ed.(1932) が極めて詳細にその変遷をまとめており有益である。Maritime Conventions Act, 1911 に関しては、Temperley, op. cit., pp.541-554.

会議が万国海法会の主催で開催された。当然のことながら、次は、公式会議の開催が求められるにいたる。

　そして、最初の公式会議が 1905 年 2 月に開催された。その後、同年 10 月、1909 年および 1910 年に公式会議が開催され、ブラッセルにおける 1910 年の最終会議において、すべての主要な海運国を含む 24 カ国の代表によって、海上衝突、および、海難救助に関する二つの統一条約、すなわち、「船舶衝突についての規定の統一に関する条約」および「海難における救援救助についての規定の統一に関する条約」が調印された。イギリス政府は、当初の公式会議に代表を送らなかったが、一部の団体や商工会議所（chambers of commerce）が非常に強力な見解を表明したが故に、政府は、1905 年 10 月の会議より代表を派遣している[46]。イギリス政府の本条約の批准は、強制水先人の責任に関する国内法の整備の問題もあり、1913 年となっている。

　ちなみに、わが国では、右条約をそれぞれ批准（大正 3 年条約第 1 号および第 2 号）したが、国内法の整備がされていないので、現在においても、商法の第 4 章海損において、「船舶カ双方ノ船員ノ過失ニ因リテ衝突シタル場合ニ於テ双方ノ過失ノ軽重ヲ判定スルコト能ハサルトキハ其衝突ニ因リテ生シタル損害ハ各船舶ノ所有者平分シテ之ヲ負担ス」(797 条)という 1 条を規定するのみである。この規定だけでは、船主相互間の関係を規律するだけであって（反対説あり）、船員、乗客および積荷の利害関係人の損害賠償請求権や、船員相互間の関係などについては全く不十分である[47]。したがって、たいていは、民法の不法行為の一般原則にしたがって問題を解決しなければならない。なお、船舶衝突の「統一条約」の欠陥とされていた管轄権の問題について、1952 年には「衝突についての民事裁判管轄に関する若干の規定の統一のための条約」と「衝突および航海上の事故についての刑事裁判管轄に関する若干の規定の統一のための条約」が成立しているが、わが国はまだ批准していない。近年、万国海法会は、海上衝突における損害賠償額の算定について条約作成を目標とする作業を行っており注目される[48]。

---

(46) この間の経緯については、貴族院における Herschell 卿の説明による（Parliamentary Debates, Vol. 9, p.1095, 1911）。

(47) 戸田修三『海商法（四訂版）』（文眞堂、1987 年）234 頁。

(2)　「統一条約」の内容

「船舶衝突についての規定の統一に関する条約」は、17箇条と追加条款から構成されている[49]。船主間の損害賠償関係は、第2条ないし第4条においてこれを規定している。

　(a)　不可抗力または原因不明の場合においては、各船舶で自ら被った損害を負担する（条約第2条）。

　(b)　一方の過失による衝突の場合には、不法行為の一般原則にしたがい、原因となった船舶において相手方の船舶の損害を賠償する（条約第3条）。

　(c)　双方過失の場合における責任および損害賠償については、第4条に次のような規定がある。すなわち、

「第4条　共ニ過失アリタル場合ニ於ケル各船舶ノ責任ノ割合ハ其ノ各自ノ過失ノ軽重ニ依ル若情況ニ依リ其ノ割合ヲ定ムルコト能ハサルトキ又ハ過失カ同等ナリト認ムヘキトキハ責任ハ平等トス

②船舶若ハ其ノ積荷又ハ船員、旅客其ノ他船舶内ニ在ル者ノ手荷物其ノ他ノ財産ニ生シタル損害ハ第三者ニ対シテ連帯スルコトナク前項ノ割合ニ応シ過失アリタル船舶ニ於テ之ヲ負担ス

③過失アリタル船舶ハ死傷ニ因リテ生シタル損害ニ付テハ第三者ニ対シ連帯シテ義務ヲ負フ但シ第1項ニ従ヒ終局ニ負担スルコトヲ要スル部分ヲ超過シテ支払ヒタル船舶ノ求償ヲ妨ケス

④前項ノ求償ニ関シ船舶内ニ在ル人ニ対スル船舶所有者ノ責任ヲ制限スル契約上又ハ法律上ノ条項カ如何ナル範囲於テ如何ナル効力ヲ有スルカハ内国法ノ定ムル所ニ依ル」

　以下、各項毎に概観をする。海商法の理論上は、船主相互間の責任の性質（これを交叉責任とみるか、それとも単一責任とみるかという問題）、船主と第三者との関係の性質、および、船主の免責約款の相手方による援用の可否など、

---

(48)　原田一宏「衝突損害賠償額に関する規則の制定」海法会誌（復刊）第31号75頁は、「衝突損害賠償額に関する規則（通称リスボン規則）」制定に関する万国海法会の活動について、1987年4月万国海法会第20回総会において右規則が採択されるまでの経緯を紹介している。

(49)　今井薫他『保険・海商法（現代商法Ⅳ）』（三省堂、1988年）481頁、482頁。ただし、条文の項目番号は説明の便宜上筆者がつけたものである。

重要な論点を多く含むが、ここでは、それ自体を検討することを目的にしていないので、指摘するにとどめたい[50]。

　(イ)　第1項……双方の過失の程度に応じて、損害を分担する（過失相殺的処理）。過失の軽重が判別できないときは、各船主は損害を等分して負担する（わが国の商法797条と同一）。

　(ロ)　第2項……積荷などの財産に損害が生じた場合、第三者に対して連帯することなく、各自の過失の割合によってこれを負担する（物的損害に対する分割責任主義）。

　(ハ)　第3項……死傷による損害については、各自第三者に対して連帯して責任を負う（人的損害に対する連帯責任主義）。この場合には、民法719条の共同不法行為と同一と解されるから、船主、および過失ある船員は第三者に対して不真正連帯債務を負う。

　(ニ)　第4項……人的損害の求償については、船主の免責約款または法定免責の範囲および効力につき内国法に委ねる。

　第2項と第3項を対照させると、同一の衝突事故により生じた物的損害と人的損害との間にその責任の性格が対立し（分割責任と連帯責任）、損害賠償理論としては統一性を欠くものであることは明らかである。共同不法行為により生じた損害の種類に応じて、すなわち、物的損害か人的損害かに応じて、加害行為者間の責任が分割責任とされ、あるいは連帯責任とされることは、不法行為により生じる損害の個数を全体として1個と考える場合にはいうまでもなく、また損害の種類あるいは被侵害利益ごとに別個の訴訟物を構成すると考えたとしても、理論上当然に導かれる結論と解することはできないからである。統一条約制定にあたっては、人的損害には免責約款がないこと、および、分割責任が人道に反することが一応の理由とされているが、この理由は必ずしも説得力を持っていないように思われる。やはり、「統一条約」制定のための妥協の産物として、実質的根拠には問題が残る規定である[51]。な

---

(50)　さしあたり、鴻・前掲論文、小町谷・前掲論文、島谷英郎「英國における船主責任
　　制限の概観」法学研究25巻11・12号150頁、川又良也「アメリカ法における双方過
　　失による船舶の衝突——アメリカ海事法研究(1)」法學論叢69巻5号1頁、重田晴生
　　「イギリスにおける船主責任制度(1)〜(3)」法学新報77巻11・12号39頁、78巻1・2・
　　3号225頁、78巻4・5・6号221頁などを参照。

お、条約第7条において、損害賠償請求権の消滅時効を事故日より2年と規定していることも注意すべきである。

(3)　小　括

　1910年に調印された「船舶衝突についての統一条約」について、中世からの海事慣行法の成立から検討をしてきたが、さしあたり、問題点を2点指摘して、イギリスの国内法の制定の問題に移ることにする。

　まず、第一に、海事商慣習法の発展は、そのルーツに遡れば、法曹法（Juristenrecht）たるローマ法に由来し、この点で、民衆法（Volksrecht）たるゲルマン法的展開の産物たるコモン・ローとは全く別個の法準則が成立したことである。コモン・ローとは、その淵源を異にし、イギリスの裁判機構においては、全く別個の裁判所・法準則が、海事法において成立したのである。コモン・ローの裁判機構のなかに海事裁判所が取り込まれ、独立の裁判所ではなく、単なる一部門（高等法院の検認・離婚・海事部）となった後も、その法準則は海事事件においてコモン・ローに優先して適用された。しかし、これは、海事法の法準則が、双方過失の衝突事故一般において、コモン・ローのそれに優先するものとして、コモン・ローの体系のなかでそれを変革したのではない。ただ、「統一条約」の法準則が、次に検討する海事条約法を通じて、コモン・ローの変革材料を提供したことは間違いないであろう。

　第二に、「統一条約」の物的損害と人的損害との間における分割責任と連帯責任との対立について、実務上は、その別個の取扱いを正当化する重要な根拠をこの「統一条約」が提供したことである。この物的損害と人的損害との間における分割責任と連帯責任の使い分けが、ひとり海上衝突にのみ認められ、陸上の衝突事件については、この使い分けが許されないとすれば、それは、海上衝突により生じる損害賠償請求権について、それを、不法行為によるというよりは契約によるものであるとして法条競合的に構成するのでなければ、説明が困難であろう。物的損害については、海上運送契約および海上保険との関係が重要になると思われる。今日、陸上の衝突事故においても、

---

(51)　戸田・前掲書248頁。

自動車事故損害賠償保障法が人的損害にその適用を限っていること、およ
び、任意保険における人的損害と物的損害との処理が別個であることは比較
検討されてよいであろう。いずれにせよ、民事訴訟理論にかかわる重要な問
題として今後の検討の課題である[52]。

4．1911 年海事条約法の成立

(1)　産業・交通の発展

(1)　航海条例による海運の保護

　イギリスの交通・産業の発展に関しては、航海法（Navigation Act）の果た
した役割が大きい[53]。航海法は、イギリスの海運業を保護し、広大な世界の
植民地を本国のもとに経済的に統合し、戦時には、軍艦の補給艦としての役
割を商船に担わせることを目的とし、17 世紀中葉以降は、植民地貿易のイギ
リス船による独占を規定したが、19 世紀の自由貿易運動によって、沿岸貿易
についても 1854 年に航海法の廃止という結末を迎えることとなる。イギリス
航海法に関する詳細な研究[54]によれば、航海條例の変遷は、第 1 期(1381 年〜
1649 年)、第 2 期（1651 年〜1696 年）および、第 3 期（1740 年〜1849 年）の 3
期に区分され、それぞれの時期は以下の特徴を有している。

　第 1 期……最初においては、ドイツハンザ諸都市が貿易を支配し、一方、
イギリス商人は商業力が弱く、その保護のために、国王が貿易にはイギリス

---

(52)　楠本安雄「損害賠償請求訴訟の訴訟物」『新・実務民事訴訟講座第四巻（不法行為
　　　訴訟 I）』（日本評論社、1982 年）45 頁は同様の問題を提起している。同論文 48 頁の
　　　註（19）にあげる判例（Brunsden v. Humphrey（1884）Q.B.D. 141）を参照。なお、
　　　物品運送契約責任と不法行為責任との請求権競合問題については、四宮和夫『請求権
　　　競合論』（一粒社、1978 年）88 頁以下参照。また、田中誠二教授は、一応、請求権競
　　　合説にたちながら、国際海運法に基づく賠償責任は、世界統一法を目標として立法さ
　　　れたものであり、船荷証券関係の賠償責任は、なるべくこれで片づけるのが正当であ
　　　ること、および、同法の責任の免除・制限の規定は、船荷証券の免責約款の発達した
　　　ものであるから、通常の免責約款の効力として不法行為責任をも減免すると解するの
　　　が、当事者の合理的意思解釈として妥当であるとして、右規定は不法行為に基づく賠
　　　償請求に対しても対抗できるとする（前掲『海商法詳論（増補版第三版）』298 頁以下
　　　参照）。ただし、これは、人的損害と物的損害との区別を前提とした議論ではない。
(53)　小松芳喬『英國産業革命史（再訂新版)』（一條書店、1973 年）160 頁以下参照。
(54)　島谷英郎「英國航海條例の変遷」法学研究 22 巻 6・7 号 27 頁以下。

の船舶を使用することを強制したが（排他的原則の採用）、外国の対抗措置により成功せず、規制の強化、その反動による緩和、さらに、規制強化への復帰を繰り返す。1588年スペインの the Invincible Armada を撃退して以来、イギリスの国防はひとえに商船と船員の維持・強化にあることが信じられるに至り、商船隊の強化が図られる。この時期より、イギリス植民地の発展の歴史が始まる。

　第2期……クロムウェルの共和制からウィリアムとメリーの即位にいたる時期である。当時、欧州の海上権はオランダがこれを支配し、イギリスは挑戦者であった。船舶の増加と航海業の奨励政策が取られ、後の、イギリスによる海上権制覇の下地作りの時期であった。

　第3期……仏英戦争およびアメリカ独立戦争の時期であり、イギリスは、フランス、アメリカ両国と戦った。1814年英米間に講話条約が結ばれ、両国間での貿易の規制は撤廃された。プロシアなどもイギリスの排他的原則に対抗し入港規制を実施したため、イギリスは、相互主義を採用し貿易に当たることとなる。かくして航海法は形骸化し、他方、国内の貿易商人の自由貿易の主張が勢いを増した。これは、時代の精神であった。1849年、航海法はついに廃止に至る。この頃には、イギリスの商船隊と海軍は既に強大となっており、商船隊保護政策たる航海條例はその役割を終えたのであった。

⑵　貿易の発展と海運

　イギリスは、19世紀には「世界の貿易の枢軸」たる地位を占めていたが、その地位を獲得したのは、そう古い時期ではない[55]。中世には、イギリスの貿易は、ある程度、フランス人やドイツ人の手に委ねられている部分があった。ようやく、16世紀末に外国貿易を自らの手中に収め、海外市場の獲得とも合わせ、18世紀には、植民地貿易帝国としての不動の地位を確立した[56]。海外の植民地市場の拡大とイギリス本国における産業革命の進展が、対外貿

---

[55]　小松・前掲書153頁以下による。

[56]　小松・前掲書153頁の表11によると、「英国諸港出発商船トン数」は、1700年には、317千トンに過ぎないが、1781年の711千トンまで順調に増加し、1787年には1405千トンと倍増し、1809年には、1924千トンに至っている。

易の飛躍的発展の基礎であった。

　そして、対外貿易の発展は、海運の重要性を高めた。通常、産業革命の進展は交通手段の発達、とりわけ、鉄道の発達を不可避とするが、イギリスにおいては鉄道の発達は産業革命がある程度進展してから始まった。イギリスでは、鉄道の発展は産業革命の進行を助長したものの、産業革命の発展の前提ではなかった[57]。良港を多くもつイギリスでは、海運の比重が相対的に高かったのである。そして、産業革命によって、工業が発展すると、その製品の販路を海外に求めると同時に、海外より原料を輸入する必要も増えた。また、農業が工業発展の「犠牲」となった結果、食料の輸入も増大した。これらを輸送する海運の重要性はますます増大したのである。これらを背景として、前述の「統一条約」が締結され、イギリスにおいても、これを国内法として取り込むことが求められるようになった。

(2)　海事条約法案

(1)　貴族院への上程

　1911 年 5 月 16 日、貴族院（House of Lords）において、海事条約法案[58]（以下、単に「法案」ともいう。）が Granard（E. Granard）卿より提出され、第一読会（first reading）に上程された。当時は最後の自由党政府の時代で、アスキス（Herbert Henry Asquith）が首相であった。イギリス国内は、それまでに例をみない大規模な社会改革の時期にあたり、1908 年に無拠出制の養老年金制度の創設をはじめ、労働者災害保障法、坑夫 8 時間労働法、都市計画法、失業保険法、健康保険法など一連の社会立法がなされた。3 年後に第一次世界大戦を迎えることになるのだが、国際情勢が緊迫してくる以上に、国内は、アイルランド自治問題にみられるように、民族、宗教が絡んだ紛争が深刻化する一方、労働争議が先鋭化し、大規模なストライキが頻発した。鉱山や鉄道における資本と労働の巨大な全国組織の抗争が、この時期のイギリス社会

---

(57)　小松・前掲書 134 頁。

(58)　正式には、「一定の条約を有効ならしめることを目的として商船に関する法を修正する法案（A Bill to amend the Law relating to Merchant Shipping with a view to enabling certain Conventions to be carried into effect）」と呼ぶ。この法律の略称（short title）は、Maritime Conventions Act 1911 である（同法 10 条）。

の新しい特徴であった⁽⁵⁹⁾。

また、この 1911 年は、イギリス憲政史上極めて重要な法律、すなわち、国会法（Parliament Act 1911 (1 & 2 Geo. 5 c. 13)）が成立した年でもあった。同法によって、国政は最終的には庶民院（House of Commons）の意思によって決定すべきだという統治機構に関する新しい観念が、制度として確立したのである。「国会主権の担い手としての King in Parliament から、18 世紀に国王が裏面に姿を消し、1911 年に貴族が一歩退いた地位にたつにいたった⁽⁶⁰⁾」わけである。このような貴族院の優位が崩れた年に、海事条約法案が、その貴族院に最初に上程されたのであった。

さて、法案の審議がいよいよ開始され、貴族院においては、第二読会（同年 8 月 15 日）、全体委員会（同年 10 月 31 日）、全体委員会報告（同年 11 月 7 日）、および、第三読会（同年 11 月 8 日）の審議を経て、法案は可決され、庶民院に送付された⁽⁶¹⁾。庶民院では、第一読会（同年 11 月 17 日）、第二読会（同年 12 月 13 日）、全院委員会・同報告・第三読会（同年 12 月 14 日）、と殆ど全く問題がなく順調に議事が進行し、同院でも法案を可決し⁽⁶²⁾、同年 12 月 16 日、国王（George 五世）の裁可（Royal Assent）を受け、即日発効した（1 & 2 Geo. 5 c. 42）⁽⁶³⁾。本法案に関する両院の議事録（Hansard's Reports）を検討すれば、貴族院での審議では、法案に反対する意見も一部出され、次に紹介する論点が浮上し、また、全体委員会（Committee）において 18 箇所（その内、1 件は後に撤回された。）、同報告においても 7 箇所にわたり、法案の修正が行

---

(59) G. M. トレヴェリアン（大野真弓監訳）『イギリス史(3)』（みすず書房、1977 年）191 頁以下の記述による。

(60) 田中英夫・前掲書（上）156 頁。

(61) いずれも 1911 年版の Parliamentary Debates(House of Lords)による。Introduced and 1R., ibid., Vol. 8, p.486, 2R., ibid., Vol. 9, p.1095, Committee, ibid., Vol. 10, p.15, Reported, ibid., Vol. 10, p.96, 3R., ibid., Vol. 10, p.110, Royal Assent, ibid., Vol. 10, p.1167。

(62) 前註と同様に、House of Commons に関しては、1R., ibid., Vol. 31, p.674, 2R., ibid., Vol. 32, p.2447, Committee, ibid., Vol. 32, p.2662, Reported and 3R., ibid., Vol. 32, p.2667, Royal Assent, ibid., Vol. 32, p.2846。

(63) イギリスにおける立法の機構、過程、特に、法案（Bill）の具体的な審議の手順については、フィリップ・S・ジェームズ（矢頭敏也監訳）『イギリス法（上）──序論・公法』（三省堂、1985 年）161 頁以下が有益である。

われたが、他方、庶民院では、実質的には貴族院での審議の結果を承認するに留まり、それ以上の議論がなされなかったことが窺える。したがって、コモン・ローの法原則と海事法上のそれとの関係についての立法者の意思を探るという本稿の目的からして、本法案の問題点に関しては、貴族院における審議を右議事録に即して検討すれば足りると思われる。

(2)　問題点

　第二読会（second reading）への提案にあたって、二度にわたり大法官（Lord Chancellor）を経験したHerschell卿が、法案の概要について解説を行った。Herschell卿は次のように説明している。すなわち、

　「第1条は、衝突した船舶双方が責を負うことが認定された場合において、損失の配分に関する諸準則を規定する。現在のところ、各船舶が自らの損失を負担するというコモン・ロー準則の適用に代えて、海事裁判所（Admiralty Court）の特別の準則が適用され、右準則により、総損失が集計され、しかるのちに、各船舶が右総計の2分の1を負担する。条約と本法案は、右準則に代え、各船舶が各自犯したフォールトの程度に比例して損害額が配分されるという準則を提案している。右提案は、一般に船舶所有者の支持を得ており、大多数の貿易業者からの反対には全くあっていない。しかしながら、右提案は、一定の方面からの批判を受けており、そして、おそらく、私は、右提案に対して向けられた主要な批判を述べることになろう。[64]」

　そして、これらの批判に対する反論を続いて述べている。反論は、3点にわたるが、明快なものである。すなわち、

　①第一の批判は、この損失の比例配分は原則に基づいていない、というものである。この批判は、なるほどその通りであると私も考えるが、しかし、損失の等分が原則に基づいていないこともまた、同様なのである。実際、これが全く事実であって、損失等分の原則は、rusticum judicium、すなわち、正義の間に合わせの（rough-and-ready）形式として永年にわたり知られてきたのである。

---

(64) Parliamentary Debates, Vol. 9, p.1095.

②第二の批判は、裁判所が各船舶に帰すべきフォールトの程度を正確に決
　定することは不可能である、というものである。これを確かめることが
　不可能である場合が存在することは疑いのないことである。しかし、第
　1条第1項(a)号をみれば、「当該事故のあらゆる事情を考慮して、各
　フォールトの程度の差異を立証しえない場合には、責任は等分するもの
　とする。」と規定されていることが分かるであろう。実際のところ、この
　比例配分の準則が多くの諸外国においてまさに通用しており、そして、
　そこでは、当該準則に該当する、実に90％の場合において、裁判官は
　（損失の）等分という結論に至っていることが分かっているのである。そ
　れ故、比例配分の準則は、一方の船舶が他方の船舶に比べより多く責任
　があったことが非常に明らかな場合において、初めてその効力を生じる
　にすぎないといって差し支えないであろう。

③第三の批判は、比例配分の準則は訴訟を増加させるであろうということ
　である。もちろん、これは、実際には経験によって決定されるしかない
　問題である。しかし、この準則のもとでは、支払うべき損害賠償額が少
　なくなりさえすればよいと期待して訴訟を争うというなんらかの動機が
　あろうと主張されている。逆に、この準則を採用することによって、関
　係する相手方の船舶に程度が小さかったとはいえフォールトがあったこ
　とを理由として、損害賠償額が全部ではなく半分で済ませることができ
　るという期待から訴訟を追行するという、現行法の下の誘因はもはや存
　在しなくなるであろう。

　このように、法案に対する反対論を予想し、予め反論を周到に展開したの
である。そして、Herschell 卿は、この特別の準則に賛成の立場から、当該準
則の採用は「統一条約」を批准したすべての外国によって支持されているこ
と、そして、フランスおよびドイツはこの比例配分の準則を1900年に採用し
たばかりであることを、強調した。すなわち、「法案の予定する準則の採用に
よって、現在存在する法の相違点は解消されるであろうし、また、当該準則
を確立した国々においては、当該準則は有効に機能しているといわれてい
る。」と述べたのである[65]。

(3) Gorell 卿の反対意見

　全体委員会において、注目されるのは Gorell 卿の反対意見である。Gorell
卿は、おそらくは、海事裁判所でのかつての長い体験を踏まえて、次のよう
に、法案の第 1 条に含まれる損失の比例配分の原則を批判した。

　「わが国で最高法院法（Supreme Court of Judicature Act 1873 & 1875）が施
行された 1875 年より以前では、コモン・ローと海事法の原則は異なっていた。
コモン・ローにおいては、二つの船舶が衝突し、双方に責任がある場合、損害は
それが生じたところに留まる（損害は自ら負担する）こととされていた。双方の
船舶が事故の発生に寄与している場合、一方の船舶が相手から賠償を得ることは
できなかった。」

　「しかし、海事法の準則は、ここ 2 世紀ないし 3 世紀の間、次のようなもので
あった、すなわち、二つの船舶が衝突し、かつ、双方にフォールトがある場合、
これによって生じた損失全体につき船舶所有者においてこれを分割し、それぞ
れ、その 2 分の 1 を負担しなければならない。それは早くから判例において確立
され、徐々に、海事法の準則となるにいたったのである。」

　「しかしながら、1875 年に最高法院法が成立し、当初は、コモン・ロー準則の
適用が図られたが、結局は、海事法の準則が採用され、そして、同法は、海事法
の準則がわが国全体において（コモン・ロー準則に）優越するものと規定した。」

　「したがって、コモン・ローにおいても海事裁判所においても、準則は、全く
同一のものとなったのである。損失を分割するという、その準則の果たしている
機能は非常に満足すべきものであり、私の理解しうる限りにおいては、その運用
の効果について実質的な不満は全くなかったのである。」

　「一方の船舶に実質的なネグリジェンスがあり、他方の船舶にこれがなくとも
衝突に関する航海規則の違反があった場合には、それが衝突に必ずしも結びつか
ない軽微なものであったとしても、他方の船舶にもフォールトがあったとして、
結局、損失の等分がなされる点（1894 年商船法第 419 条第 4 項[66]）に、不満が
あり、それが、本法案の提案にいたる原因であると思われる。」

---

(65) ibid., Vol. 9, p.1097.

(66) 同条同項は、「衝突予防規則の違反があるときは、規則違反の船舶に過失ありと推
　　定する。ただし、当時の状況から規則に違反することが必要であった場合を除く」旨
　　を規定していた。衝突予防規則の違反船舶は、その規則違反が衝突の原因でないこと
　　を立証する責任を負わされ（立証責任の転換）、これを証明できない限り、その違反が
　　実は衝突の原因ではなかったとしても責任を免れなかったのである。松本博「英国海
　　商法における船舶の衝突」防衛大学校紀要第 22 輯（人文科学篇）（昭和 46 年）53 頁
　　参照。

　「しかし、この点は、法案の第4条は、その第4項において上述のような商船法の規定が廃止されることを規定しており、不満の生じる原因は除去されるのであり、それで十分である。」

　「注意を喚起したいことは、この条項が、およそ正確に適用することが実際には不可能な種類の責任を課そうとしていることである。」

　「二つの船舶間の衝突において、その衝突を惹起させた船舶のそれぞれのフォールトの程度を誰が正確に判断できるというのであろうか。海事裁判所の先例をもってしても不可能である。」

　Gorell 卿の発言は、損失等分の原則が依然として有効な方法であることを擁護するとともに、フォールトの程度による損失の比例配分は準則として機能しえないことを批判したものである。卿は、右の立場を鮮明にするために、まさしく「狐軍奮闘」して法案の第1条を削除する修正提案を行ったが、大法官（Loreburn 伯爵）などの説得で、結局は右提案を撤回している[67]。

(3)　海事条約法の内容

(1)　海事条約法の構成

　海事条約法は、全体が10箇条から構成され、第1条から第5条までを「衝突等に関する規定」に、そして、第6条と第7条を「海難救助に関する規定」にあて、前述の二つの「統一条約」の内容を取り込んでいる。また、第8条から第10条までは「一般条項」の規定であるが、そのうち、第8条の「出訴期限（Limitation of actions）」は、損害賠償請求権の消滅時効に関する「統一条約」の規定（例えば、「船舶衝突についての規定の統一に関する条約」第7条）を採用したものである。

　以下に、同法の条項名のみ全部掲げる。

衝突等に関する規定（Provisions as Collisions, etc）

　1条　損失の配分に関する準則（Rules as to divisions of loss）
　2条　人身侵害に対する損害賠償（Damages for personal injuries）
　3条　求償権（Right of contribution）
　4条　フォールトに関する制定法上の推定の廃止（Abolition of statutory presumptions of fault）

---

(67)　ibid., Vol. 10, p.23.

5条　生命侵害または人身侵害の場合における裁判権（Jurisdiction in case of loss of life or personal injury）

海難救助に関する規定（Provisions as to Salvage）

6条　海上の危難に遭遇した人を救助すべき一般的義務（General duty to render assistance to persons in danger at sea）

7条　外国船の所有者等の間における海難救助の分担（Apportionment of salvage amongst owners etc. of foreign ship）

一般条項（General Provisions）

8条　出訴期限（Limitation of actions）

9条　本法の適用（Application of Act）

10条　略称および解釈（Short title and construction）

(2)　物的損害の賠償——フォールトの程度による責任の比例配分

本法の第1条は、双方の過失による船舶の衝突によって生じた物的損害について、これをフォールトの程度にしたがって比例配分することを「原則」として採用した。この「例外」として、両船舶のフォールトの程度の差が不明の場合には、責任を等分するものとしている。1条(1)項の規定は次の通りである。

1条　損失の配分に関する準則（Rules as to divisions of loss）

(1)2隻またはそれ以上の船舶のフォールトによって、2隻またはそれ以上の当該船舶について、その船荷または用船料（cargoes or freight）または船上のいかなる財産に対し、損害または損失が生じた場合において、当該損害または損失を賠償（make good）すべき責任は、次の各号を条件として、各船舶のフォールトの割合に比例するものとする。

(a)　当該事故のあらゆる事情を考慮して、各フォールトの程度の差異を立証しえない場合には、責任は等分するものとする。

(b)　本項によって、自らの寄与しなかったいかなる損失または損害に対して、船舶が責任を負うことはないものとする。

(c)　本項によって、運送契約またはいかなる契約に基づく何人の責任に影響を与えることはなく、また、本項は、何人に対して、いかなる契約またはいかなる法規定によって免除されている責任を課し、または、法

により規定される方法で彼の責任を限定しうる権利に影響を与えるものと看做される（construed as）ことはないものとする。

(3) 人的損害の賠償――連帯責任

本法の第2条は、「人身侵害に対する損害賠償（Damages for personal injuries）」につき、次の通り規定している。すなわち、

「船舶に乗船している者が、その船舶およびその他の船舶のフォールトにより死傷（loss of life or personal injuries）した場合、当該船舶の所有者は連帯して（joint and several）責任を負う。ただし、本条の規定にかかわりなく、何人も、当該負傷者または死亡につき訴権を有する者によって提起された訴に行使しうるいかなる抗弁権を失い、あるいは、本条に関し、法律上、その責任を制限される権利を害されないものとする。」

この規定も、「統一条約」の第4条3項本文の規定に対応したものであるが、イギリスにおける従来の原則を明らかに変更する内容である。すなわち、本法の成立までは、双方の船舶のフォールトによる衝突によって、乗船中の第三者が死亡した場合、相手方の船舶の所有者は、全額の賠償責任を負ったからである[68]。

第二読会において、Herschell 卿は次のように説明している。

「現行は、（双方の船舶に責任がある場合）積荷の損害について原告は船舶の所有者から2分の1をこえる賠償を得ることはできない。そして、人身侵害の賠償請求に関しても、同じ準則が当てはまるように思われるであろう。しかし、死亡に関しては、原告は、Campbel 卿法[69]に基づき、双方の船舶から、全額の賠償を得ることができるのである。条約と本法案は、法を変更し、人身侵害の原告を生命侵害における原告と同一の地位にすることを提案している。しかし、3種類の原告すべてに関して、その損害賠償請求権は、これと反する特約条項に常に服するのである。ある船舶が死傷につき、そのフォールトの程度をこえる賠償を余儀なくされた場合、同じくフォールトのある他方の船舶から、負担部分をこえる賠償額につき求償権を有するが、これは、当該船舶がなんらかの制定法上の責任

---

(68) Mills v. Armstrong, The Bernina (1888), 13 App. Cas. I；[1886-90] All E. R. Rep. 823, H.L.)

(69) Lord Campbell's Act は、致命的事故法をさす（Fatal Accidents Act 1846）。

の制限または免除によって保護されている場合には、他の船舶に対する求償権は
これを行使できないという、重要な但書に服することを条件にしているのであ
る。」

　ところで、死亡による損害賠償請求権の存続について、コモン・ローでは、
「人的訴権は人とともに死す（actio personalis moritur cum persona）」というの
が原則であった。しかし、1846 年から数次にわたる致命的事故法（Fatal Acci-
dents Acts）と 1932 年航空運送法（Carriage by Air Act）との制定法によっ
て、この原則に対する重要な例外が形成されていった[70]。これらの制定法に
基づき、死者の被扶養者であった近親者は、死亡によって自らが被った損害
の賠償を得ることができた。これは、被扶養者自身の訴訟であって、死者の
訴訟を承継しているのではない。さらに、1934 年法改正法（Law Reform Act）
によって、死者の遺言執行者は、死者に帰属したであろうあらゆる訴権を承
継することが可能になった。この場合は、死者の代表者としてであって、被
扶養者としてではないことに注意する必要がある（被扶養者としての資格を兼
ねる場合には、扶養喪失による損害を限度として減額されることになる。)[71]。
1934 年法によって、人身損害の訴権が消滅するというコモン・ローの原則が
ようやく廃止されたのであった。

(4) 小　括

　本法案には、実際、前年調印された二つの条約のすべての条項が含まれて
いる。ただ一つの例外は、強制水先人（compulsory pilotage）の保護に関する
ものであり、この問題は水先案内に関する特別委員会の提案に関連して、後
に検討され、立法されることになる[72]。そして、国内法の整備を終えてか
ら、イギリス政府は、「統一条約」を批准した。その翌年第一次世界大戦が勃
発したのであるから、間一髪で間に合ったわけである。

　本法律の意義は、まず、第一に、「統一条約」の内容を基本的にすべて国内

---

(70) Geldart, op. cit., p.151.

(71) ibid., p.152.

(72) 1913 年水先法第 15 条により、船主は、強制水先人の過失についても責任を負うこ
　　とになった（Pilotage Act, 1913, s. 15）。同法については、Temperley, op. cit., pp.555-
　　594.

法として取り込んだことである。したがって、双方過失による船舶衝突において、損害を船主において等分するという原則を捨て、フォールトの程度に応じて比例配分する方式を採用したことが重要である。損害等分の方式も状況次第では適用になることはもちろんであるが、法の規定からは、「例外」の場合であり、「原則」は過失相殺の処理であることが確立した意味は大きい。船舶衝突における法準則がフォールトの問題を議論するということは、衝突をたんに当事者の受忍すべき共通の不幸（common misfortune）と解する立場からは明確に離脱し、初めて近代的な意味での賠償責任論に接近することが可能となったといえよう。

　第二に、そうはいっても、右のごとく「発展」した法準則が、将来、陸上の衝突事故一般についても適用になる、すなわち、コモン・ローを変革するという方向性を立法者が認識していたかというと、海事条約法の制定段階では、その認識は全く窺えなかった。海事法という全く特殊な場面に限られた議論であって、その影響、すなわち、コモン・ローとの関係は考えられていないのである。しかしながら、その後、陸上においても、自動車や鉄道の発達によって衝突事故が急速に増加する段階になって[73]、「過失相殺」の法理が「寄与過失」の法理を駆逐するのはそれほど時間がかかることではなかったのである。奇しくも、それは、次の世界大戦の最後の年に実現をみることになるのであった。

5．むすびにかえて

　「法改正（寄与過失）法」(Law Reform (Contributory Negligence) Act 1945)の制定により、現在では、イギリスにおいても、寄与過失は、被告の責任を免除する抗弁ではなく、賠償額を減額する事由（comparative negligence）と

---

(73) T．C．バーカー・C．I．サヴィジ（大久保哲夫訳）『英国交通経済史』（泉文堂、1978年）は、主として、両大戦間のイギリスの交通の発展を詳細に検証し、自動車事故や環境汚染の問題を指摘する。なお、イギリスの内陸交通を考える場合、18世紀後半から道路の整備と馬車の発展を見落とすわけにはいかない。とりわけ、1820年～36年の「駅馬車全盛時代」が一つの画期をなす。この点につき、小松・前掲書137頁以下参照。

して援用されうるものとなった。海事法において発展した理論が、陸上に波及したわけである。今後の課題としては、1911年から1945年までのコモン・ローの変容を判例・学説の分析を通じて実証することがまず必要である。特に、海事条約法によって、イギリス法に持ち込まれた「過失相殺」理論が、どのようにコモン・ローに浸透していったか、1911年の段階では、学説上そのことを意識するものは見あたらないが、1945年法の立法過程でそれを検証できるか。この作業が必要である。それが済んだ段階で、1945年以降の重要立法[74]をフォローし、現代イギリスにおける問題の検討に取り組んでみたいと考える。

　また、船舶衝突法に関しては、物的損害と人的損害における責任原理の分裂を、民法不法行為の立場からどのように考えればよいかが大きな問題となる。損害保険実務の比重の高い領域であるだけに、海上運送約款などの実証的検討が求められるであろう[75]。さらに、船舶衝突だけでなく、航空機[76]、自動車の衝突も視野にいれて、ある程度の類型化を施したうえで、それぞれの類型毎の理論的整理を行う必要があるが、これらは、今後の課題である。

---

(74) Fatal Accidents Act, 1959 (7 & 8 Eliz. 2, c. 65), Fatal Accidents Act, 1976 (c. 30), Civil Liability (Contribution) Act, 1978 (c. 47) など。

(75) さしあたり、今泉敬忠「英国における船主責任法制の変遷と衝突約款の変化」損害保険研究36巻4号を参照。

(76) 高田桂一「航海上の過失と航空上の過失」産業経済研究（久留米大学）3巻3号87頁参照。

第6章　認知症高齢者の鉄道事故と遺族の損害賠償責任に関する覚書
——JR東海事件を契機として——

1．はじめに

　今日のシニア世代であれば、自宅で親等の高齢者の面倒を見ているケースもあろう。そして、認知症高齢者の「徘徊」[1]で困り果てている場合も少なくない[2]。そのような家族にとって他人事とは思えない事件が2007年12月7日に起きた。「JR東海認知症高齢者事故」（以下、「本事件」という）である。

　本事件では、91歳の認知症高齢者が、介護に当たっている家族の見守りの一瞬の隙をついて外出し、駅ホーム端の施錠されていなかった扉を開けて下

---

(1)　「徘徊」という用語については、判決文等に使用されている関係で、カッコをつけて記載している。この用語については、「認知症の行動・心理症状（BPSD）のひとつに、いわゆる『徘徊』といわれる症状があるが、『徘徊』という言葉が『目的なく歩き回ること』などの意味を持つことから、認知症の本人の方より、目的があって外出したものの道がわからなくなってしまうなど、本人なりの理由があっての行動であり、こうした行動について目的がないとされる『徘徊』という言葉を使用されることには抵抗がある旨の強いご意見がある。一方で、現時点ではこれに代わる同定義の用語を定めることは困難であり、またBPSDとしての症状を否定するものではないことから、認知症施策推進室では、その症状について用途や文脈によって判断し、敢えて使用する必要がない場合には、例えば『行方不明』『歩き回って道がわからなくなる』などの表現を用いることとしている。」という厚生労働省における対応の変更があったことに留意されたい。下記参照。

　　　https://www.mhlw.go.jp/content/12300000/000605563.pdf（2024年11月3日閲覧）

(2)　例えば、NHK「認知症・行方不明者1万人」取材班『認知症・行方不明者1万人の衝撃　失われた人生・家族の苦悩』（幻冬舎、2015年）参照。大きな反響のあったNHKスペシャル『"認知症800万人"時代　行方不明者　1万人～知られざる徘徊（はいかい）の実態～』を書籍化したものである。同書では、認知症者の鉄道事故による死亡者数は2005年以降の8年余りで、76人が事故に遭い、64人が死亡している（117頁以下）。鉄道の運行に支障が出た場合に鉄道会社が国土交通省に提出する報告書を情報公開請求により入手し、備考欄に「認知症で徘徊癖あり」と記載されたものの集計であり、文字通り氷山の一角に過ぎない。後掲注11の毎日新聞記事も参照。

に降りたところ列車に轢過されて亡くなった。認知症高齢者の家族が鉄道会社から損害賠償を請求され、一・二審で家族が賠償を命じられた。献身的な在宅介護がなされていたと思われるケースで大きな社会問題となった[3]。最高裁は、妻や長男の賠償義務を否定して、鉄道会社の請求は棄却した（2016年3月1日）。この結論は妥当だが、判決には、監督義務者責任が家族に生じる余地が法理論上残されており、慎重に検討を行う必要があると思われる。

　本稿では、高齢社会と事故、本事件（訴訟）の概要を概観したうえで、若干の検討を行う。本事件については、最高裁判決が出される前に、私法学会のワークショップ[4]で取り上げられるなど不法行為法上の重要な理論的課題であり、関連する論考や判例評釈が多数存在する[5]。これらの詳細な検討については別の機会に行うこととし、本稿では、大きな社会問題ともなった本事件について、その問題点を整理し、今後の課題を探ることを目的としたい。

---

(3) 福祉現場での反響については、月刊ケアマネジメント2016年6月号（最高裁逆転判決から考えよう徘徊問題）所収記事参照。このほか、菊池馨実「認知症高齢者の他害リスク」週間社会保障2868号32頁～33頁、日下部雅喜「家族の『責任』を問う前にすべきこと」福祉のひろば2016年5月号44頁～47頁、特定非営利活動法人・地域ケア政策ネットワーク『（平成27年度老人保健事業推進費等補助金報告書）「認知症高齢者等にやさしい地域」の実現に向けた方向性』（平成28年3月）参照。

(4) 窪田充見・水野紀子「責任能力と法定監督義務者の責任（私法学会ワークショップ）」私法78号95頁参照。

(5) 例えば、浅岡輝彦「JR東海認知症高齢者事件――最高裁判所第三小法廷2016・3・1判決」法学セミナー746号37頁～41頁、井上計雄「成年後見制度から意思決定支援制度へ～人権大会シンポジウム実行委員会の議論から～」実践成年後見61号83頁～87頁、窪田充見「責任能力と監督義務者の責任――現行法制度の抱える問題と制度設計のあり方――」現代不法行為法研究会編『不法行為法の立法的課題』（商事法務、2015年）71頁～96頁（窪田・立法的課題として引用）、窪田充見「（時論）最判平成28年3月1日――JR東海事件上告審判決が投げかけるわが国の制度の問題」ジュリスト1491号62頁～68頁（窪田・時論として引用）、窪田充見・水野紀子「責任能力と法定監督義務者の責任（私法学会ワークショップ）」私法78号95頁、日本弁護士連合会『日弁連第58回人権擁護大会シンポジウム第2分科会基調報告書』（2015年10月）、水野紀子「精神障害者の家族の監督者責任」『（町野朔先生古稀記念）刑事法・医事法の新たな展開（下）』（信山社、2014年）249頁～270頁、水野紀子「医療における意思決定と家族の役割――精神障害者の保護制度を契機に、民法から考える――」法学74巻6号204頁～236頁、吉村良一「監督義務者責任（民法714条）の再検討――2つの最高裁判決を手がかりに――」立命館法学2016年5・6号（369・370号）867頁～902頁（吉村・再検討として引用）、米村滋人「責任能力のない精神障害者の事故に関する近親者等の損害賠償責任」法学教室429号50頁～56頁ほか参照。

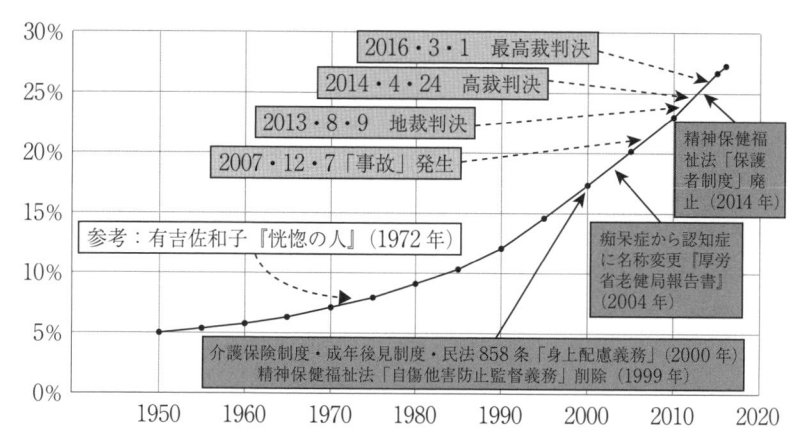

図1　総人口に占める 65 歳以上人口の割合（高齢化率）と事故の経緯
（出典：折れ線グラフは、総務省統計局発表の「高齢者人口及び割合の推移」[7]にお
ける 1950（昭和 25）年〜2017（平成 29）年の数値に基づいて作成した。）

　なお、本稿は、筆者の日本司法福祉学会「2017 東京大会」シンポジウム報
告[6]に加筆したものであり、判例評釈等のスタイルを取っていない。この点
予めお断りしたい。

2．高齢社会と事故

(1)　我が国における高齢化の推移

　下記（**図1**）に、我が国の高齢化率の推移と本訴訟の関係をグラフで示し
た。総人口に占める 65 歳以上人口の割合（高齢化率）は 27.7%（2017 年 9 月

---

(6) 本稿は、日本司法福祉学会「2017 東京大会」シンポジウム（2017 年 9 月 2 日、國學
　院大學）において、「JR 東海認知症高齢者事故訴訟で問われたもの」と題して行った
　報告に加筆したものである。同シンポジウムでは、「生きづらさを抱える高齢者の社会
　統合〜司法福祉の観点から考える〜」がテーマであった。大会シンポジウムの趣旨等
　については、司法福祉学研究第 18 号参照。さしあたり、「生きづらさを抱える高齢者
　の社会統合〜司法福祉の観点から考える〜」『日本司法福祉学会第 18 回全国大会（2017
　東京大会）大会プログラム』（2017 年 9 月）85 頁参照。
(7) 総務省統計局のサイト参照。最新版は下記。
　　https://www.stat.go.jp/data/topics/pdf/topics138.pdf（2024 年 11 月 3 日閲覧）

15 日現在、総務省統計局推計）となり、主要国中最高となっている。これを折れ線グラフで表示し、本訴訟にかかわる経過や法改正等を跡づけてある。

　一般に、高齢化率が 7％を超えると「高齢化社会」といわれるが、我が国で「高齢化社会」が到来したのは 1970 年とされている。認知症や老年学を扱った文学の古典とも評される有吉佐和子氏の『恍惚の人』（新潮社）がベストセラーとなったのは 1972 年であり、「高齢化社会」到来から間もない時期であった。我が国では、その後、1994 年に高齢化率が 14％を超え「高齢社会」となり、そして、2007 年に高齢化率が 21％を超え「超高齢社会」が到来したとされている[8]。

　1973 年の老人医療費無料化を契機として、1970 年代には老人医療費の増大が、さらに、1980 年代には「社会的入院」や「寝たきり老人」がそれぞれ社会問題となり、医療保険制度から老人介護を切り離した介護保険制度の準備がなされ、2000 年 4 月より、介護保険法が施行された。同法の施行にあたっては、老人等福祉サービスが「措置」から「契約」へと切り替わる[9]こととの関係から、民法改正により「成年後見制度」が創設され、民法 858 条には、「成年後見人は、成年被後見人の生活、療養看護及び財産の管理に関する事務を行うに当たっては、成年被後見人の意思を尊重し、かつ、その心身の状態及び生活の状況に配慮しなければならない」とする「身上配慮義務」の規定が置かれた。なお、前年 1999 年には、精神保健福祉法改正によって、「保護者」の「自傷他害防止監督義務」（同法 20 条以下）が廃止され、2004 年 12 月 24 日には、「『痴呆』に替わる用語に関する検討会」報告書[10]が厚生労働省老健局で取りまとめられ、「痴呆症」から「認知症」へ用語が切り替えられることとなった。そして、2014 年 4 月には、精神保健福祉法改正によって、「保護者」制度自体が廃止された。

　以上の概観から、「高齢社会」から「超高齢社会」へと社会が大きく変容するなかで、2000 年前後から 2014 年まで、民法や特別法改正を含め、認知症

---

(8) 内閣府『平成 20 年版　高齢社会白書』による。http://www8.cao.go.jp/kourei/ whitepaper/w-2008/zenbun/20index.html（2024 年 11 月 3 日閲覧）。

(9) さしあたり、芝田英昭「社会福祉法の成立と福祉市場化」立命館産業社会論集 36 巻 4 号 12 頁参照。

(10) http://www.mhlw.go.jp/shingi/2004/12/s1224-17.html（2024 年 11 月 3 日閲覧）。

高齢者に関係する様々な制度改正がなされてきたことが確認できよう。これらの制度改正に含まれる問題が本事件訴訟においても重要な伏線となったのである。

(2)　高齢化の推移と本事件

上記の制度改正等の節目は 2000 年になるが、まさにその頃、本事件で亡くなった認知症高齢者は 73 歳になり、認知症の発症が疑われる行動が出始めていたとされる。そして、我が国が「超高齢社会」に突入した 2007 年に本事件は発生しており、「超高齢社会」を迎えた我が国にとって象徴的な事件とも思われる。

本事件で亡くなった認知症高齢者の状態の推移をトレースすれば、介護保険法が施行された翌々年の 2002 年に、アルツハイマー病であることの診断がなされ、同年 8 月には「要介護 1」の認定を受け、骨折による入院後の同年 11 月には「要介護 2」に認定が変更となった。同年、不動産業も廃業している。そして、2007 年 2 月には、「要介護 4」と認定が変更となったが、同年 12 月 7 日に、介護にあたっていた家族が一瞬まどろんだ隙に外出し、本事件を迎えたのである。

本事件で亡くなった認知症高齢者の介護には、同じく「要介護 1」の高齢者である妻と横浜市に居住する長男の妻が近隣に単独転居して補助にあたっていた。介護福祉士である三女の助言も得ながら、長男ら家族が協力して在宅介護にあたっていたケースであった。

さて、本事件の訴訟提起後は、2013 年 8 月 9 日に地裁判決、2014 年 4 月 24 日に高裁判決を迎えているが、高裁判決は、同年 4 月に精神保健福祉法改正によって「保護者制度」が廃止された直後であった。このような民法や特別法改正を含む大きな制度変更の渦中で本事件が発生し、本事件の訴訟が展開されることとなった。このような本事件の背景で行われた制度変更に含まれる法的諸問題が訴訟にも投影され、本事件最高裁判決に集約されることとなった。

表1　各省庁における実態把握（抜粋）

（法務省） 法定監督義務者又は準監督義務者の損害賠償責任について判示した裁判例につき、認知症の患者が加害者となったケースは不見当（知的・精神障害者に関する裁判例：10件）とした。
（金融庁） 民間保険の保険金支払い対象となった認知症患者による事故等の事例につき、認知症患者の加害行為を監督義務者が個人賠償したケースは非常に少ない（年間数件程度/社）とした。
（国土交通省） 認知症の人が関係する鉄道事故等につき、平成26年度中の事故：全29件（損害額は最大約120万円。損害内容としては「人件費」が一番多い）とした。
（警察庁） 認知症の人が交通事故を端緒として自動車運転免許取消し等に至った事案につき、平成27年の交通事故（78件）のうち人身事故：27件、物損事故：51件とした。

（出典：「認知症高齢者等にやさしい地域づくりに係る関係省庁連絡会議」（2016年12月13日）資料による）

（3）　認知症高齢者に関する統計

　実は、そもそも認知症者に関する基礎データは十分整備されていない。もちろん、医学的には精神科医ですら正確な見極めが難しいケースもありうる点は措くとして、例えば、行方不明者の推移・鉄道事故における死亡者数・負傷者数等における認知症者の数が必ずしも自明でない[11]。「痴呆症」から「認知症」へと公式用語が変更されたのは、2004年12月24日の前掲・厚労省老健局報告書であるから、「認知症」に関する統計資料は2005年より前にはそもそも存在しない。上記（**表1**）に示したとおり、本事件最高裁判決を受けてなされた行政の取り組みも十分とはいい難い[12]。「認知症」に関する統計資料の整理は今後の課題である。

---

(11)　このあたりの事情は、毎日新聞 2014年2月20日「記者の眼」が有益である。
(12)　厚生労働省のサイト参照（2024年11月3日閲覧）。http://www.mhlw.go.jp/file/05-Shingikai-12301000-Roukenkyoku-Soumuka/0000146425.pdf

3．訴訟の概要

⑴　本訴訟の概要（事実の概要と一・二審判決）

本訴訟の事実の概要と一・二審判決は以下の通りである[13]。

Aは妻Y_1と愛知県大府市内で生活していたが、平成12年12月頃、認知症を発症した。当時、4名の子（長男Y_2ほか）はAと別居していたが、Y_1も高齢で身体が不自由（事故前には「要介護1」に認定されていた）であるため、Y_1のみでAの介護を行うことが困難な状態であったため、家族会議の結果、平成14年3月より長男Y_2の妻Bが横浜市からA宅近隣に転居しAの介護を補助することとなった。平成17年8月から「徘徊」の症状がAに出現し、自宅玄関付近に玄関センサーが設置された。Aはかつて自宅で不動産仲介業を営んでおり、事務所出入口からも出入りができたが、事務所出入口のセンサーはスイッチが切られたままであった。

平成19年12月7日午後4時半頃、デイサービスから戻って自宅でくつろいでいたA（当時91歳）は、Y_1とBが目を離した隙に事務所出入口から外出した。午後5時頃からBとY_1は近隣を捜索したが見つからず、午後5時47分頃、Xが運行する東海道本線の駅構内においてAは列車と衝突し死亡した。Aは、自宅の最寄り駅の改札をなんらかの方法ですり抜けて電車で隣駅に移動した後、ホーム端の階段から施錠されていなかった扉を開けて軌道敷内に入ったと考えられる。Aが「徘徊」中に最寄り駅から鉄道に乗車することは、事故前にはなかったとされる。

なお、Aは、事故前の平成19年2月に「要介護4」の認定を受けており、「日常生活に支障を来すような症状・行動や意思疎通の困難さが頻繁に見られ、常に介護を必要とする、常に目を離すことができない状態である」と判定されたが、「徘徊」により行方不明となった回数は2回（平成17年8月3日早朝及び平成18年12月26日深夜）にとどまっていた。

Xは、(i)Aが責任能力を有していた場合には、Aの負担した民法709条に

---

(13)　米村滋人・前掲論文による。

基づく損害賠償責任を相続したものとして、(ii)A が責任能力を有していなかった場合には、民法 714 条または 709 条に基づく固有の責任として、Y₁〜Y₅に対し損害賠償請求訴訟を提起した。

一審判決⁽¹⁴⁾は、Y₂は「事実上の監督者であった」とし、民間のホームヘルパーを依頼するなどの措置を講じなかった点などを義務違反と認定して Y₂の民法 714 条責任を肯定した。また、Y₁は「事実上の監督者」ではないとしたが、Y₁も A が外出しないよう注意すべき義務を怠ったとして民法 709 条の責任を肯定した。なお、X の Y₃〜Y₅に対する民法 709 条に基づく損害賠償請求はいずれも否定された（控訴審以降は、被告は Y₁・Y₂の 2 名のみとなる）。

次に、二審判決⁽¹⁵⁾は、配偶者が「保護者」となる精神保健福祉法（精神保健及び精神障害者福祉に関する法律）の規定と、夫婦間の協力・扶助義務を定める民法 752 条を引用して、Y₁が「法定監督義務者」にあたるとし事務所出入口のセンサーの電源を切っていた点を Y₁の監督義務違反と認定して、監督義務者責任を肯定した。その一方、Y₂は「法定監督義務者」にあたらず同責任を負わないとした。また、Y₁・Y₂とも一般不法行為責任は発生しないとした。もっとも、加害者側及び被害者側の諸事情を考慮し、「損害の公平な分担」に基づき賠償額を 5 割減額した。

これにつき、X・Y ら双方から上告受理申立てがなされた。

(2)　上告審判決要旨⁽¹⁶⁾

(1)　Y₁（A の妻）・Y₂（A の長男）の「法定監督義務者」該当性について（「判旨 1」）

(a)まず、第一に、民法 714 条 1 項は、責任無能力者が他人に損害を加えた場合にはその責任無能力者を監督する法定の義務を負う者が損害賠償責任を負うべきものと規定しているが、上告審判決は、「保護者」や「成年後見人」であれば「法定監督義務者」に該当するかを検討している（原審は「保護者」につき肯定した）。

---

(14)　名古屋地判平成 25・8・9 判時 2202 号 68 頁参照。
(15)　名古屋高判平成 26・4・24 判時 2223 号 25 頁参照。
(16)　最三小判平成 28・3・1 民集 70 巻 3 号 681 頁。

　上告審判決は、精神上の障害による責任無能力者について監督義務が法定されていたものとしては以下の2つを示している。

　①：精神障害者に対する自傷他害防止監督義務が定められていた「保護者」（平成11年法律第65号による改正前の精神保健及び精神障害者福祉に関する法律22条1項）

　②：禁治産者に対する療養看護義務が定められていた「後見人」（平成11年法律第149号による改正前の民法858条1項）

　①について、「保護者の精神障害者に対する自傷他害防止監督義務は、上記平成11年法律第65号により廃止された（なお、保護者制度そのものが平成25年法律第47号により廃止された。）。」とし、さらに、②について、「後見人の禁治産者に対する療養看護義務は、上記平成11年法律第149号による改正後の民法858条において成年後見人がその事務を行うに当たっては成年被後見人の心身の状態及び生活の状況に配慮しなければならない旨のいわゆる身上配慮義務に改められた。この身上配慮義務は、成年後見人の権限等に照らすと、成年後見人が契約等の法律行為を行う際に成年被後見人の身上について配慮すべきことを求めるものであって、成年後見人に対し事実行為として成年被後見人の現実の介護を行うことや成年被後見人の行動を監督することを求めるものと解することはできない。」と、それぞれ理由を述べている。

　上記については、結論として、「平成19年当時において、保護者や成年後見人であることだけでは直ちに法定の監督義務者に該当するということはできない」と判示している。

　(b)第二に、精神障害者と同居する配偶者は民法714条1項にいう『責任無能力者を監督する法定の義務を負う者』にあたるか（原審はこれを肯定した）を検討している。

　上告審判決は、「民法752条は、夫婦の同居、協力及び扶助の義務について規定しているが、これらは夫婦間において相互に相手方に対して負う義務であって、第三者との関係で夫婦の一方に何らかの作為義務を課するものではなく、しかも、同居の義務についてはその性質上履行を強制することができないものであり、協力の義務についてはそれ自体抽象的なものである。また、

扶助の義務はこれを相手方の生活を自分自身の生活として保障する義務であると解したとしても、そのことから直ちに第三者との関係で相手方を監督する義務を基礎付けることはできない。そうすると、同条の規定をもって同法714条1項にいう責任無能力者を監督する義務を定めたものということはできず、他に夫婦の一方が相手方の法定の監督義務者であるとする実定法上の根拠は見当たらない。」と判示している。

　上記については、結論として、「精神障害者と同居する配偶者であるからといって、その者が民法714条1項にいう『責任無能力者を監督する法定の義務を負う者』に当たるとすることはできない。」とした。

　(a)・(b)から、上告審判決は、Y₁がAを「監督する法定の義務を負う者」に当たらないと判示した。なお、Y₁はAの「配偶者」であるが、同時に、Aの「保護者」でもあったが、いずれも、Aに対する「法定監督義務者」該当性は否定されたことになる。また、Aの長男Y₂もまた、「Aを『監督する法定の義務を負う者』に当たるとする法令上の根拠はない」と判示した。

　以上より、「判旨1」では、Y₁・Y₂の「法定監督義務者」該当性を上告審判決は否定し、本件では「法定監督義務者」は存在しないこととなった。

　なお、保護者・成年後見人・配偶者のいずれについても「法定監督義務者」に該当しないという上告審の判断については、保護者・成年後見人については近時の有力説とも一致する結論であり、配偶者についても、夫婦間の協力・扶助義務の規定を根拠として第三者に対する関係で配偶者が「法定監督義務者」となるという見解は従来の学説には存在せず、原審判決以降は賛否が分かれていた[17]。配偶者については、高齢者の場合に配偶者を「法定監督義務者」とすることは現実的でないことを考えれば、本事件のようなケースにおいて、保護者・成年後見人・配偶者のいずれについても「法定監督義務者」に該当しないという上告審の判断は十分理解できるところである。

---

(17)　原審判決が採用した見解であるが、米村滋人・「判批」判例評論677号（判例時報2256号）6頁はこれを支持するが、他方、久保野恵美子「法定監督義務者の意味」論究ジュリスト16号40頁はこれを困難として否定する。

⑵　「法定の監督義務者に準ずべき者」（民法714条1項類推適用）の損害賠償責任（「判旨2」）

　問題は、「判旨1」において法定の監督義務者に該当しないとされた者であっても、監督義務を引き受けたとみるべき特段の事情が認められる場合には、「法定の監督義務者に準ずべき者」（「準監督義務者」）として、損害賠償責任を負うという枠組みを上告審判決が打ち出したことである。これは、民法714条1項類推適用とすることから「事実上の監督者」構成と変わらないとも評される。

　「特段の事情」とは、「法定の監督義務者に該当しない者であっても、責任無能力者との身分関係や日常生活における接触状況に照らし、第三者に対する加害行為の防止に向けてその者が当該責任無能力者の監督を現に行いその態様が単なる事実上の監督を超えているなどその監督義務を引き受けたとみるべき」事情とされる。

　そして、「特段の事情」が認められる場合には、「衡平の見地から法定の監督義務を負う者と同視してその者に対し民法714条に基づく損害賠償責任を問うことができるとするのが相当であり、このような者については、法定の監督義務者に準ずべき者として、同条1項が類推適用されると解すべきである（最高裁昭和56年（オ）第1154号同58年2月24日第一小法廷判決・裁判集民事138号217頁参照）。」と判示している。

　その上で、「ある者が、精神障害者に関し、このような法定の監督義務者に準ずべき者に当たるか否かは、その者自身の生活状況や心身の状況などとともに、精神障害者との親族関係の有無・濃淡、同居の有無その他の日常的な接触の程度、精神障害者の財産管理への関与の状況などその者と精神障害者との関わりの実情、精神障害者の心身の状況や日常生活における問題行動の有無・内容、これらに対応して行われている監護や介護の実態など諸般の事情を総合考慮して、その者が精神障害者を現に監督しているかあるいは監督することが可能かつ容易であるなど衡平の見地からその者に対し精神障害者の行為に係る責任を問うのが相当といえる客観的状況が認められるか否かという観点から判断すべきである。」と判示している。

　「判旨2」については、「法定監督義務者」に該当しない者であっても、監

督義務を引き受けたとみるべき特段の事情が認められる場合には、「法定の監督義務者に準ずべき者」(「準監督義務者」) として民法 714 条の責任を負うことが含まれており、対象が近親者に限られないなど「準監督義務者」の範囲を拡大する方向性を有しており、近親者以外の者が民法 714 条の責任を負う可能性がある。この延長上には、医療機関や介護施設が、民法 714 条 2 項の代理監督者責任ではなく、同条 1 項の準監督義務者責任を負うとする木内裁判官補足意見があり、これについては不当として批判する見解[18]が多い。

　また、本事件へのあてはめにおいても、Y_2 が「準監督義務者」にあたるとする裁判官が 5 名中 2 名あり、認定が紙一重であった[19]とも評しうるであろう。

(3)　Y_1・Y_2についてのあてはめ (「判旨 3」・「判旨 4」)

　上告審判決は、前述の基準に基づいて、Y_1・Y_2 に対して、それぞれあてはめを行って、それぞれ、「監督義務を引き受けていたとみるべき特段の事情」の有無を判断している。

　まず、Y_1 について。A は、「平成 14 年にはアルツハイマー型認知症にり患していたと診断され、平成 16 年頃には見当識障害や記憶障害の症状を示し、平成 19 年 2 月には要介護状態区分のうち要介護 4 の認定を受けた者である。」とし、これに対して、「Y_1 は、長年 A と同居していた妻であり、第一審被告 Y_2、B (Y_2 の妻) 及び C (Y_2 の妹) の了解を得て A の介護に当たっていたものの、本件事故当時 85 歳で左右下肢に麻ひ拘縮があり要介護 1 の認定を受けており、A の介護も B の補助を受けて行っていた」という事情から、「第一審被告 Y_1 は、A の第三者に対する加害行為を防止するために A を監督することが現実的に可能な状況にあったということはできず、その監督義務を引き受けていたとみるべき特段の事情があったとはいえない。」と判示した (「判旨 3」)。

　次に、Y_2 について。「Y_2 は、A の長男であり、A の介護に関する話合いに加わり、妻 B が A 宅の近隣に住んで A 宅に通いながら第一審被告 Y_1 による A の介護を補助していたものの、第 1 審被告 Y_2 自身は、横浜市に居住して東

---

(18)　例えば、米村滋人・前掲論文 56 頁参照。
(19)　米村滋人・前掲論文 55 頁参照。

京都内で勤務していたもので、本件事故まで 20 年以上も A と同居しておらず、本件事故直前の時期においても 1 箇月に 3 回程度週末に A 宅を訪ねていたにすぎない」という事情から、「Y₂ は、A の第三者に対する加害行為を防止するために A を監督することが可能な状況にあったということはできず、その監督を引き受けていたとみるべき特段の事情があったとはいえない。」と判示した（「判旨 4」）。

「判旨 3」はともかく、「判旨 4」については、例えば、Y₂ 自身も、A 宅の近隣に転居して、介護に従事していたならば、結論は逆転したのではないかと思われる。

(4)　若干の整理

吉村良一教授は、「認知症者が事故を起こした場合の責任のありようについては、認知症者の状況、介護の状況、事故の態様等が極めて多様であることから、最高裁が行ったような様々な要素の総合的な考量を行うことは避けられない。そして、その結果、本件においては介護していた家族に責任なしとした結論も、当該事件の介護の実態から見て是認できる。問題は、そのような個別的総合的な判断を行う枠組みである。」とし、以下の 3 つの方法が考えられるとし、有益な議論の整理を行っている[20]ので、以下紹介する。

「一つは、最高裁（法廷意見）が行った、714 条の監督義務者ないしそれに準ずる者にあたるかどうかに関して考慮するという方法である（①）。第二は、岡部・大谷意見のように、法定監督義務者ないしそれに準ずる者にあたるとした上で、ただし書き免責を認めるかどうかにおいて考慮する方法である（②）。最後は、本件の各判決に関する評釈の中で有力に主張された、本件においては監督義務者ないしそれに準ずる者はいないとして 714 条ではなく 709 条で考えるべきであり、709 条の過失の有無に関して考慮するという方法である（③）。」

そのうえで、吉村良一教授は、私見としては、③の方法を支持されている。いずれの見解も成り立ちうると思われるが、監督義務者ないしそれに準ずる

---

(20)　吉村・再検討 894 頁参照。

者の範囲が拡大する余地を残さないためには、本件においては監督義務者ないしそれに準ずる者はいないとして民法714条ではなく民法709条で考える③の方法が有益かと考える。

4．若干の検討

(1)　本事件の特質について

「JR東海認知症高齢者事故訴訟」に対しては、鉄道事故で亡くなった高齢者が「加害者」にされるのは問題であるとの見解も表明されている[21]。この訴訟において原告が賠償を請求したものは、原告会社に生じた振替輸送等による経済的損失であり、認知症者の生命の価値はそもそも最初からカウントされていない。多くの国民が抱いたであろう「違和感」[22]の正体はそこにあると思われる。

もとより、上記のような損害賠償請求自体は、原告会社の正当な権利の行使であることはいうまでもないが、このような事故の当事者である鉄道会社自体が、以下に述べるように、常にその正当な権利を行使してきたわけではないという事実を確認しておく必要があるだろう。

そもそも、「JR東海認知症高齢者事故訴訟」は、かなり特異な事情が投影された事件であったのではなかろうか。というのも、毎日新聞記事[23]によれば、認知症者の事故と鉄道会社の対応例では、JR各社で遺族への請求を行ったのは、JR東海の1件（720万円請求）のみで、他のJR各社では請求していない（4件）。私鉄の場合には請求事例が多い（5件中4件）が、金額が最大でも137万円に留まる。（**表2**）でみれば分かるとおり、JR東海のこの事件は突出しているといってよい。

このあたりの事情について、裁判所の認定した事実によれば、亡くなった認知症高齢者は元不動産業者であり、「不動産を除く預金等の金融資産の額

---

(21)　金川めぐみ「在宅介護の視点からみた認知症高齢者鉄道事故最高裁判決の意義と課題」賃金と社会保障1666号7頁、日下部雅喜・前掲論文44頁他参照。

(22)　日下部雅喜・前掲論文44頁は、認知症高齢者を「加害者」とする違和感をぬぐえないとしている。

(23)　毎日新聞2014年1月12日付参照

表2　認知症の事故と鉄道会社の対応例

事故年月		鉄道会社名	遺族への請求額	運休本数	影響人員
			<JR 各社>		
2007 年	12 月	JR 東　海	720 万円	34 本	27,400 人
2009 年	5 月	JR 九　州	請求なし	6 本	1,200 人
2010 年	9 月	JR 東日本	請求なし	8 本	1,900 人
2011 年	1 月	JR 西日本	請求なし	30 本	17,000 人
2011 年	7 月	JR 北海道	請求なし	37 本	1,0500 人
			<その他>		
2005 年	12 月	名　鉄	80 万円	12 本	5,000 人
2009 年	11 月	南　海	請求なし	34 本	93,000 人
2011 年	6 月	東　武	16 万円	6 本	3,900 人
2012 年	3 月	東　武	137 万円	52 本	21,000 人
2013 年	1 月	近　鉄	80 万円	33 本	15,000 人

（出典：毎日新聞 2014 年 1 月 12 日付　東京版 朝刊）

面だけでも 5,000 万円を優に超える」資産があったとされる。おそらく相応の不動産も所有していたものと思われる。裕福な家庭であったから、狙い打ちにされた印象が拭えない。遺族側の代理人弁護士によると、鉄道会社側は、請求債権額を超える保証金を積んでまで、自宅不動産の仮差押えを行ってきたという[24]。鉄道会社側としては、事故で亡くなったのが認知症高齢者かどうかは、問題ではなく、振替輸送等で発生した鉄道会社側損害の賠償に、十分な資産があるにもかかわらず応じない遺族側の対応は論外であり、訴訟に持ち込んだのであろうが、却って、鉄道会社側の尋常ならざる対応が浮き彫りになったのは否定できない。

　ところで、（**図2**）の事故現場写真で分かるとおり、駅ホーム端の扉が施錠されていれば、亡くなった認知症高齢者は事故に遭わなかった可能性があると考えられる[25]。鉄道会社側で、安全確保義務を尽くしていたかどうかは、本来であれば、当然に問題となる争点と思われる。もちろん、本件事故発生につき鉄道会社側に安全確保義務違反（「過失」）があると考えることができるかど

---

(24) 浅岡輝彦・前掲論文 37 頁参照。
(25) 亡くなった認知症高齢者がどのような経路を通って事故現場に到達したかについては、当事者間の主張に争いがあるが、第二審判決での認定がもっとも説得力があると考えられる。

図 2　事故現場
（出典）2016 年 3 月 2 日　静岡新聞　朝刊 29 頁

うかは見解が分かれると思われる。この点に関しては、(3)にて検討したい。

(2)　最高裁判決の評価について

　冒頭、本事件最高裁判決の結論は妥当だが、判決には、監督義務者責任が家族に生じる余地が法理論上残されており、慎重に検討を行う必要があると述べた。

　認知症高齢者の家族や予備軍である多くの国民としては、上記判決の意義と限界を正確に知ることがまず重要であると考える。

　最高裁判決の問題点は、認知症高齢者等の精神障害者に対する「準監督義務者」と認められる判定基準にあると思われる。本事件の Y_2 が、仮に横浜ではなく A の近隣に居住して、日常的な接触の程度が上がれば、精神障害者を現に監督しているかあるいは監督することが可能かつ容易であるという判断がなされる可能性があることである。より手厚い在宅介護を目指せば「準監督義務者」として賠償責任を負担する可能性も高まることにならないか。裏返せば、賠償責任を負担したくないなら、より疎遠になるしかないわけで妥当とは思われない。

　また、「準監督義務者」の範囲の拡大について、監督義務を引き受けたとみ

るべき特段の事情が認められる場合には、近親者でなくとも「法定の監督義務者に準ずべき者」として民法714条の責任を負うことがあるならば、医療機関や介護施設が不測の賠償責任を負う可能性が生じうるので問題があると考える。

(3)　鉄道事業者の安全確保義務

　本事件では、被告らは、原告会社には、駅構内について駅係員による監視を十分行わず、駅ホームの先端のフェンス扉を施錠していなかった点で、鉄道事業者として鉄道利用者に対して負う安全確保義務違反の過失があった旨主張しているが、裁判所はこの主張を認めていない。

　もっとも、第二審では、被告ら主張への応接がなされ、乗降したと推測される「駅での利用客等に対する監視が十分になされておれば、また、降車駅ホーム先端のフェンス扉が施錠されておれば、本件事故の発生を防止することができたと推認される事情もあった」旨の指摘があり、損害賠償額減額の考慮事由に含まれていると判断しており、注目される（鉄道会社側の過失は否定）。他方、最高裁判決ではこの点については何も判示していない。

　鉄道の施設につき通常備えるべき安全性を欠くとして民法717条に基づく土地工作物責任または鉄道会社の安全確保義務違反が問題とされた裁判例が散見される。

　例えば、そもそも、電車軌道敷内には人の立ち入りが禁止されているところ（鉄道営業法37条、42条1項3号）、当該軌道敷の構造、場所的環境、周辺地域の利用状況等、諸般の具体的な事情を考慮して、通常予測され得る危険につき、その発生を防ぐための保安設備を欠く場合には、その種の工作物として通常備えるべき安全性を欠いているものとして、民法717条の土地の工作物の設置または保存に「瑕疵」があるものと解すべきであるとしつつ、「右予測の範囲を超えて、およそ考え得るあらゆる危険の発生を防止し得るに足る保安設備を要するものと解すべきではない」として、被告鉄道会社の責任を否定した事例がある[26]。

---

(26) 奈良地判昭和59・8・24判例時報1142号107頁参照。

　また、商法590条による損害賠償責任を認めた事例では、私鉄特急の通過駅で、電車の通過によって生じた風によって、幼児がプラットホームに頭を叩きつけられて死亡した事故につき、安全運送義務を尽していなかったとして、私鉄会社に損害賠償を命じている[27]。

　もちろん、本事件との比較検討が可能かどうかについては検討を要するが、いずれにしても、鉄道会社側の安全確保義務違反等をめぐる裁判例の動向を検討する作業が今後の課題となろう。

(4)　自動車事故における「徘徊」ケース

　本事件のような鉄道事故と対比する上で、例えば、「徘徊」等により自動車事故に遭った認知症高齢者に対する損害賠償においてどのような処理がされているかを検討することは意味があろう。実際、夜間に「徘徊」していたと思われる認知症者が自動車事故に遭い、加害者に自賠法3条に基づく損害賠償責任が認められたケースがある。

　アルツハイマー型認知症（自賠法施行令別表第2第3級第3号該当）の既存障害があった被害者（79歳）が、中央分離帯を乗り越えて、車道に侵入し、被告車にはねられて受傷したケースについて、本件事故の発生については、被害者にも過失が認められるなどとして事故によりアルツハイマー型認知症が悪化し、同別表第1第1級第1号の後遺障害を残したことにつき、後遺障害慰謝料として1450万円を認めた事例[28]である。

　本事例は、夜間の「徘徊」ケースとみられる事案であるが、車間距離が十分確保できていれば、衝突は回避可能であったとして、自賠法3条に基づく損害賠償責任が認められた。本件事故の発生については、被害者にも高速道路に立ち入った過失が認められるなどとして、被害者と加害者の過失割合を3対7と認定し、被害者の損害は全額賠償済みであるとして、原告の請求は棄却されている。

　「徘徊」によって鉄道事故に遭うか自動車事故に遭うかで、立ち入りが禁止されている場所に立ち入ってしまう行動自体は何ら変わるところがないにも

---

(27)　大阪地判昭和56・9・29判例時報1047号122頁参照。
(28)　さいたま地判平成27・8・5交通民集48巻4号963頁参照。

かかわらず、大きな差が出てしまう可能性は否定できない。

　もちろん、自賠責保険制度によって、被害者救済が図られているケースと本事件のような鉄道事故とを同列には扱うことはできないが、過失相殺がなされるにしても、自動車事故においては、被害者の生命や健康の価値が曲がりなりにも賠償額算定上対象となるのに対し、本事件のような鉄道事故では、原告会社に生じた振替輸送等により発生した経済的損失のみが訴訟の争点であり、認知症者の生命の価値はそもそも最初から評価されないことが背景にある（しかも「加害者」として扱われる）。

⑸　小　括

　まず、本事件については、認知症高齢者の家族が裕福な家庭であったから、狙い打ちにされたかどうかは措くとしても、（表２）が物語るように、JR各社の同種事案では本事件以外には遺族に請求を行っていないという事実がある。まずは、鉄道会社が事故発生についてのリスクを負担することが、事故回避についての取組みを促すことにも繋がり、現実的と考える。本事件でいえば、問題の扉に施錠するだけで事故を回避できた可能性があり、ホームドア設置のような多額の費用も要しないから鉄道会社としては大きな負担にもならない。

　次に、本事件では、原告会社に生じた振替輸送等により発生した経済的損失のみが訴訟の争点となった。このような訴訟自体を否定するものではないが、そのような訴訟では、認知症者の生命の価値はそもそも最初から評価されないことになる。鉄道事故の事案においても、本事件のようなケースにおいては、駅ホームの先端のフェンス扉を施錠していなかった点を軽視すべきではなかろう。鉄道の施設につき通常備えるべき安全性を欠くとして民法717条に基づく土地工作物責任または鉄道会社の安全確保義務違反の問題として検討されるべきである。

　また、自賠責保険制度により被害者救済が図られているケースと本事件のような鉄道事故とを同列には扱うことはできないとしても、自動車事故賠償の事案において、認知症者の夜間の「徘徊」ケースとみられる事案で自賠法３条に基づく損害賠償責任が認められた裁判例があることも注目すべきである。

5．むすびにかえて

　本稿では、JR 東海事件を契機として、認知症高齢者の鉄道事故と遺族の損害賠償責任に対して若干の検討を行った。本事件についても、法理論的な検討が引き続き課題として残されている。今後の課題として残された問題は多岐にわたるが、以下でそのいくつかに触れてむすびとする。

(1)　関連訴訟等について

　本稿では、検討できなかったが、責任弁識能力のない未成年者がサッカーボールを蹴って他人に損害を加えた場合において、親権者の監督義務者責任が否定された事件（「サッカーボール事件」[(29)]）、及び、施設から無断外出した責任無能力者（知的障害者）を避けるため転倒したバイク運転者が死亡した事件において、施設の代理監督者責任が争点となった「静岡知的障害者施設交通事故死事件」[(30)]についても、今後の検討課題である。

(2)　社会全体としての支援の必要性について

　我が国においては、超高齢社会を迎え、認知症高齢者等の施設収容には限界があり、地域社会への包摂方策が目指されている。基本政策として、2015年 1 月 27 日に公表された「認知症施策推進総合戦略〜認知症高齢者等にやさしい地域づくりに向けて〜（新オレンジプラン）」[(31)]（厚生労働省）があり、これは、内閣官房、内閣府、警察庁、金融庁、消費者庁、総務省、法務省、文部科

---

(29)　最一小判平成 27 年 4 月 9 日民集 69 巻 3 号 455 頁。城内明「責任能力を欠く未成年者に対する親権者の監督義務〈民事判例研究 963〉」法律時報 89 巻 2 号 124 頁、久保野恵美子「民法 714 条 1 項ただし書が定める『監督義務者がその義務を怠らなかったとき』」ジュリスト 1492 号 81 頁、松原哲「責任能力なき未成年者の行為と監督者責任：監督者の免責を中心に」関東学院法学 26 巻 3・4 号 77 頁を参照。
(30)　静岡知的障害者事件については、静岡新聞 2015 年 10 月 30 日付記事、静岡新聞 2015年 3 月 28 日付記事参照。このほか、社会保障・社会福祉判例（静岡知的障害者施設交通事故死事件——地裁・高裁判決）賃金と社会保障 1659 号 40 頁〜55 頁参照。
(31)　厚生労働省のサイト参照（2024 年 11 月 3 日閲覧）。
　　　https://www.mhlw.go.jp/stf/seisakunitsuite/bunya/nop_1.html

学省、農林水産省、経済産業省及び国土交通省といった、関係省庁と共同して策定され、認知症高齢者等の日常生活全体を支えていくための基盤とされる。

　このようななかで、一部ではあるが、独自の対応策を取ることを発表した地方自治体があり注目される。市内に 32 の踏切を抱え踏切事故の多い神奈川県大和市のケースである。同市では、認知症の高齢者が「徘徊」中に踏切事故に遭うなど、不測の事態で家族が高額の損害賠償を求められるケースに対応するために、賠償金として最大 3 億円が支払われる保険に加入することを発表した(32)。同市によると、認知症高齢者の家族から「事故が起きた場合、どこまで責任を負うのか」といった相談があったことから、公費で民間保険会社と契約して対応することにしたもので、公費によるこうした取り組みは全国で初めてとされる(33)。

　なお、愛知県大府市でも、2018 年度から、認知症市民の「徘徊」事故について同様の制度（賠償金の上限は 1 億円）を新設することが決まった(34)。全国で 2 例目にあたる。同市は、本事件の発生した文字通りの地元でもある。

　また、損害保険制度ではなく、給付金の支給を目指している例も出ている。神戸市では、認知症と診断された高齢者らが起こした事故などについて、上限付きの給付金を支給する全国初の救済制度を創設することを決定した。もっとも、多額の損害賠償請求が見込まれる鉄道事故を対象に含めるかは、引き続き検討するとされているが、この例も注目される(35)。

　上記のような民間の損害保険制度を活用する方法や給付金支給は現実的な方法であり、各自治体レベルで対応可能であるから、認知症高齢者を抱えた家族等の不安を軽減させるためには評価すべき取り組みかと思われる。な

(32) 2017 年 8 月 25 日付東京新聞記事参照。
(33) 前掲・東京新聞記事によると、制度の対象は、徘徊の危険性が高いとして、発見や保護を目的に市と関係団体がつくる「はいかい高齢者等 SOS ネットワーク」に登録している人（2017 年 7 月末時点で 237 人）同市は 323 万円を補正予算案に盛り込み、市議会に提案することになっている。なお、同記事によると、保険金は、鉄道会社などへの個人賠償責任が認められた場合、最大 3 億円の範囲内で肩代わりすることとなっているほか、対象者が事故で亡くなった場合は遺族に最大 300 万円、入院や通院した場合にも 1 日 1200〜1800 円が支払われる契約になる見通しとされている。
(34) 2017 年 12 月 31 日付中日新聞記事参照。
(35) 2017 年 11 月 4 日付毎日新聞記事（東京夕刊）参照。

お、民間の損害保険制度を利用する限りは、原則として、損保会社からの求償の問題が残されることに留意すべきであると思われる。

ところで、自動車事故賠償においては、ひき逃げや無保険車などのように自賠法3条に基づく賠償義務者を見いだすことができない場合に、被害者救済の観点から、公費による補償を行う制度（「政府補償事業」）が存在する（自賠法72条）。将来的には、本事件のような事故においても、損害賠償とは切り離されたなんらかの公的措置を講じる必要があると思われるが、自賠法の上記「政府補償事業」がヒントになろう[36]。どのような制度設計を行うことが可能であるか等の詳細な検討は今後の課題としたい。

以上、認知症高齢者の事故については、鉄道会社がまず事故リスクを負担すべきだが、自治体などが保険に入ることも含め、社会全体としてのなんらかの支援（保険等）が検討されるべきかと思われる。

(3)　民事責任理論の再構築について

精神障害を理由とする責任無能力者が加害者である場合の賠償責任について、民法713条の責任無能力者免責を見直す（いわゆる「衡平責任」の導入）のか[37]、それとも、民法714条が機能しないのであれば改めて民法の中で監督義務者を明示するのかという問題[38]が不可避となるという見解が有力になっている。民法の中で監督義務者を明示するという後者の見解は、精神障

---

(36)　窪田充見「成年後見人等の責任――要保護者の不法行為に伴う成年後見人等の責任の検討を中心に――」窪田充見・水野紀子編『財産管理の理論と実務』（日本加除出版、2015年）125頁参照。なお、自動車損害賠償保障法72条（填補請求）の制度は、ひき逃げ等の加害者不明の場合に、被害者救済のために設けられた制度であり、加害者がその後判明した場合には、政府は、自動車損害賠償保障法72条第1項の規定による損害のてん補をしたときは、その支払金額の限度において、被害者が損害賠償の責任を有する者に対して有する権利を取得する（同法76条第1項）ので、その場合には当然ながら求償が行われる。

(37)　星野英一「責任無能力者・監督義務者の責任」ジュリスト918号86頁によれば、①「無能力者の衡平上の責任」の導入、②714条責任の補充性の否定、及び、③代理監督者責任（民714条2項）による裁量減額の導入の3点が根幹となる。この点について、大澤逸平「責任無能力者の行為に起因する損害の『帰責』と『分配』――名古屋高判平成26年4月24日をめぐる覚書――」専修ロージャーナル第10号83頁参照。このほか、加藤一郎『不法行為（増補版）』（有斐閣、1974年）142頁等参照。

(38)　窪田・時論62頁～68頁参照。

害者の家族の負担を軽減してきたこれまでの流れに逆行することは否定できない。いずれの見解にせよ、「賠償義務の所在が明確になることは、そのリスクを負う者が賠償責任保険によって対応することをより容易なものとし、促すことになるのではないだろうか」とする指摘がある[39]。制度設計を行う場合に、とりわけ、責任保険との接続を考慮すれば賠償義務の所在を明確にすることの意味は十分理解できるが、民間の責任保険制度との関係を優先するという発想があるならば、いささか疑問である。

　なお、本件のような事案ではなく、私人間における加害行為において、被害者に損害が生じたにもかかわらず、精神障害を理由として責任能力がないとして免責となる加害者が、被害者に比べ十分な資力があるような場合であれば、責任無能力者の免責を一定制限するという考え方（衡平責任）は立法論としてはありうるだろうと思われる。比較法的にも、例えば、ドイツ民法829条は「衡平に基づく損害賠償責任」の規定を有し、責任無能力者であっても、「監督義務を負う第三者に対して損害賠償を求めることができない場合に限り、諸事情、特に当事者間の関係に照らし損害塡補をなすことが衡平によって求められ、かつ、その者が相応な生計ならびに法律上の扶養義務の履行のために必要な資力を失わせない限度で、損害を賠償しなければならない」と規定している[40]。

　我が国において、未成年者はともかく、精神障害を理由とする責任無能力者について、特別法の改正によって、そもそも監督義務者が存在しないことになり、民法714条に基づく責任追及がなしえない状況が生じるのであれば、民事責任理論の再構築が求められることとなろう。

　なお、衡平責任を志向する方向とは一見逆の発想になるように思われるが、認知症高齢者との共生を社会として実現するのであれば、認知症高齢者の行為から不幸にも被害が生じてしまった場合には、共生することの「負担」であって損害賠償の問題を生じないとの考え方[41]もありうるところである。社会全体としての支援の問題ともすりあわせることも必要になると思われる。

　いずれにせよ、詳細な検討は今後の課題としたい。

（39）　窪田・時論 68 頁参照。
（40）　窪田・立法的課題 84 頁以下参照。

⑷　超高齢社会に対応した司法制度の構築について

　なお、本稿のテーマと直接の関連はないが、超高齢社会に対応した司法制度の構築について、裁判所の協力も得て実施される基礎的調査・研究が注目される。東京大学社会科学研究所に設置された「超高齢社会における紛争経験と司法政策プロジェクト」[42]であり、2016年度〜2020年にわたり、超高齢社会に対応した紛争や司法制度に対する大規模基礎調査が実施された。

　本調査・研究においては、⑴全国の市民を対象に実施する紛争経験および相談機関利用経験のサーベイ調査（紛争経験調査）、⑵訴訟手続の利用者（当事者）および代理人（弁護士）を対象に実施する訴訟利用経験のサーベイ調査（訴訟利用調査）、⑶これら2つのサーベイ調査の回答者のうちの応諾者を対象として実施するインデプス・インタビュー調査（面接調査）の計3つの調査を行う予定とされている（同プロジェクトのサイトによる）。

　同調査・研究については、2017年度日本法社会学会ミニシンポジウム（2017年5月28日、於早稲田大学）において、「超高齢社会の法社会学研究の課題：大規模サーベイ調査に向けた理論的・方法論的検討」と題する概要の報告があり、筆者も拝聴する機会があった。上記プロジェクトにおける調査・研究によって、有益な知見が得られるものと期待される。

---

(41)　浅岡輝彦弁護士は、「私は、認知症高齢者も健常者と同じ社会の構成員として、地域社会の中で他の人々と共生できる社会でなければならないと考えていて、そのため鉄道事業のように危険を必然的に生み出す事業を営む企業は、障害者の事故を最小化するため、安全確保のためインフラ整備を間断なく続けることが求められ、健常な人々もまた、少し変だと感ずることがあれば声かけする程度の行為をすることを求められて不合理ではないと考えます。もともと認知症高齢者のなしうる行為は、ごく限定されていることを直視すると、大企業と個人ではなく、個人と個人の間の問題としても人身御供的に監督者を作りあげ、その人に責任を負わすのではなく、考え方の基本として、歩くとか、話すとか、少なくとも人間の基本的な生存に関わる行動によって不幸にも被害が生じてしまった場合には、それは自然災害や無主の動物などの行為によって生じたのと同様、共生することの負担であって、損害賠償の問題は生じないと整理したいと考えます。」としている（前掲論文41頁）。傾聴すべきと思われる。

(42)　「超高齢社会における紛争経験と司法政策」は、日本学術振興会科学研究費補助金・基盤研究（S）（研究代表者：佐藤岩夫、研究課題番号：16H06321）の助成を受けて行われた。同研究の概要及び研究成果については、同プロジェクト（http://web.iss.u-tokyo.ac.jp/cjrp/）及び科研費のサイト（https://kaken.nii.ac.jp/ja/grant/KAKENHI-PROJECT-16H06321/）参照（2024年11月3日閲覧）。

第2部　現代民事責任論と損害賠償制度

第1章　原子力損害賠償制度に関する基礎的考察

1. はじめに

　本稿では、原子力損害賠償制度に関する基礎的考察を行う。わが国における原子力開発は、昭和41年の日本原電東海発電所の営業運転開始以来、既に30年近くの期間が経過した。いわゆる「原子力三法」の成立からは40年近くになろうとしている。そして、近年においては、いわゆる核燃料サイクル基地が青森県六ケ所村において操業を開始し、海外から返還される高レベル放射性廃棄物の一時貯蔵が間もなく始まろうとしており、また、再処理工場の建設も進められている。そして、エネルギー自給を大義名分にプルトニウムを利用した核燃料サイクル路線が追求されている[1]。国際的には、ソ連崩壊後、核燃料の管理についての不安が増大し、とりわけプルトニウムの利用には批判が強まっている。先進諸国の大半が放棄した高速増殖炉の建設に未だ固執するなど問題は多い。このように、わが国の原子力開発をめぐる状況は、この30～40年間で大きく様変わりした。

　しかし、原子力法制、とりわけ、原子力損害賠償法制は、この間賠償措置額の改訂（50億円→300億円）等を除けば、目立った変化をしていない[2]。大きな事故がその間になく、原子力損害賠償法の適用自体がなかったためであるが、これは、原子力損害の発生がなかったことを意味するものではない。仮に、大事故が発生しないとしても、原子力関連施設の立地に伴いさまざまな問題や被害が発生してきたし今後も発生する可能性は大きい。初期に建設された原子力発電所の原子炉はそろそろ廃炉の時期を迎えることになり、膨大な核廃棄物が生み出される可能性がある[3]。このような状況の下で、民事

---

(1)『原子力白書（平成5年版）』17頁参照。
(2) 改正は現時点で10回行われているが損害賠償の基本構造の変化はない。

法学の立場から検討を要する課題が、2点挙げられる。

第一には、「原子力損害」の概念とその内容を検討し、これを再構成することである。具体的にいえば、原子力損害賠償法で救済される範囲はどこまでか、同法では救済されない損害が生じた場合に、これをどのように救済すればよいか、等の理論的検討を行うことである。実際に、各地で問題となり、訴訟も提起された「風評被害」の問題をどのように考えるかという点はこの問題に関連する。

第二には、既にかなりの程度発生していると考えられる原子力関連施設の労働者被曝の問題である。世界的には、原子力開発の初期段階で、研究者や技術者を中心にかなりの被曝事故が相次いでいる[4]。いろいろな事情から表面にでないが、かなりの労災事故が発生しているものと思われる。「原子力損害と労働災害」というテーマで今後検討を行う予定である。

以上のような問題意識から、本稿では、その準備作業として、わが国における原子力損害賠償法制の成立とその問題点、特に、国の補償責任の問題を中心に検討することにする[5]。

---

(3)　原子炉の廃炉の問題については、保木本一郎『原子力と法』(日本評論社、1988年)参照。

(4)　この問題については、中部電力浜岡原子力発電所で働いていた下請会社の作業員が白血病で死亡した事件について、磐田労働基準監督署が平成6年7月27に労働災害の認定を行ったことが大きく新聞報道されたことは耳目に新しい。朝日新聞平成6年7月28日付記事参照。このほか、この問題に力を入れて継続して取り組んでいた藤田祐幸他『ひよしむら通信』第8号(1994年11月20日)参照。また、世界のさまざまな事故例や問題点の指摘を行うものとして、一柳勝晤「残された諸問題——原子力産業労働者の放射線障害について——」ジュリスト236号56頁が、非常に有益である。

(5)　本稿は、その多くを以下の研究に負っている。下山俊次「原子力」『未来社会と法』(筑摩書房、1976年)、能美善久「大規模被害における国の役割——原子力損害の場合を中心として」民事研修389号、我妻榮「原子力二法の構造と問題点」ジュリスト236号、保木本一郎・前掲書、小賀野晶一「原発風評被損害賠償控訴事件」法律のひろば42巻10号、清水誠、中村剛次郎、小出裕章、石橋忠雄他 「第7回環境会議特集」公害研究17巻3号、日本弁護士連合会『核燃料サイクル施設問題に関する調査研究報告書』(1987年9月)、同『高レベル放射性廃棄物問題調査研究報告書』(1990年9月)、本間照光「揺れ動く米原発損害賠償制度」エコノミスト66巻32号(1988年7月19日号)、中島篤之助、市川富士夫、清水修二他『激変する国際情勢と核燃料サイクルの破綻——核燃料サイクル問題シンポジウム報告集』(日本科学者会議青森支部＋日本科学者会議原子力問題研究委員会、1992年)、高木仁三郎『プルトニウムの恐怖』(岩波書店、1981年9月)、原子力資料情報室『——いま再処理の是非を問う——「再処理を考える青森国際シンポジウム」報告集』(1994年10月)等。

２．原子力損害賠償制度の意義と問題点

⑴　原子力法制と原子力損害賠償法

　わが国初の商業用原子力発電所である日本原電東海発電所が営業運転を開始したのは昭和 41 年（着工は同 34 年）であったが、それ以前の昭和 30 年 12 月には、早くも、最初の原子力法制である、「原子力基本法」、「原子力委員会設置法」、および、「総理府設置法の一部を改正する法律」（いわゆる「原子力三法」）が成立した[6]。時恰も前年 3 月、ビキニ環礁におけるアメリカの水爆実験による第五福竜丸乗組員の被曝という事件が発生し、わが国の原子力開発はスタート時から、その危険性に対する不安を背負うかたちとなった。このような状況の下で、日本学術会議は、昭和 29 年 4 月に原子力研究についての声明を発表し、情報の完全公開と国民への周知、民主的運営と能力ある研究者の十分な協力、自主性ある運営という「原子力平和三原則」の堅持を政府へ申し入れ、原子力基本法成立時にはその提案が、同法第 2 条（基本方針）として「原子力の研究、開発及び利用は、平和の目的に限り、安全の確保を旨として、民主的な運営の下に、自主的にこれを行うものとし、その成果を公開し、進んで国際協力に資するものとする。」という条項に結実した[7]。

　そして、原子力施設に起因する被害に対する民事救済制度として、原子力委員会の決定や原子力災害補償専門部会の「答申」等を基礎として[8]、昭和 36 年に、「原子力損害の賠償に関する法律」および「原子力損害賠償補償契約に関する法律」（いわゆる「原子力二法」）が成立した。わが国の原子力損害賠償法制の意義としては、以下の 2 点を指摘できよう[9]。

　すなわち、第 1 点として、いわゆる四大公害訴訟等の到達点としての民事

---

(6)　下山・前掲書 492 頁。

(7)　下山・前掲書 493 頁。

(8)　原子力委員会の決定「原子力災害補償についての基本方針」（昭和 33 年 10 月 29 日）、原子力災害補償専門部会答申（昭和 34 年 12 月 12 日）、及び、原子力委員会決定「原子力損害賠償制度の確立について」（昭和 35 年 3 月 26 日）等。ただし、「答申」と実際成立した法律では、その立場に落差がある。我妻榮「原子力二法の構想と問題点」ジュリスト 236 号 6 頁以下参照。

(9)　下山・前掲書 532 頁以下参照。

責任論や公害関係の無過失責任立法の成立は、深刻な被害が発生し、その救済や被害の根絶を求めてやむなく訴訟という手段によって権利回復をめざした原告（被害者）の、それこそ命がけの運動の成果であったのに対し、原子力損害賠償法制は、被害の発生前に、しかも、原子力関連施設の操業開始以前に、既に民事救済制度が立法されていたという点で、際だった特色を有していることである。しかし、この特色は、「原子力施設の潜在的危険の大きさと、想定される原子力損害の特殊性に対する強い認識が、この新しい技術あるいは産業の社会的受容の条件として事前に救済制度の樹立を要請した」[10]ことを示すものにほかならない。第2点としては、原子力損害賠償法制が、他の民事責任法制に先駆けて無過失責任法制を導入した点である。当時では、土地工作物所有者の責任（民法717条）の解釈を除けば、無過失責任規定を持つ立法は鉱業法、水洗炭業法などきわめて少なかった。現在でこそ、公害関係立法にみられるような無過失責任規定をもつ立法や自動車損害賠償保障法などのように挙証責任の転換というかたちで事実上の無過失責任規定と評価されるもの（同法3条）も整備されているが、当時では、法形式上、先駆的なものであったことは間違いない。しかし、この点に関しても、他の法制は、公害や自動車事故による被害が重大なものになって、その救済のために立法されたゆえに、具体的な被害を前提とした損害賠償理論を構築したのに比べ、原子力損害賠償法制においては、少なくとも、わが国では[11]、具体的な被害が発生しない状態で立法されたため、損害保険法としての理論的整合性の問題は措くとしても、原子力損害の民事損害賠償理論における理論的位置づけという課題が依然として残されたままであることを認識しなければならないと思われる。

---

(10) 下山・前掲書533頁。

(11) 原子力施設からの放射能漏れなどの事故は、当時でも、カナダのチョーク・リバー研究所（1952年）、および、イギリスのウィンズケール研究用原子炉（1957年）など、一部では既に発生しており、後者では、汚染された牧草を食べた牛の牛乳が廃棄され、補償金の支払いが行われたという。下山・前掲書534頁注(1)、座談会「原子力災害補償をめぐって」ジュリスト236号22頁（杉村敬一郎発言）参照。

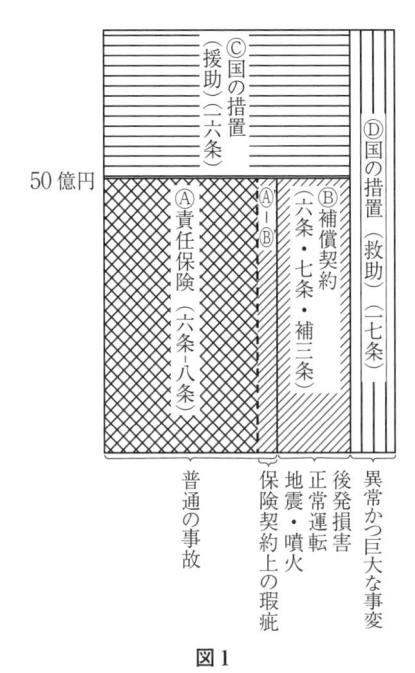

図1
（我妻榮「原子力二法の構想と問題点」ジュリスト 236 号 7 頁。）

(2) 原子力損害賠償法立法段階における対立

　そもそも、原子力委員会の原子力災害補償専門部会（部会長は我妻榮博士）の「答申」の構想は、次のようなものであった（**図1**[(12)] 参照）。

　「原子力事業から生ずる損害について、被害者に対する関係では、すべて国が責任を負う。その損害がいかなる原因に基づくときでも、すなわちⒶⒷⒸⒹすべてにわたり、被害者の一人でも泣きね入りはさせない。ただその原因の種別に従って、適当な範囲で、事業者に最終責任を負わせる。すなわち、Ⓐは責任保険をつけさせて保険金を提供させる。Ⓑは、事業設備の設置または保存に瑕疵があった場合にだけ、求償権をもつ。Ⓒは、原子力事業者に故意または重大な過失があった場合にだけ、求償権をもつ。Ⓐ'−Ⓑ'について

---

(12) 我妻・前掲論文 7 頁。

は、全額について求償権をもつ。Ⓓについては求償権のないことはいうまでもない。そして、主として求償権のない場合を考慮して、原子力事業者から常時一定比率の補償料を支払わせることもさしつかえない。」⁽¹³⁾

この「答申」の構想は、「原子力の平和利用という事業は、歴史上前例のないものである。その利益は大きいであろうが、同時に、万一の場合の損害は巨大なものとなる危険を含む。従って、政府がその利益を速進（ママ）する必要を認めてこれをやろうと決意する場合には、被害者の一人をも泣きね入りさせない、という前提をとるべきである。」⁽¹⁴⁾という思想を根拠とした。

他方、原子力損害賠償法立案時における大蔵省サイドの思想・論理は次のようなものであった。

「原子力事業といえども私企業である。私企業が第三者に損害を及ぼした場合に、被害者に対して国が賠償する責任を負う、ということは、現在の法律制度では、他に例もなく、理論としても許されることではない。国策の上から原子力事業を援助する必要があれば、国は助成・援助することは、さしつかえない。だから、賠償をするために企業がつぶれるなら、国は資金の斡旋もし、場合によっては助成金も支給する。それがⒸの範囲である。その場合にも、主たる目的は企業の助成であって、被害者の保護であるべきではない。」⁽¹⁵⁾

この中には、区別すべき二つの点が存在する⁽¹⁶⁾。第一は、私企業が第三者に与えた損害について国が直接賠償責任を負う法制度は例がないという点である。そして、第二は、他の産業において企業の与えた損害について補償をしないのに、なぜ原子力事業に限って国が原子力事業者あるいは被害者に保護を与えることができるのかという点である。

第一の点についていえば、ある事業を私企業で行うか公営にするかは、資金・経営組織などの効率から判断されることであって、被害者の保護の要否とは直接関係しない。従って、私企業の形態で行うことが適当とされた場合

---

(13) 我妻・前掲論文8頁。
(14) 我妻・前掲論文8頁。
(15) 我妻・前掲論文8頁。
(16) 能見善久「大規模被害における国の役割──原子力損害の場合を中心として」民事研修389号16頁。

においても、被害者に対して国が責任を持ってはならないということにはならない。そして、「私企業としての十分の監督と規制を加えつつ、救われない被害者を生じないように責任を持つという態度も十分の合理性をもつ。現に事業者に賠償能力がないときは助成するというのなら、それを正面から被害者保護のために補償金を交付するといってさしつかえない。いな、その方が一層適切である。」[17]ともいえる。あるいは、これまで、例がなくても、必要性があれば新しい制度を作ること自体に問題はない。ドイツにおいても、やはり原子力損害賠償法において認められた国家の補償はドイツ法では例のない新しいものであったが、革新的な立法として評価されたという場合もあるのである[18]。したがって、第一の点には、理由がないというべきである。

　次に、第二の点についていえば、この問題は、国家の資金を一部の者のために使用することの正当性の有無につながる。かつて、ドイツの国会では、サリドマイド薬害事件の被害者の救済に国家の資金を使用すべきか否かで激しい議論がなされたという[19]。この視点から、なぜ原子力事業に限って国が原子力事業者あるいは被害者に保護を与えることができるのかについては、政策論ではなく、法的問題として議論すべきである（その限りで大蔵省サイドの反対には理由がある）という見解は、一見説得的であるかのように見えるが、それは疑問である。それは、同一の論者が正しく述べているように、「私企業の自由な発展に任せてある産業分野ではなく、将来のエネルギー政策の観点から国がかかわる分野であり、そういう分野においては、他の産業と異なり、損害が生じた場合に国家補償が十分考えられる」[20]からである。原子力事業の特殊性といってよいであろう。さらに、そもそも、原子力事業者を単なる私企業一般と同一視するという前提そのものが、原子力産業の実態と大きく乖離するものであり、原子力事業の特殊性を無視する不当な前提といわねばならない。原子力産業は、例えば、原子炉の設置や放射性廃棄物貯蔵施設等の設置において、国家の強力な監督の下に置かれており、また、国家

　(17)　我妻・前掲論文 9 頁。
　(18)　能見・前掲論文 16 頁。
　(19)　能見・前掲論文 20 頁注（9）。
　(20)　能見・前掲論文 21 頁注（10）。

のエネルギー政策と密接不可分であることから、原子力事業者は経済的合理性のみによっては活動できないという、私企業としては特異な存在であって、国家の原子力事業にたいする責任を無視することは許されないと思われる。したがって、第一の点も、第二の点もともに理由がないと考えるべきである。

3．原子力損害の類型論的検討

(1)　原因行為による分類

　軍事利用を除いた原子力開発の過程において起こる可能性のある原子力損害としては、通常、以下の3つの場合を念頭に置くことが多い[21]。すなわち、

　　①原子力施設の正常運転時における微量の放射性物質の影響、

　　②事故時における多量の放射性物質の大気中、水中への放出、および、

　　③放射性物質または廃棄物の運搬、貯蔵、廃棄の過程における漏洩、である。

　わが国の法制上、「原子力損害」とは、「核燃料物質の原子核分裂の過程の作用又は核燃料物質等の放射線の作用若しくは毒性的作用（これらを摂取し、又は吸入することにより人体に中毒及びその続発症を及ぼすものをいう。）により生じた損害をいう」（原子力損害賠償法第2条2項）と規定され、原子力施設等の事故や放射線の人体等に対する直接の影響に限定されている。事故の場合か正常運転の場合かは関係がない[22]ので、右の3つの場合はすべて「原子力損害」に含まれることは明らかである。しかし、前述のように原子力損害賠償制度が早期に確立されたのは、②の場合に対する民事救済制度が原子力施設の立地・操業の前提となったからであり、大規模災害の救済という側面がやはり立法過程でも重視されたといってよい[23]。ここで問題となるのは、第1に、②ケースでの賠償対策として、そもそも原子力損害賠償法の立法・運

---

(21)　下山・前掲書534頁の分類による。

(22)　原子力損害賠償補償契約に関する法第3条2号は、「正常運転（政令で定める状態において行われる原子炉の運転等をいう。）によって生じた原子力損害」が政府の事業者に対する「補償損失」に含まれることを明文で規定する。

(23)　衆議院原子力問題特別委員会議事録による。

用にあたり、大規模事故の評価をどの程度行っているかという損害評価の妥
当性であり[24]、第2には、①〜③に共通する損害把握の困難性であり、第3
には、①〜③の場合以外の「間接損害」に対する救済手段が現在の原子力損
害賠償法制では準備されていないという「原子力損害」の「範囲」の限界の
問題である（この点が「風評被害」の問題に関係する）。

(2)　責任分担による分類

　わが国の原子力損害賠償法制では、国の関与する場合は、責任と保険の関
係上、以下の3つに分類される[25]。

　①原子力事業者に賠償責任が生じるが、保険契約上、保険者免責事由に該
当し、事業者自らが賠償しなければならない場合。このケースでは、「責任と
保険のギャップ」が生じるので、政府は原子力損害賠償法第10条の規定（原
子力損害賠償補償契約）に基づき、賠償責任を負う事業者に補償を行う。これ
は一種の補充的責任保険であって、政府からの補償を受けるためには、事業
者は政府に補償料を納付しなければならない[26]。

　②原子力事業者に賠償責任が生じるが、賠償措置額を超える多額の損害が
発生した場合。この場合には、原子力損害賠償法第16条1項の規定に基づ
き、「政府は、原子力事業者に対し、必要な援助を行う」ことになる。

　③原子力損害が発生したが、「異常に巨大な天災又は社会的動乱」によるた
め、原子力事業者が免責される場合。この場合には、原子力損害賠償法第17

---

(24) アメリカのブルック・ヘヴン国立研究所の報告「大型原子力発電所における大事故
　　の理論的可能性とその結果」（" Thoretical Possibilities and Consequences of Major
　　Accidents in Large Nuclear Power Plants" Wash-740. U.S.AEC, Mar. 1957.）やラス
　　マッセン報告（" An Assessment of Accident Risks in U.S. Commercial Nuclear
　　Power Plants" Summary Report. Wash-1400. U.S.AEC, Aug. 1974.）が有名であるが、
　　わが国でも、最初の商業用原子炉の操業前に、科学技術庁の委託調査『大型原子炉の
　　事故の理論的可能性及び公衆損害額に関する試算』（日本原子力産業会議、昭和 36 年）
　　が行われた。下山・掲書前 536 頁〜537 頁参照。
(25) 能見・前掲論文 10 頁。
(26) 政府の負う補償責任と事業者の納付する補償料との対価的均衡がとれているかど
　　うかは別問題である。この問題については、能見教授も判断を保留されているが（能
　　見・前掲論文 28 頁注（14））、事業者が原子力施設にかけている損害保険料に比べれ
　　ば、相当に低額であることは事実である。

条の規定に基づき、政府は、「被災者の救助及び被害の拡大の防止のため必要な措置を講ずるようにする」ことになる。

　それぞれの場合における問題点を検討する[27]。

　①について。

　いわゆる「責任と保険のギャップ」が生じるのは次のような事情による。すなわち、原子力事業者と原子力責任保険プールとの間に締結されている「原子力損害賠償責任保険契約約款」によれば、戦争・内乱等の「社会的動乱」によって生じた損害（同約款 7 条 2 項）、地震・噴火等による損害（同 7 条 4 項）、洪水・台風等によって生じた損害（同 7 条 5 項）、「施設の正常運転による原子力災害によって生じた損害」(同 8 条 1 項）等においては、仮に、原子力事業者が賠償責任を負担することになっても、保険者が免責（これは損害保険の一般理論によれば当然の結論となろう。）される結果、事業者に資力がなければ被災者は救済を受けられないからである。そこで、このギャップを埋めるために原子力事業者の補償損失を政府が補償するという手当が法制度上なされているのである。しかし、「補償の対象となる損失を限定列挙」しているため（原子力損害賠償補償契約に関する法律 3 条）、「保険契約の解釈、法律の解釈によっては、保険も補償もカヴァーしない原子力損害が生じる可能性」[28]が否定できない。例えば、正常運転時における農産物等の「風評被害」は同法 3 条 2 号に該当するのか、あるいは、同条 5 号（前各号に掲げるもの以外の原子力損害であって政令で定めるもの）に該当するのか、という問題などはまさしくこれに該当するであろう。

　②について

　「賠償措置額」を超える多額の原子力損害が発生した場合において、政府が「原子力事業者に対し、必要な援助を行う」ことは法的な義務なのか。あるいは、政府に法的義務が生じるとすれば、どの範囲まで具体的に援助を行う義務があるのか。これらの点について、原子力損害賠償法の規定は、政府の具体的な「補償」義務を定めたものではなく、「被害者の保護を図り、及び原子力事業の健全な発達に資する」目的（同法第 1 条）を達成するための措置にす

---

(27)　能見・前掲論文 12 頁。
(28)　能見・前掲論文 15 頁。

ぎないことは明らかである。政府に具体的な「補償」義務はないのである。また、政府の援助の範囲も、「国会の議決により政府に属させられた権限の範囲」(同法16条2項)にとどまる。逆に言えば、国会が権限を付与しない限り、法律上は政府の援助すら不可能なのである。

このように、この問題に関して、前述の「答申」と原子力損害賠償法とではスタンスがかなり異なることは明白である(29)。原子力損害賠償法の規定が「答申」に比べて被害者救済の点でかなり消極的なものになったのは、そもそも、原子力損害賠償法が被害者救済を主眼とした立法ではないという基本的な問題・欠陥を有しているからである。確かに、同法第1条の目的には「被害者の保護を図り」という文言が規定されているが、これについては、原子力災害の被害者に対し政府が直接責任を持つことに対する抵抗が大蔵省サイド等に強く、立法時に政府部内でも大論争になり、立案の最終段階でようやく盛り込まれたという経緯があったのである。したがって、「原子力事業の健全な発達」という目的に比べれば「被害者の保護」は従たる位置に置かれているといわざるをえない。

③について

「異常に巨大な天災又は社会的動乱」がどのようなものを指すかについては、立法の段階で問題となった。地震でいえば、関東大震災の3倍以上の規模がこれにあたり、社会的動乱とは戦争と内乱を指すとされる(30)。原子力事業者が免責されるため、政府は、「被災者の救助及び被害の拡大の防止のため必要な措置を講ずるようにする」ことになるが、これは通常の台風等の被害における災害救助となんら変わることがない。この点については批判が強い。確かに、無過失責任立法といえども、一般に、不可抗力は免責事由となる。しかし、被害者の側から見れば、通常の災害よりもより被害は大きいであろうから、救済の必要性はより高いものとなろう。救済の必要性がより高いものになったら、一転して、国家の補償責任は、原子力事業者の免責を理

---

(29) 我妻・前掲論文8頁以下。前掲・座談会「原子力災害補償をめぐって」12頁〜13頁（井上亮前通産省原子力局政策課長発言）。

(30) 前掲・座談会「原子力災害補償をめぐって」17頁（井上亮前通産省原子力局政策課長）。

由として、「災害救助」に切り下げられるのでは、不可抗力の場合の損害を被害者に転嫁するものであり、問題がある。前述したような原子力事業の特殊性を考慮すれば、このような場合には、損失補償責任としての意味あいから国家の災害補償責任をストレートに肯定してよいと思われる。

ところで、ドイツの原子力法では、わが国よりも広い範囲で国家補償を認めている。したがって、「異常に巨大な天災又は社会的動乱」によって損害が発生した場合でも、ドイツの原子力事業者は被害者との関係では免責されず、他方保険会社はわが国同様免責となるため、原子力法上の賠償責任が原子力事業者に生じるにもかかわらず、保険でカヴァーされないので、国家がこれを補償する建て前になっている。責任と保険とのギャップを国家の補償でカヴァーするという点では、わが国とドイツで変わりがないが、ドイツでは、原子力事業者の賠償責任が認められる分、国家の補償責任の範囲が広く、責任が重いといえる[31]。わが国では、単なる災害救助と本質的には変わらないのであるから、この違いは大きい。

なお、ドイツの原子力法制において、原子力事業者あるいは原子力事故の被害者だけが国家の資金により救済される根拠についてさまざまな議論があったという。主要な見解を3点紹介すると、次のようなものである[32]。

(a)原子力事業に対する補助金であるという見解

(b)危険責任として当然のあり方であるという見解

(c)公共の利益のために国家が許容した原子力施設によって損失を被った者は、一般に「犠牲補償請求権（Aufopferungsanspruch）」により国家の救済を受けられるべきであるが、原子力損害の場合には、犠牲補償請求権の要件が厳密には充たされているとは限らないので、特に法律で国家の補償を規定したという見解

立法時には、後発のドイツの原子力産業を保護・育成する必要性が強調されたからで(a)の見解が有力であった。その後、原子力産業が力を付けてくる

---

(31)　能見・前掲論文22頁。

(32)　能見・前掲論文23頁以下。ドイツの議論に関し、Fischerhof, Deutsches Atomgesetz und Strahlenschutzrecht, §34. §Rdnr. 3 ; Haedrich, Atomgesetz, § 34, Rdnr. 4 等を参照。

と、(c)の見解が登場した。

(3)　国の補償責任の法的根拠

(1)　原子力損害賠償補償契約に基づく国の補償の場合

　前述したように国の一種の補充的責任保険である。したがって、補償料と国の行う補償との間に責任保険としての対価的均衡が保たれていれば、殊更問題にする点はない。しかし、そうであれば、民間の損害保険会社でも引き受けが可能であるはずであろう。現実にそれが難しいから国において手当をしていると解釈する方が自然ではないか。そうなると、国家補償の額に相当する損害保険料と補償料との差額分の利益を、原子力事業者は国から受けていることになる。したがって、原子力事業者が特別の保護を受ける根拠が問題となる。そこで登場するのが、前述のドイツの犠牲補償請求権をヒントに「一種の損失補償」として構成する見解である。すなわち、「将来のエネルギーの安定供給の確保という公共の利益のために、原子力産業は国の政策としても推進されているのであり、こうした政策推進の過程で、原子力事故が生じた場合には、その被害者は正当な補償を受ける権利があるといってもよいのではないか。」[33]という立場である。

(2)　賠償措置額を超える損害が生じた時の国の援助の場合

　国の援助の具体的方策は、「補助金の交付による原子力事業者の賠償損失の補償」「低利融資についての利子補給、金融の斡旋」等といわれており、必要性があれば必ず援助を実施すべきとされている[34]。そうであれば、この援助も原子力事業者に対する国の補助に他ならず、補償料を徴収しないので、前項と異なり、補償料の対価という構成もできない。そうするとやはり、「一種の損失補償」として構成する立場からは前項と同一の結論が導かれる。そして、原子力事業者との補償契約という媒介がないから、より直接に「被害者に対しても国が補償する義務を生じるのではないか。」[35]と解する余地も

---

(33)　能見・前掲論文 26 頁。

(34)　科学技術庁原子力局監修『原子力損害賠償制度』(通商産業研究社、1962 年) 99 頁。

(35)　能見・前掲論文 27 頁。

生じるのである。

⑶　原子力事業者免責の場合

　この場合には、原子力損害賠償法の適用はなく、国の救済も災害救助と変わらないことは前述した。この場合においても、「答申」の責任者は、被害者の救済をすることが国家の義務と考えていたが、「答申」には必ずしもその点は反映されていない[36]。この場合には、不可抗力であるから、無過失責任立法とはいえ、民事責任の一般理論からは原子力事業者の責任を肯定しにくい。そこで、この場合には、国家の補償責任を根拠づけようとすれば、やはり、「一種の損失補償」として構成する以外にないと思われる。したがって、この場合においても、前2項と同様な根拠で被害者の損失補償請求権を肯定してよいと思われる[37]。

4．むすびにかえて

　以上のように、理論的に無理がないと思われるのは、被害者の救済という点から、原子力損害における国の補償責任を損失補償的に構成し、被害者に直接請求権を肯定するという方法である。ただし、損失補償説によれば、「将来のエネルギーの安定供給の確保という公共の利益のために、原子力産業は国の政策としても推進されている」ことが当然の論理的前提として肯定されることが必要であり、原子力関連施設の危険性が「公共の利益」に合致しないという立場に立てば、損失補償説の前提を無条件に肯定するわけにはいかないと思われる。したがって、仮に損失補償説を採用するとしても、国の補償責任の全面にわたって、損失補償の原理が妥当すると考えるのではなく、原子力損害と労働災害の問題を検討すれば、必然的に登場する原子力事業者の「損害賠償責任」が国の責任にも一部及び、これで救済されない部分に限り損失補償の原理が登場するという損害賠償と損失補償の「責任の二重構造」を伴ったものであると理解したい。これを詳細に理論化することは今後の課題としたい。

（36）　前掲・座談会における我妻発言（17頁）。
（37）　能見・前掲論文28頁。

第2章　原子力労災と損害賠償に関する基礎的考察

1．はじめに

　近年、放射線の利用は、レントゲン撮影やガン治療などの医療分野、原子力発電分野などに加え、非破壊検査などアイソトープを用いた新しい工学的分野や農学分野（バイオテクノロジー）にまで拡大している。また、原子力発電の分野でも、原発の他に再処理工場などの「核燃料サイクル」に関連する産業が急速に拡大しつつある。この反面、放射線の利用という「ベネフィット」とひきかえの被曝という一方的な「リスク」に直面する放射線従事者の数は約30万人に達している[1]。また、科学技術庁の調査によれば、放射線障害防止法に基づく許可・届出事業所の総数は1995年3月末日現在で約5,000箇所、平成5年度において被曝した放射線従事者は約13万人に達している。この数値は、絶対数が大きいこと（1事業所当り約25人）に加え、登録された放射線従事者の約43％という極めて高い比率でもあることが特徴である（事業所数の推移、平成5年度における分野別事業所別の線量当量の分布などは**表1**、**表2**、**図1**を参照）。

　ところで、近年、我が国においては、原発の新規立地難により、建設される原発はいずれも110万キロワット級となり、その建設費も高騰し4,000億円を超える。しかし、その費用には、ダウンストリームに最大の技術的な問題を抱える放射性廃棄物の処理及び内部の汚染が激化していきづまった原発の廃炉（Decommissioning）の費用が含まれていない。原発の経済性優位を死

---

(1) 原子力安全委員会編『原子力安全白書（平成7年版）』（1996年7月）324頁によれば、平成7年3月末日現在の放射線従事者中央登録センターの登録者数は、302,322人、放射線管理手帳の発行数は253,882件となっている。これは、広島・長崎で被災し「被爆者手帳」を持つ約30万人に匹敵する数である。

表 1　放射線障害防止法に基づく許可・届出事業所総数

区　　　分	事　業　所　数
	1995 年 3 月 31 日現在
使用事業所 （　計　）	4,967
（許　可）	2,589
（届　出）	2,378
販売事業所 （許　可）	184
廃棄事業所 （許　可）	12
合　　　計	5,163

（科学技術庁調べ）

出典：原子力安全委員会編『平成 7 年度原子力安全白書』（1996 年）407 頁

表 2　平成 5 年度（平成 5 年 4 月～平成 6 年 3 月）の放射線業務従事者の線量当量

単位：人

		5 mSv 以下	5～15	15～20	20～25	25～50	50 mSv 超	計
使用事業所	教育機関	35,413	35	0	0	1	0	35,448
	研究機関	17,037	12	0	0	0	0	37,049
	医療機関	22,884	242	23	8	13	0	23,170
	民間機関	29,056	424	35	13	1	0	29,529
	その他	1,924	18	0	0	0	0	1,942
販売事業所		1,735	135	9	5	0	0	1,884
廃棄事業所		794	0	0	0	0	0	794
計		128,843 (99.25%)	866 (0.67%)	67 (0.05%)	26 (0.02%)	15 (0.01%)	0 (0.00%)	129,816 (100.00%)

出典：原子力安全委員会編『平成 7 年度原子力安全白書』（1996 年）408 頁

守するために、既存の原子炉の設計を流用する「設計の標準化」、工期の短縮、定期検査期間の短縮（80～120 日から 60 日程度へ）、軽水炉でプルトニウムを燃やすプル・サーマルの試みなどによって、原発の連続運転を実現し発電単価の引き下げが追求されている[2]。しかし、コスト[3]のために安全性を

(2)　保木本一郎「原発をめぐる残された課題——放射性廃棄物・労働者被曝・住民参加の問題についての考察」ジュリスト 822 号 32 頁。

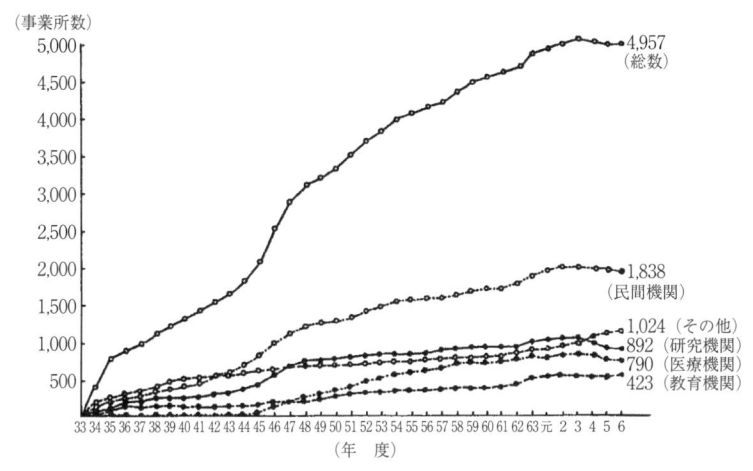

図1　使用事業所数の推移（各年度末現在）
出典：原子力安全委員会編『平成 7 年度原子力安全白書』（1996 年）407 頁

軽視することがあれば、重大な事故を招くことになり、大きな負の遺産を将来の世代にまで残しかねない。また、コストの問題を措くとしても、原子力関連施設自体に対する安全性の不安が絶えず問題となっている。最近の動燃東海再処理工場における爆発事故[4]は残念ながら、このような懸念を実証するものであった。そして、この事故は大災害に至る一歩手前であっただけで

---

(3) 原子力発電の原価が他の火力や水力発電に比べて決して安くはないことは今日では、もはや周知の事実となりつつある。アメリカなどの原子力先進国では次々に原子力から撤退しはじめており、脱原発社会を目指す動きが始まったことがその例証であろう。アメリカ・サクラメント電力公社などの動きを中心とした克明な研究として長谷川公一『脱原子力社会の選択』（新曜社、1996 年）参照。また、コスト問題では、原子力発電の原価計算を、貨幣価値計算、エネルギー収支、エントロピー費用、の 3 つの面から検討するものとして、平井孝治「電気料金から見た原子力発電の原価」原子力工業 27 巻 9 号 30 頁。同論文は、核廃棄物の処分・管理や廃炉費用が今後必要となり、また、半永久的な管理を余儀なくされるという原子力のマイナス面を指摘する。

(4) 朝日新聞 1997 年 3 月 14 日付記事によると、被曝した 34 人は民間社員であり、所属する企業にも詳報が伝わっていないという。また、「現場やその周辺で被ばくした 37 人のうち 34 人が、動燃が仕事を委託している民間企業の社員」であり、動燃は、「健康への影響はまったくない」と強調しているが、「被ばくした社員の情報がほとんど伝えられず、企業からは不満の声も出ている。また、火災・爆発が起きたアスファルト固化処理施設には、ふだん動燃職員は一人もおらず、民間企業の社員だけが働いていた」という。

なく、多数の下請労働者が被曝するという原子力労災[5]の問題を浮き彫りにしたといえよう。

　なお、本稿では、放射線被曝による被害の中でも、原発など原子力関連施設における労働者被曝の問題に対象を限定し、労災制度や原子力損害賠償制度に関する法的検討の前提作業として、原子力災害や原子力労災の特質や問題点、その実態についての基礎的考察を行う予定である。また、「原子力労災」とは広義には原子力関連施設内で発生する労働災害全体をさすものと考えられるが、本稿では、放射線被曝に起因するものに限定して考察することとする。

2．原子力災害と原子力労災の特質

(1)　放射線による影響の発症メカニズム

　IAEA の "Biological Effects of Low-level Radiation"（図2参照）によると、放射線の影響による発症メカニズムは、大きく、確率的影響と非確率的影響に分けられる。確率的影響は、晩発性であり、単一細胞レベルでの影響であるのに対し、非確率的影響は、早発性と晩発性、及び、多細胞レベルで

---

(5) 原子力労災に関する研究は、産業医の立場からの放射線被曝の影響に関する研究（これらのほとんどは、放射線被曝の影響を過少評価する傾向が強いように思われる。）を除けば、その法的諸問題を検討した文献は非常に少ないのが現状である。先駆的な研究として、一柳勝晤「残された諸問題——原子力産業労働者の放射線障害について——」ジュリスト 236 号 56 頁。前掲・保木本論文の他に、菅井益郎「原子力発電と労災問題」季刊労働法 138 号 71 頁。甲斐祥郎「原子力労働災害の特質と救済について」久留米大学法学 16-17 号 29 頁。甲斐祥郎「原子力労働災害における因果関係」廣島法學 17 巻 1 号 39 頁が主要なものである。その他に、桑原泰「原子力労災の構造と問題点」新地平 72 号 46 頁。小中陽太郎「新・権利のための闘争——原発被曝者・岩佐訴訟」法学セミナー 26 巻 2 号 6 頁。岩佐訴訟第 1、2 審判決の判例研究として、「岩佐嘉寿幸氏の放射線被曝による損害賠償請求事件判決についての若干の意見（昭 56・3・30 大阪地判、昭 62・11・20 大阪高判）」富士大学紀要 22 巻 2 号 29 頁。山崎光平「原発の危険性と労働者被曝の問題点」月刊労働問題 292 号 50 頁。労働者被曝については、この他に、高木仁三郎「原子力発電所における労働者被曝」科学 50 巻 5 号 301 頁、堀江邦夫『原発ジプシー』（現代書館、1979 年）、森江信『原子炉被曝日記』（技術と人間社、1979 年）、柴野徹夫『原発のある風景（上）・（下）』（大月書店、1979 年）、その他、阿部正彦「放射線被曝補償法——Radiation Exposure Compensation Act (PL101-426, Oct, 15, 1990)＜立法紹介　米国＞」外国の立法 30 巻 4 号 161 頁、参照。

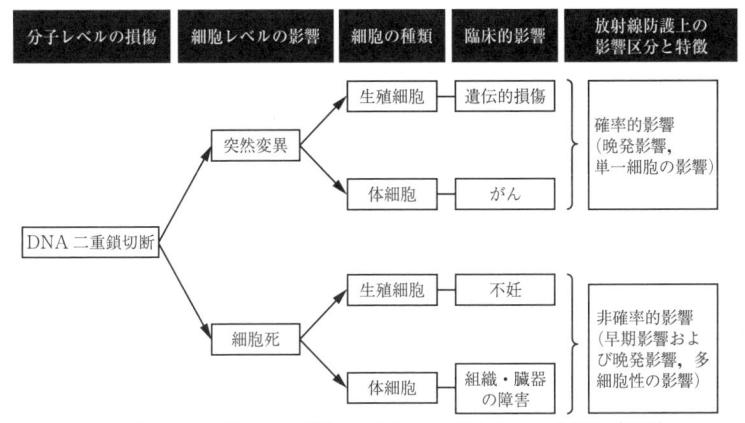

H. P. Leenhouts: Biological Effects of Low-level Radiation, IAEA（1983）

図2　放射線による影響の発症のメカニズム
出典：原子力資料情報室編『脱原発年鑑97』（七つ森書館，1997年）241頁

の影響である。

　このそれぞれを図式化したものが**図3**であり、非確率的影響の場合には、「しきい値」が存在し、一定限度の線量の被曝により一定の影響（脱毛など）が発現するのに対し、確率的影響の場合には、「しきい値」の存在が不明であって、極めて低線量の被曝であっても、一定の影響（ガン、白血病など）が発現する可能性があり、この部分における自然発生率（自然有症率）との競合を生じる。したがって、自然科学的には、被曝と影響の発現との因果関係を肯定することが極めて困難となろう。しかし、法的な意味での因果関係は、自然科学的な意味での因果関係が完全に証明されることを必要とせず、誰にどの程度の責任を負わせるべきかが確定すれば十分である。この点は、立証責任の配分の問題として、すなわち、被災者において放射線被曝と被害との因果関係について一応その蓋然性を立証すれば、使用者側で、その不存在の立証に成功しない限り責任を肯定すべきである。この考え方は、判例、通説でも採用するところであるが、放射線被曝の場合それだけでは不十分であろう。

⑵　原子力災害とその評価

　原子力災害の特徴は、浦川教授によれば、他の自然的災害と比較して、①

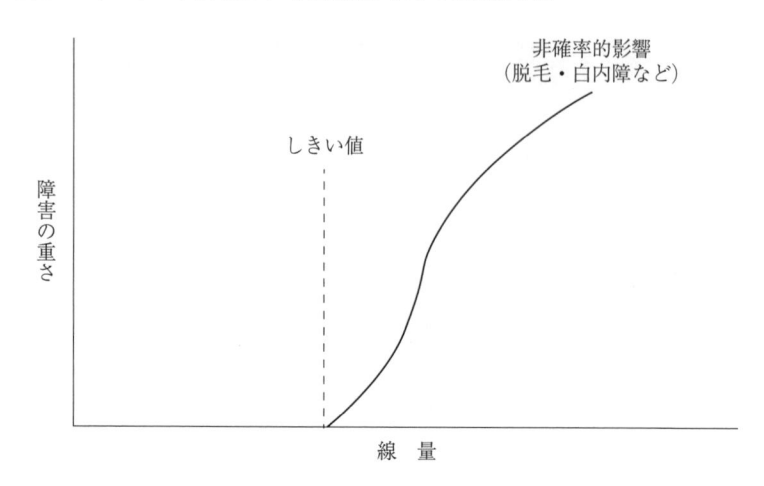

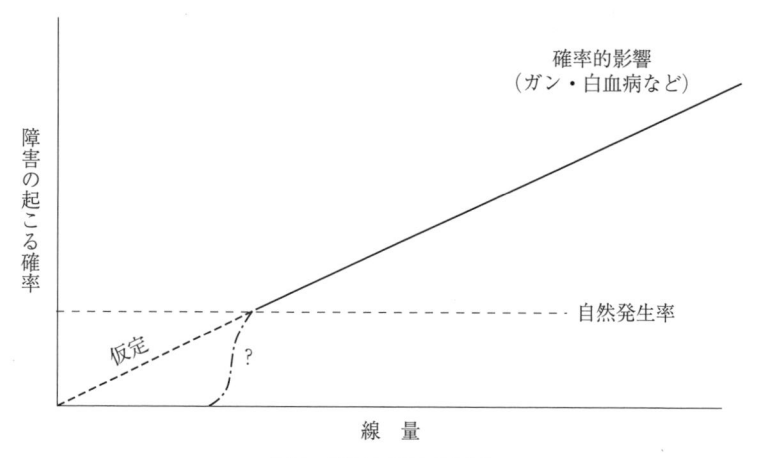

図3　線量と障害の関係
出典：放射線医学総合研究所パンフレット

災害発生の突発性、②災害発生確率の低さ（あるいは、不明確さ）、③予想損害の巨大性、④損害の多様性・複雑性という特徴を備えるといわれる[6]。

　「災害発生の突発性」とは、「一般にその前兆現象を覚知でき事前に避難し、あるいは自衛的行動をとることが相当程度可能となった」自然的災害とは異

---

(6)　浦川道太郎「原子力災害——その特性と法的対策」法律時報 56 巻 5 号 67 頁。

なって、原子力災害は、「人間の営為に伴う事故を原因とするために、被害を
受ける原子力発電所付近住民にとっては全くなんの前兆現象もなく発生し、
放射線被害という特殊な被害形態を含むために、その被害自体もなんらの自
覚もないうちに被っている事態もありうる」[7]ことである。「災害発生確率の
低さ（あるいは、不明確さ）」については、浦川教授も指摘するように、「原子
炉の事故発生を確率的に評価することの妥当性には疑問」[8]があり、「それが
どの程度であるかについては、はっきりしない」[9]という特質があることは
否定できない。「予想損害の巨大性」についてはチェルノブイリ原発事故を想
起すれば十分であり、「他の災害においてはほとんど考えられないほど著し
く大きな損害」を生じるのであり、その損害は国境を越え、多くの国々に被
害が及ぶ可能性がある[10]。しかし、原子力災害が他の災害と最も異なる点は
「損害の多様性・複雑性」にあると思われる。この点は、次に詳しく検討する
ことにして、ここでは、原子力災害の一部である原子力労災に関していえば、
上記のうち、④の「損害の多様性・複雑性」の点で一致することを除けば、
むしろ逆に、①については「原子力労災発生の日常性」、②については「原子
力労災発生の蓋然性の高さ」、③については「予想損害の個人性」という特徴
を持つことを指摘したい。原子力労災は、広義の「原子力災害」の一部を構
成するが、原子炉事故（災害）が発生しなくとも、「正常運転（あるいは点検）」
中に「日常的」に発生しうる原子力損害であり、当初は、被曝労働者「個人」
に発生し、本人が自覚しないままに子孫にまで被害が拡大する特徴を有して

(7) 浦川・前掲論文 68 頁。

(8) 松山地判昭 53・4・25 判例時報 891 号 372 頁（伊方原発訴訟判決）。

(9) 浦川・前掲論文 68 頁。

(10) なお、原子力災害の被害予測としては、アメリカのブルック・ヘヴン国立研究所の
報告「大型原子力発電所における大事故の理論的可能性とその結果」（”Thoretical
Possibilities and Consequences of Major Accidents in Large Nuclear Power Plants”
Wash-740. U.S.AEC, Mar. 1957.）やラスマッセン報告（”An Assessment of Accident
Risks in U.S. Commercial Nuclear Power Plants”Summary Report. Wash-1400.
U.S.AEC, Aug. 1974.）が有名であるが、わが国でも、最初の商業用原子炉の操業前に、
科学技術庁の委託調査「大型原子炉の事故の理論的可能性及び公衆損害額に関する試
算」（日本原子力産業会議、昭和 36 年）が行われた。下山俊次「原子力」『未来社会と
法』（筑摩書房、1976 年）536 頁〜537 頁参照。ラスマッセン報告については、小出裕
章「『原子炉安全性研究』（WASH-1400）とその波紋」公害研究 7 巻 2 号 47 頁参照。

いる。それゆえ別途考察を必要とする所以である。

　なお、原子力災害の規模や程度を評価する場合には、国際原子力機関（IAEA）が、1990年より導入した「国際原子力事象評価尺度（INES；International Nuclear Event Scale)」が用いられるようになった（下の**表3**参照）。これは、原発事故の重大性を評価する基準であり、国内的には微調整を行うことが許されているものであるが、我が国では、「事故」（または「事象」）発生後速やかにその暫定評価を資源エネルギー庁が公表し、原因究明が済み、再発防止対策が確定した時点で、専門的・技術的な立場から検討を行い、その結果を同庁が正式な評価結果として公表することとされている。また、評価レベル2以上に分類された評価結果については同庁よりIAEAに報告することとされている[11]。ちなみに、旧ソ連のチェルノブイリ原発事故が最悪のレベル7、米スリーマイル島原発事故がレベル5、日本では関西電力美浜原発2号機事故がこれまででは最悪でレベル2とされていた。今回の動燃東海再処理工場における爆発事故の暫定評価はそれを上回りレベル3とされている。

　INESは、基本的には、①原子力施設外への影響、②施設内の影響及び③深層防護の劣化、の3項目で評価する。3項目のうちの最悪の評価が全体のレベルを決めるとされている。今回の動燃事故では、③深層防護の劣化が問

表3　原子力施設事故の国際評価尺度の概要と事故例[13]

レベル	基準	事故例
7	膨大な量の放射性物質の外部放出	チェルノブイリ原発事故（旧ソ連、1986年）
6	かなり大量の放射性物質の外部放出	
5	原子炉の炉心の重大な損傷や放射性物質の外部放出	スリーマイル島原発事故（米国、1979年）
4	作業員の致死量の放射線被ばくや放射性物質の少量の外部放出	
3	急性障害を生じる作業員の被ばくや放射性物質の極少量の外部放出や深層防護の喪失	動燃東海の火災・爆発＝暫定評価
2	作業員の被ばくや深層防護のかなりの劣化	関西電力美浜2号機事故（1991年）
1	安全を脅かす恐れのあったトラブル	「もんじゅ」ナトリウム漏れ（1995年）
0	安全上重要でないトラブル	

(11)　前掲『原子力安全白書（平成7年版）』372頁。

題とされ、動燃は(a)温度管理などによる火災発生防止対策、(b)火災報知機や消火設備による拡大防止対策、(c)放射性物質を閉じ込めておく影響緩和対策の３つのバリアが破れたり、損なわれたりしたとして、レベル３と位置付けた[12]。この基準は、「原子力災害」の「国際」評価尺度であるとはいえ、「致死量の放射線被ばく」や「急性障害を生じる作業員の被ばく」に達しないような被曝事故は、国際的影響は直ちには生じないにしても、労働者被曝の問題を後景に追いやってしまいかねないという問題がある。

(3)　原子力労災の特質

　原子力労災は、上記のような放射線障害における被害メカニズムにかかわるため一般的に、放射線障害としての臨床上の特徴、すなわち、「被曝の無知覚性」、「症状の遅発性」、「症状の複雑性」、及び、「症状の非特異性」を有するとされる。そして、「労働災害」として現実に認定を受けるには因果関係の立証などの困難な問題が存在する。ここでは、原子力労災の特殊性として以下のような点をあげることができるであろう。

　まず、第一に、原子力労災の場合、労働者に被災の自覚が乏しい（覚知の困難性）という点があげられる。この点は、労働者が自らの健康と生命を守ることを困難にさせるという意味で特に考慮すべき点である。これは、放射線そのものが人間の感覚器官では識別不能である上に、放射線は物質を透過するために放射線から身体を防護することは容易でないからである。

　第二に、このことから、放射線下での労働の特殊性・困難性が原子力労災の特質であることが指摘できる。すなわち、放射線被曝を可能なかぎり避けるため、例えば、ボルトひとつ締めるにしても、放射線防護のための着衣をし、ストップウオッチで一人当りの作業時間を計測しつつという、非常に制約が多く、労働しにくい環境で行わざるをえない。放射線に対する知識が不十分な中でこのような労働に従事すれば、着衣や線量計をはずして作業してしまう労働者が出ても不思議ではない。原発の単純労働の多くが下請労働に

---

(12)　動力炉・核燃料開発事業団『「国際原子力事象評価尺度（INES）」によるアスファルト固化処理施設における火災・爆発事故のレベルについて（暫定）』(1997年3月24日)
(13)　朝日新聞 1997年3月31日付。

依存している現状では、労働安全衛生の判断については、実際に作業に従事する労働者の労働環境と労働者側の意識を考慮にいれるべきである。このような点に関し、ソフト面（労働者に対する研修・教育）を含め、使用者側の安全配慮義務懈怠を判断すべきである。

　第三に、被曝線量による「管理」の問題があげられる。原子力労災の特徴は、労働者の労働内容が放射線被曝として被曝線量によって左右されるという管理のされ方をしていることであり、中央に一元的な登録・管理を行う放射線従事者中央登録センターを設け、個人別にその線量を管理するまでは、作業現場を転々と変わるいわゆる「原発ジプシー」と呼ばれる労働者についての被曝線量管理は全く不十分[14]であった。これに関して重大な問題は、労働者が自らの被曝状態について、自覚的に「管理」ができない点である。これは第一の点と相俟って被災の拡大について相乗効果をもたらすのである。

　ところで、「放射線管理手帳」は、実は、電離放射線障害防止規則や労働安全衛生法に法的根拠のある手帳ではない[15]。それだけではなく、放射線管理手帳は本人が保有して自らの被曝線量や健康状態を把握することが事実上期待できないというのが運用上の実態である。なぜなら、放射線管理手帳は、実際は、事業者が保有・保管しており、その中の記載内容について労働者が自らチェックすることは現実には困難だからである。労働者が自ら被曝線量や健康状態を把握することは、絶えず被曝の危険に曝される労働者の自らの健康状態を知るための不可欠の権利として構成されなければならない。労働者の被曝の問題が裁判で争われる際に、「原告が、発電所内で被曝した証拠はない[16]」と労働者の請求を棄却するのであれば、その前提として、労働者の自らの被曝線量や健康状態を知る権利が制度上保障されることが必要不可欠である。この点で、我が国の被曝労働者の権利保護は、極めて不十分と言わざるを得ない。公正を旨とする司法がこのような状況で民事裁判における挙証責任の原則にこだわることは、結果として被告側に与すると評価せざるを

---

(14)　現在でも、その被曝線量管理が労働者の健康をまもるために行われているのかは疑わしい。被曝情報の公開がなされないことがその例証であろう。桑原・前掲論文53頁。

(15)　藤田裕幸『知られざる原発被曝労働』（岩波書店、1996年）48頁。

(16)　最三小判平3・12・17労働判例600号6頁。

得ないであろう。

　最後に、他の労災制度との異動を考察すると、労災認定上の要件、すなわち、「業務起因性」、「業務遂行性」が必要であるという点では、他の労災となんら変わらない。非確率的影響の場合に因果関係の立証が大きな問題となるが、これも、災害性のものに比べて、職業性（疲労性）の疾病（頸腕症候群、腰痛など）の立証が困難になることと、程度が大きく異なるとはいえ、構造的には同じ問題を有している。法的構造の相違としては、通常の労働災害とは異なって、原子力労災の場合には、原子力損害賠償法の枠組みが取り込まれていることである。しかし、無過失責任を原理とする原子力損害賠償法の下においても、特に、非確率的影響の場合における因果関係の立証が大きな障害となり、実際には、無過失責任を採ることによる優位性がみられない。この点は、特に、非確率的影響の場合における因果関係の立証について、解釈上の限界が存在することを示唆するものである。したがって、通常の因果関係の立証とは異なる手法を導入することが必要なのではないかと考えられる。労災認定基準が、放射線被曝に関する規制基準より厳しい数値をあげていることは制度上の一定の「割り切り」であるが、最近の低線量被曝に関する知見の発達、ICRP の 1990 年勧告などをふまえ、認定基準の見直しに加え、もう一歩踏み込んだ認定制度を創設するという立法論的提言を要すると思われる[17]。

(4)　被曝労働者保護法制と労災認定基準

　我が国の放射線被曝に関する保護法制を概観すると、まず、1957 年に放射性同位元素等による放射線障害の防止に関する法律が成立するが、労働者個人の許容被曝線量についての規定は置かれなかった。1960 年の科学技術庁告示第 21 号（原子炉の設置、運転に関する規則等の規定に基づき、許容被曝線量を

（17）　この点では、公害健康被害補償法のシステムが「指定地域」、「指定疾病」、「曝露要件」の制度を設け、非特異的疾患に対する補償給付を行ったことが参考になろう。この給付の原資として、公害を発生させているか否かにかかわらず、関連業界全体に網をかぶせ、一種の賦課金（「チャージ」）を徴収した。火力発電所では、この賦課金を支払っていたはずであり、この分は最終的には電気料金の一部として消費者に転嫁されたわけである。

定める件）において、放射線従事者の被曝許容線量は3か月3レムなどの具体的な数値が規定された。この告示を基礎に、1972年労働安全衛生法に基づく電離放射線障害防止規則（電離則）が労働省令として、1978年には通産省令が出されることとなるが、いずれも法律ではなく、省令や告示であるため、被曝線量規制が国会の審議に基づかないで決定される危険があると指摘されている[18]。

　そして、放射線審議会原子力事業従事者災害補償専門部会は、1969年に、政府に対して、①労災認定基準、②被曝線量管理及び③補償体系確立について早急に施策を講ずる必要があるという答申を行った[19]。①の問題については、1976年の労働省通達「電離放射線に係る疾病の業務上外の認定基準」（基発810号）によって、②の問題については、財団法人放射線影響協会・放射線従事者中央登録センターの発足によって、また、③については、1979年の原子力損害賠償法の改正により従業員の災害補償の規定（同法附則第4条）を設けることによって、それぞれ対処している。しかし、基発810号の認定基準は、その後の労基則35条改悪の先取りとも言える内容で、疾病毎に細かく分類された個々の認定基準は厳格な内容となっており、この基準で救済される被曝労働者はほとんどいないと評価されている[20]。

　さらに、労働者被曝の管理は、1978年原子力基本法改正以後は、商業用原子炉については通産省、研究施設については科技庁とされているように、「開発と規制の同居」[21]という体制が採用されているが、この構造は、原子力委員会と原子力安全委員会が科技庁を事務局としていることと本質的には同じであって、これでは規制の実効を上げることは期待できない。本来、規制の点では、電離則をもつ労働省に具体的な監督権限を付与し、しかるべき態勢を整えることが必要である。アメリカの原子力規制委員会（NRC）がエネルギー省（DOE）とは全く別個の行政組織として独自の権限を有していること、また、環境保護庁（EPA）も規制権限を有していることや各州の保健局など

（18）菅井・前掲論文77頁。
（19）桑原・前掲論文52頁。
（20）桑原・前掲論文52頁。
（21）菅井・前掲論文78頁。

も公衆の被曝を監視していること[22]に比べれば、我が国の不十分な放射線防護体制では、放射線利用が優先され、被曝の危険に曝されている労働者の健康や人権が犠牲にされかねないという構造的な問題が存在すると考えざるをえない。

(5)　許容被曝限度と労災認定基準

　ところで、現行法令に基づく許容被曝限度、及び、国際放射線防護委員会（ICRP）の 1990 年勧告は、**表 4** の通りである。我が国の規制基準（線量限度）は、例えば、職業人の全身に対する線量限度でみると国際放射線防護委員会（ICRP）の 1990 年勧告の数値の 2.5 倍に達する。同勧告の国内制度への取入れに関しては、放射線審議会基本部会が中間報告を出したばかりであり、法制化にはまだ時間を要する状態である[23]。

　ところで、労災の認定基準は、現行の規制基準の十分の一であり、この点は、電力事業者が不当としているところである。しかし、規制基準と労災認定基準との「二重の基準」となっていることはなんら不当ではない。労災認定があり、保険金が給付されればその限度で使用者の災害補償責任を免れるわけであり、保険制度としては当然の結果である。むしろ、規制基準値の妥当性を問題としなければならない。

3．原子力労災の実態

(1)　増大する被曝労働

　近年、原発等の原子力関連施設等の増加に伴って、放射線被曝者数は、増加している（**表 5**、**表 6**、**図 4** 参照）。これに伴って、従来、闇のままに葬られてきた被曝労働者の実態が表面化してくるようになった。特に、最近、中部電力浜岡原発で働いていた下請労働者の白血病による死亡に関して、労災認定がなされたことは記憶に新しいところである。しかし、実は、これに先立

---

(22)　菅井・前掲論文 78 頁。
(23)　原子力規制委員会放射線審議会基本部会中間報告『ICRP1990 年勧告（Pub. 60）の国内制度等への取入れに関する審議状況について』（1997 年 6 月）

表 4　放射線被曝の法定限度

●日本の法令（原子炉等規制法など）に定める線量限度

		放射線業務従事者	一般公衆
全　　身		年間 50 ミリシーベルト	年間 1 ミリシーベルト　ただし、通産大臣が特に認めた場合は年間 5 ミリシーベルトとすることができる
組織・器官	眼の水晶体	年間 150 ミリシーベルト	年間 50 ミリシーベルト
組織・器官	皮膚	年間 500 ミリシーベルト	年間 50 ミリシーベルト
組織・器官	その他	年間 500 ミリシーベルト	
女性の腹部	妊娠可能な女性	3 か月 13 ミリシーベルト	
女性の腹部	妊娠診断〜出産	10 ミリシーベルト	
緊急作業	全身	100 ミリシーベルト	

● ICRP（国際放射線防護委員会）1990 年勧告による線量限度

		職業人	一般公衆
全　　身		5 年間の平均で年間 20 ミリシーベルト　ただし、どの 1 年でも年間 50 ミリシーベルト	年間 1 ミリシーベルト　ただし、5 年間の平均で年間 1 ミリシーベルトを超えなければ、単一年に 1 ミリシーベルトを超えることも許される。
組織・器官	眼の水晶体	年間 150 ミリシーベルト	年間 15 ミリシーベルト
組織・器官	皮膚	年間 500 ミリシーベルト	年間 50 ミリシーベルト
組織・器官	その他	年間 500 ミリシーベルト	
女性の腹部	妊娠の申告〜出産	2 ミリシーベルト　体内被曝に関しては、年摂取限度の 20 分の 1	
緊急時	全身　皮膚など	約 500 ミリシーベルト　約 5000 ミリシーベルト	

出典：原子力資料情報室編『脱原発年鑑 97』（七つ森書館，1997 年）238 頁

ち、東京電力福島第一原発で原子炉内の配管工事に従事していた労働者が白血病で死亡したケースについて、原発内の放射線被曝を理由とする我が国では初の労災認定がなされていたことが明るみにでた[24]。もちろん、電力会社

表5　報告件数の内訳

	年度	81	82	83	84	85	86	87	88	89	90	91	92	93	94	95
運転中	自動停止	13	7	11	4	4	5	4	4	1	4	4	4	0	3	1
	手動停止	12	10	5	3	8	6	7	9	10	9	6	10	10	7	9
停止中	蒸気発生器伝熱管の損傷	2	5	6	5	6	7	5	5	9	9	7	5	6	3	4
	蒸気発生器伝熱管以外の損傷	7	3	5	4	1	1	1	5	1	2	3	0	1	0	0
	その他	2	1	0	2	0	0	2	0	1	0	0	1	0	1	0
	総件数	36	26	27	18	19	19	19	23	22	24	20	20	17	14	14

資源エネルギー庁発表

出典：原子力資料情報室編『脱原発年鑑 97』（七つ森書館，1997 年）209 頁

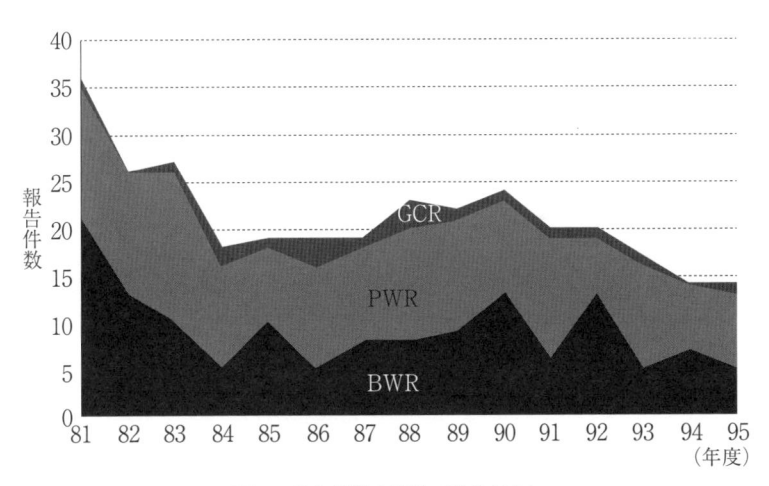

図4　報告件数の推移（法律対象）

出典：原子力資料情報室編『脱原発年鑑 97』（七つ森書館，1997 年）209 頁

---

(24) 朝日新聞 1993 年 5 月 5 日付。同記事によれば，富岡労基署が労災認定をしたのは 1991 年 12 月 26 日であり，約 1 年半も公表しなかったことになる。中部電力浜岡原発事件の労災申請が 5 月 6 日になされることが広く報道されたため，労働省が 5 月 4 日に公表したものであろう。

表6　放射線作業従事者等の年間関係事業所数別人数及び平均被曝放射線量

（人数：人、平均線量：ミリシーベルト）

年度		1年間に働いた事業所の数						計
		1	2	3	4	5	6以上	
80	人数	31,638	5,155	1,315	343	79	14	38,544
	平均線量	3.0	5.1	6.8	6.7	6.0	3.6	3.4
81	人数	34,340	6,242	1,699	425	122	36	42,864
	平均線量	2.8	5.5	6.7	6.8	4.7	3.6	3.4
82	人数	35,689	5,945	1,691	452	94	25	43,896
	平均線量	2.5	5.4	6.9	7.0	6.6	3.9	3.1
83	人数	40,253	5,715	1,656	403	97	23	48,147
	平均線量	2.1	5.1	6.3	6.0	3.4	3.2	2.6
84	人数	41,213	6,334	2,014	520	138	32	50,251
	平均線量	1.9	4.8	6.1	6.3	5.7	4.9	2.5
85	人数	39,997	8,320	2,506	597	143	42	51,605
	平均線量	1.8	4.5	6.1	6.9	6.5	3.8	2.5
86	人数	40,192	8,732	2,966	896	236	51	53,073
	平均線量	1.4	3.8	5.2	5.7	5.3	4.1	2.1
87	人数	39,281	8,316	2,856	909	242	45	51,649
	平均線量	1.3	3.3	4.6	5.1	5.1	2.6	1.9
88	人数	39,654	8,361	2,955	961	263	78	52,272
	平均線量	1.3	3.7	5.1	6.4	7.8	5.9	2.0
89	人数	39,055	7,990	2,873	394	259	82	51,153
	平均線量	1.2	3.8	5.0	5.6	5.7	6.1	1.9
90	人数	39,461	7,782	2,651	840	208	77	51,019
	平均線量	1.1	3.5	4.8	5.3	5.0	4.0	1.8
91	人数	41,544	7,915	2,552	837	218	89	53,155
	平均線量	0.8	2.3	2.9	3.6	3.8	3.4	1.2
92	人数	44,989	8,989	2,903	949	264	94	58,188
	平均線量	0.8	2.3	3.2	3.8	4.2	2.4	1.2
93	人数	49,690	9,614	3,315	1,102	374	149	64,244
	平均線量	1.0	2.7	3.7	4.3	4.7	3.9	1.5
94	人数	50,332	9,364	3,292	1,071	311	126	64,496
	平均線量	0.7	2.0	2.5	3.0	3.3	3.0	1.1

事業所数の数え方：原発はサイトごと、他は事業所ごとに数える。年度内の別の期間に
複数回従事した場合でも1事業所と数える。

放射線従事者中央登録センター発表より

出典：原子力資料情報室編『脱原発年鑑97』（七つ森書館，1997年）236頁

は、それぞれのケースについて放射線被曝と死亡との因果関係を否定し、現在の労災認定基準やその運用が誤りであるという主張に終始している[25]。しかし、これまでも、原発で働く下請労働者や電力会社の社員にガンに因る死亡が多発しているという具体的な資料が公表され[26]、イギリスにおいても原子力公社で働く労働者にガンが高率で発生しているという事実が明らかとなっているのである[27]。

(2)　軽水炉の構造的問題

　ところで、軽水炉の主流は、沸騰水型（BWR）と加圧水型（PWR）に分かれるが、我が国では、建設中のものも入れて 52 基の軽水炉のうち、BWR が 28 基、PWR が 21 基、その他が 3 基であり、BWR の比率は約 54% を占める。原子炉の構造上、PWR は一次系と二次系が蒸気発生器によって分離されているが、BWR は、原子炉で発生した蒸気が直接タービンを回した後復水器で冷却され炉心に戻るという構造なので、タービンも含め放射能で汚染される部分が多く、労働者被曝の可能性は高い。PWR は原子炉の圧力容器がコンクリートによってシールドされているが、BWR ではそのようなシールドはなく、むきだしのままである。世界的にみて、軽水炉の圧倒的多数が PWR であるのも労働者被曝を軽減する点からは十分理由がある。ところが、我が国では、逆に、労働者被曝の点からは問題の多い BWR が多数を占めている。

　このように、原子炉そのものが、原発の運転中不可避に生じる労働者被曝

---

(25) 中部電力浜岡原発事件については、朝日新聞 1994 年 10 月 9 日付。この事件については、藤田・前掲書が詳細である。

(26) 菅井・前掲論文 72 頁によると、1977 年 3 月の衆院予算委員会における楢崎議員の質問に対する政府答弁書では、日本で運転中の原発で 10 年間の間に放射線被曝が原因とみられる病気で 75 名が死亡している点についての同議員への回答として、75 名中ガン死は 29 名で、その内訳は、胃ガン 8 名、肝臓ガン 5 名、すい臓ガン 2 名、舌ガン 2 名、肺ガン 1 名、白血病 3 名その他の腫瘍 8 名があげられている。この他、同論文では、1984 年 8 月に、原発下請労組では日本で唯一とされる全日本運輸一般労働組合関西生コン支部原子力発電所分会が、関西電力の内部資料に基づき、原発で働く関西電力社員にガン死が多発しているとして、福井労働基準局に調査要請を行ったことが紹介されている。

(27) 原子力資料情報室『原発闘争情報』134 号（1985 年 9 月 30 日）。

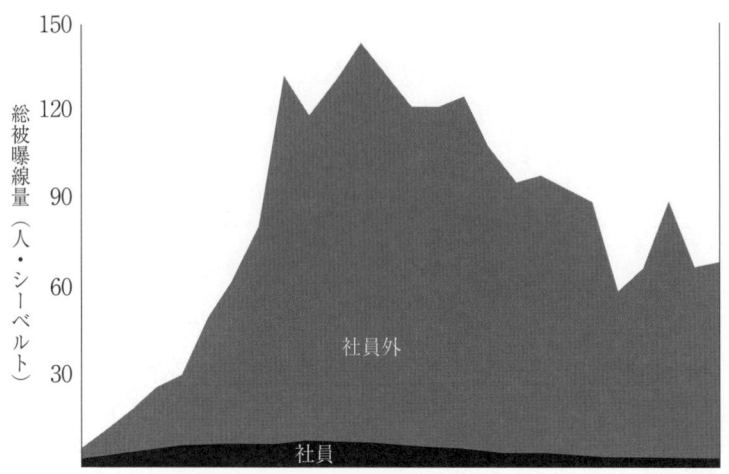

図5　商業原発の総被曝線量
出典：原子力資料情報室編『脱原発年鑑 97』（七つ森書館, 1997 年）235 頁

をいかにして低減するか、というような技術思想では設計されていないことが大きな問題なのである[28]。

(3)　労働者被曝における「二重構造」

　原発の稼働を支え、被曝労働に従事しているのは、電力会社の社員ではなく、ほとんどは、下請労働者であり、原発の労働は、多数の下請労働者と少数の社員からなる「二重構造」によって成り立っている（**図5、図6**参照）。この構造は、労働集約型産業の典型とされる建設業に非常に酷似している。原発が「現代の科学技術の粋を集めた知識集約型産業」として登場したにもかかわらず、現実は、およそ先端技術とは程遠い労働集約型にならざるをえないところに原発の本質がある[29]。そして、建設業とは別に新しい産業として成立したのではなく、基本的に、従来の建設業界の旧い体質をそのまま継承したにすぎず、原発の現場で単純作業に従事する労働者と電力会社とは、

---

(28)　山本隆「原発の危険性と労働者被曝の問題点」月刊労働問題 292 号 50 頁。
(29)　桑原・前掲論文 51 頁。

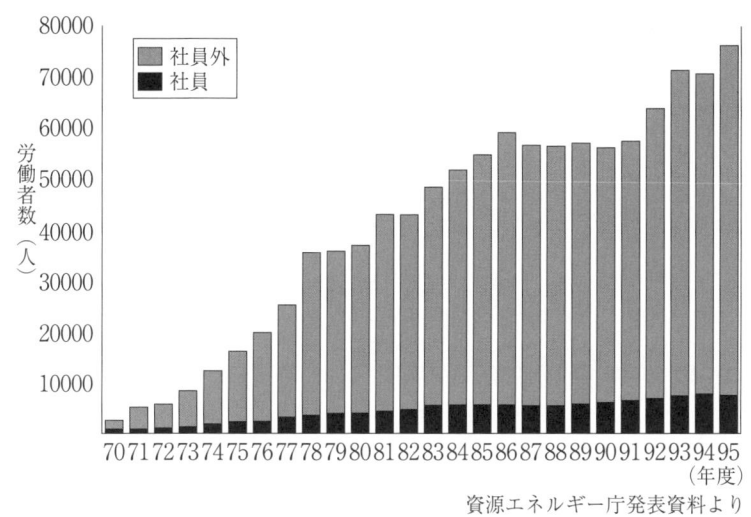

図6　商業原発の被曝労働者数

出典：原子力資料情報室編『脱原発年鑑97』（七つ森書館，1997年）235頁

　直接の契約関係がなく、数次の複雑な下請関係が介在している。建築請負契約に関して問題となる論点は、基本的に、原発での下請労働にもあてはまる。建設業界においても労災隠しが行われることが少なくないが、主として、災害性のものが多いから、被災労働者の負傷という明白な事実は、少なくとも本人は認識できる。ところが、原子力労災においては、放射線被曝は目に見えないため、よほどの急性（災害性）の被曝以外は、本人が被災の事実を認識できない可能性が高い。被曝線量管理が杜撰であったりすると[30]、その証明すら困難となる。その点では、建設業界に比べ労災隠しが一層容易である。

　さらに、下請関係を数次重ねていくと（現場で働く労働者は3次か、4次の下請けとなるといわれる）、その度毎に、労働者に渡る実質賃金は目減りし、合法的な「ピンハネ」が行われることになる。問題なのは、下請業者が収益を増やすために必要な健康診断や研修を行わないという事態が生じかねないことである。菅井教授はいみじくも、これを健康の「ピンハネ」と称して、賃

(30)　藤田・前掲書46頁。

金と健康の二重の「ピンハネ」がなされる危険があると指摘されている[31]。

　また、建設業における下請関係の場合にはない、仕事とは別の放射線防護の専門知識が必要とされる。この専門的知識は、下請関係が増加するのといわば「反比例」して不足してくるであろう。この意味で、元請たる事業者は、指揮・監督上重い責任を負うと解すべきである。

4．むすびにかえて

(1)　原発の事故を誘発する根本原因

　原発の事故を誘発する可能性のある根本原因としては、原子炉稼働率を上げることが原発のコスト削減のための至上命令となっていることを指摘しなければならないであろう。かつて、敦賀原発での事故隠し事件に際して、これらの一連の事故が、「電力の売上高を増やして」、「旧来の累積赤字を払拭しようとした努力にもともと無理があった」と室田教授から指摘がなされた[32]が、発電コストの問題もあり、無理な運転を重ねるという構造は、現在にも当てはまるのではないか。むしろ、現在では、原発の稼働率は、80％にも達し、驚異的な効率であるため（表7参照）、定期点検を短期に終了させることが長期間連続運転の前提条件となる。そのことによって、発電単価は下がり、かつ、燃料の消費が増え、合わせて、電力会社に莫大な利益が入る一方で、長期間連続運転による金属疲労が蓄積することと定期点検期間が短いことによる労働者の被曝線量の「密度」が増すであろうことは容易に想像がつくことである。もともと、市場経済の法則からは問題のある原発である以上、事故の「危険」と労働者被曝の「危険」（逆に言えば、「安全性」の問題）を電力売上利益とトレード・オフの関係にすることは許されないといわなければならない。事故や被曝がおこってからでは手遅れである。「環境」や「健康」は金で買えないのである。

---

(31)　菅井・前掲論文77頁。
(32)　室田武「原子力発電の経済性を問う」原子力工業27巻9号23頁参照。

表7　実用発電用原子炉施設の運転状況

発電所名	原子炉の名称	運転開始日（年月）	原子炉の型式	熱出力（MWt）	電気出力（MWe）	平成6年度	
						発電電力量（MWh）	設備利用率（％）
日本原子力発電㈱東海発電所		昭41. 7	GCR	587	166	979,304	67.3
日本原子力発電㈱東海第二発電所		昭53.11	BWR	3,293	1,100	8,670,300	90.0
日本原子力発電㈱敦賀発電所	1号炉	昭45. 3	BWR	1,064	357	2,352,104	75.2
	2号炉	昭62. 2	PWR	3,423	1,160	8,154,998	80.3
東北電力㈱女川原子力発電所	1号炉	昭59. 6	BWR	1,593	524	3,643,041	79.4
	2号炉	試運転中	BWR	2,436	825	*2(494,837)	—
東京電力㈱福島第一原子力発電所	1号炉	昭46. 3	BWR	1,380	460	4,028,613	100.0
	2号炉	昭49. 7	BWR	2,381	784	2,396,440	34.9
	3号炉	昭51. 3	BWR	2,381	784	4,203,011	61.2
	4号炉	昭53.10	BWR	2,381	784	6,188,355	90.1
	5号炉	昭53. 4	BWR	2,381	784	4,424,915	64.4
	6号炉	昭54.10	BWR	3,293	1,100	9,626,490	99.9
東京電力㈱福島第二原子力発電所	1号炉	昭57. 4	BWR	3,293	1,100	7,672,044	79.6
	2号炉	昭59. 2	BWR	3,293	1,100	7,330,355	76.1
	3号炉	昭60. 6	BWR	3,293	1,100	4,797,950	49.8
	4号炉	昭62. 8	BWR	3,293	1,100	8,619,080	89.4
東京電力㈱柏崎刈羽原子力発電所	1号炉	昭60. 9	BWR	3,293	1,100	7,334,810	76.1
	2号炉	平 2. 9	BWR	3,293	1,100	7,617,880	79.1
	3号炉	平 5. 8	BWR	3,293	1,100	7,617,290	79.1
	4号炉	平 6. 8	BWR	3,293	1,100	*1 3,877,810 *2(1,923,920)	63.0
	5号炉	平 2. 4	BWR	3,293	1,100	9,506,310	98.7
中部電力㈱浜岡原子力発電所	1号炉	昭51. 3	BWR	1,593	540	2,897,856	61.3
	2号炉	昭53.11	BWR	2,436	840	4,538,613	61.7
	3号炉	昭62. 8	BWR	3,293	1,100	9,633,934	100.0
	4号炉	平 5. 9	BWR	3,293	1,137	7,441,795	74.7
北陸電力㈱志賀原子力発電所	1号炉	平 5. 7	BWR	1,593	540	3,551,401	75.1

＊1　運転開始日（平成6年8月11日）以降の値を示す。
＊2　（　）内は試運転電力量の値を示す。

発電所名	原子炉の名称	運転開始日（年月）	原子炉の型式	熱出力（MWt）	電気出力（MWe）	平成 6 年度	
						発電電力量（MWh）	設備利用率（%）
中国電力㈱島根原子力発電所	1 号炉	昭 49. 3	BWR	1,380	460	2,204,428	54.7
	2 号炉	平 元. 2	BWR	2,436	820	7,064,718	98.4
北海道電力㈱泊発電所	1 号炉	平 元. 6	PWR	1,650	579	5,071,371	100.0
	2 号炉	平 3. 4	PWR	1,650	579	4,032,508	79.5
関西電力㈱美浜発電所	1 号炉	昭 45.11	PWR	1,031	340	0	0.0
	2 号炉	昭 47. 7	PWR	1,456	500	2,353,149	53.7
	3 号炉	昭 51.12	PWR	2,440	826	6,348,090	87.7
関西電力㈱高浜発電所	1 号炉	昭 49.11	PWR	2,440	826	3,964,020	54.8
	2 号炉	昭 50.11	PWR	2,440	826	4,950,620	68.4
	3 号炉	昭 60. 1	PWR	2,660	870	5,996,733	78.7
	4 号炉	昭 60. 6	PWR	2,660	870	7,620,900	100.0
関西電力㈱大飯発電所	1 号炉	昭 54. 3	PWR	3,423	1,175	4,674,175	45.4
	2 号炉	昭 54.12	PWR	3,423	1,175	7,074,400	68.7
	3 号炉	平 3.12	PWR	3,423	1,180	8,498,135	82.2
	4 号炉	平 5. 2	PWR	3,423	1,180	9,417,792	91.1
四国電力㈱伊方発電所	1 号炉	昭 52. 9	PWR	1,650	566	4,066,880	82.0
	2 号炉	昭 57. 3	PWR	1,650	566	3,955,819	79.8
	3 号炉	平 6.12	PWR	2,660	890	*1 2,285,403 *2(1,938,232)	100.0
九州電力㈱玄海原子力発電所	1 号炉	昭 50.10	PWR	1,650	559	2,673,723	54.6
	2 号炉	昭 56. 3	PWR	1,650	559	3,310,722	67.6
	3 号炉	平 6. 3	PWR	3,423	1,180	7,547,750	73.0
九州電力㈱川内原子力発電所	1 号炉	昭 59. 7	PWR	2,660	890	7,794,668	100.0
	2 号炉	昭 60.11	PWR	2,660	890	5,796,716	74.4

＊1　運転開始日（平成 6 年 12 月 15 日）以降の値を示す。
＊2　（　）内は試運転電力量の値を示す。
出典：原子力安全委員会編『平成 7 年度原子力安全白書』（1996 年）298〜299 頁

(2)　原子力労災をめぐる法的紛争

　原子力関連施設に関する法的紛争のうち、裁判となったものは 19 件あるが、このなかでも、原子力労災に関し、放射線被曝に関する因果関係が争われたのは「岩佐訴訟」のみであることは原子力労災訴訟の困難性を問わず語

りに示しているように思えてならない。たった1回原子炉に入っただけの原告の作業中の被曝による放射線皮膚炎についての被曝との因果関係について、一審の大阪地裁は、「これを直ちに認め難い」と判断して原告の請求は棄却され、大阪高裁、最高裁もこれを支持した[33]。この他、被曝労働者の白血病による死亡が労災認定された例として「浜岡原発嶋崎労災事件」、「福島原発労災事件」があり、現在3件の認定例を数えるにすぎない。

　問題点としては、「被曝と被害との因果関係」が、裁判、労災認定両者に共通する争点であり、従来の因果関係に関する法理論や労災実務で妥当な解決を見いだせるか問題である。従来の枠組みのままでは、被曝労働者の救済は極めて不十分であり、踏み込んだ解釈、または、立法的解決が望まれる。この点は、今後の課題として別稿で十分に検討したい。

　なお、原子炉の設計の問題も、定期点検時の不可避の被曝を前提とする被曝労働は問題であって、製品として通常備えるべき性状に欠ける、すなわち、瑕疵（欠陥）のある物と解すべきではなかろうか。この点も、今後の検討課題である。

　また、放射線被曝による被害に対する損害賠償請求権の時効に関しては、晩発性被害、低線量被曝も大きな問題である。この点に関する疫学的調査によるデータを得るため、科学技術庁は、平成2年12月より、放射線業務従事者約23万人を対象に、放射線業務従事者と放射線を受けていない人の間での死亡の原因などの有意の差の有無等を解析する調査を計画した[34]。右調査は、「放射線影響協会」に調査を委託し、個人識別情報、住所情報、被曝線量や死亡原因等に関するデータを集め、これらを電算処理で統計的に解析・評価し、結果の取りまとめを行うものである。第1期（5年）調査を終了し、第2期調査の実施中であり、結果の公表を待ち、検討する必要があろう。

---

(33)　大阪地判昭56・3・30判例時報1032号87頁、大阪高判昭62・11・20労働判例510号60頁、最三小判平3・12・17労働判例600号6頁。

(34)　科学技術庁原子力安全局『放射線疫学調査の実施計画について（平成2年）』(1990年)

⑶　廃炉、放射性廃棄物のスソ切り問題

　最後に、今後直面すると予想される廃炉問題について、政府・事業者側は、その費用としては、「廃棄物処分費、廃炉費用を合わせて今後の発電原価の 1 割を占める」と予想し、「原子力の経済的優位性に影響を及ぼすものではない[35]」としているが、高レベル核廃棄物の処分方法や処分地すら決定できず、また、核燃料サイクル上必須の再処理事業の可能性に疑問が呈され、高速増殖炉も運転できない現状では、廃棄物処分費用の予測がつかないだけでなく、既存の原発サイトへの原子炉の新規建設の見通しもたたないのではないか。

　また、廃炉の際にでる放射性廃棄物の処分方法も未定であって、いわゆる「スソ切り」(低レベル放射性廃棄物をさらに区分し、原発建屋などのコンクリートを極低レベル放射性廃棄物として、一般の産業廃棄物と同じ扱いにすること) を行えば、発電コストの上昇は抑えられるが、放射性廃棄物の全土への撒き散らしを惹起するおそれが強く、環境保全の観点から問題である。一般産業廃棄物の処理ですら大きな問題がある (香川県の豊島問題など) 現状では、「スソ切り」を行うことは論外というべきである。

　原子力安全委員会は、この問題を「クリアランスレベル」と称して、「それを下回るものについては、放射性廃棄物としての特殊性を考慮する必要がないレベル」のこととし、「これまで具体的なレベルについての結論は得られていない」が、「原子力利用に伴い発生する廃棄物の安全かつ合理的な処理、処分及び再利用が行われるためには、クリアランスレベルの設定が必要である」ことから、クリアランスレベル設定に関する調査、審議を開始した[36]。

　ところで、総合エネルギー調査会原子力部会の報告書によれば、国土の狭い日本では、原発の廃炉について最終的には「解体撤去」を基本方針とし、施設の規模、炉型に関係なく、5〜10 年程度の密閉管理期間を経て「解体撤去」方式とすることが適当であるとしており、廃止措置費用は 110 万 kW 級

---

(35)　高橋宏「原子力発電の経済性に関する総合評価」原子力産業会議年次大会会議事録 171 頁 (1982 年)。

(36)　原子力安全委員会『クリアランスレベル設定に関する調査審議について』(委員長談話、1997 年 5 月 26 日)

発電所について約 300 億円という見積りをしている⁽³⁷⁾。そして、総合エネル
ギー調査会原子力部会の廃炉に関する基本方針の決定を受けて、棚上げと
なっていた費用問題がクローズアップされることになった。今後は、「電気料
金面、企業会計面、税制面での廃止措置費用確保対策の検討」が、わが国に
おいても、避けて通れない重要課題となったといえよう⁽³⁸⁾。

(37) 松尾清一「商業用原子力発電施設の廃止措置のあり方——総合エネルギー調査会原
　　子力部会報告書を中心に」原子力工業 31 巻 11 号 13 頁。
(38) なお、諸外国における廃止措置費用の算出方法、会計、税制面の取扱いについての
　　概要については、田口三夫「原子炉廃止措置の諸外国の現状——費用問題を中心に」
　　原子力工業 31 巻 11 号 18 頁参照。

第3章　租税過誤納金返還問題における民事責任論
——不当利得ないし国家賠償の成否を中心に——

1．はじめに

　租税の徴収にあたり不当な課税がなされた場合には、通常は、国税または地方税など当該法律の規定に基づいて還付請求など所定の手続きを行えば納税者は納めすぎた税金の還付請求を行うことができる（国税通則法56条以下、地方税法17条以下等）。そして、過誤納に伴う還付加算金の請求も行うことができる。しかし、過誤納金の還付請求権は、例えば地方税法であれば、請求をできる日から5年を経過したときは時効により消滅するという規定がおかれている（地方税法18条の3）。そうすると、5年を超える過誤納付については税法上救済措置がとれないことになり、行政の側のミスによる課税処分などのケースでは、納税者側には咎めるべき事情もない（申告納税は別）から、納税者が一方的に被害を被っているにもかかわらず、救済されない結論となる。この結論の不当であることは一見自明であるが、では、どのような法的根拠に基づいて行政側が納税者に過誤納金の返還を行う必要があるのかと考えるとそれほど容易ではない[1]。

　このような事案は近年増えており[2]、申告納税における紛争（所得税、法人税等。件数はこちらの方がずっと多い。）を除くと、特に、固定資産税・都市計画税の誤徴収事件が目立つ。申告納税ではなく賦課課税によるものだけに納税者が誤徴収に気づかないことも多い。各地の自治体が、固定資産税の納税通知書に、納税者の便宜のために、法律上義務づけられているわけではない

---

(1) 阿部泰隆『政策法務からの提言』（日本評論社、1997年）194頁。
(2) なお、事案は全く異にしているが、東京都が銀行に対して外形標準課税を行った事案では、銀行税条例の無効確認の訴えは不適法であるとしながら、原告らの請求のうち、誤納金返還請求および損害賠償の請求のみ理由があるとして被告都に対して支払いを命じた事件は記憶に新しい。東京高判平成15・1・30判例時報1814号44頁。

課税資産の内訳明細書を添付し始めたことで、誤徴収の実態が表面化したともいわれる。

　青森県内だけでも、青森市、八戸市、十和田市、三沢市、むつ市、五所川原市、黒石市で固定資産税・都市計画税の誤徴収事件が生じている[3]。これらの事件は、地方税法上非課税対象であった協同組合等に対し10年以上に渡り固定資産税・都市計画税の誤徴収を行っていたものである。

　弘前市においても、平成14年2月に納税者から固定資産税（都市計画税を含む。）の課税誤りではないかとの指摘を受けて調査した結果、合計5件の誤徴収が判明した。いずれも地方税法第348条第4項の「中小企業等協同組合法による組合が所有し、かつ使用する事務所、倉庫」に対する非課税規定の適用を誤ったことによるものであった。誤徴収額は10年間に7,200万円にも達するものであった。最も古い誤徴収のケースは17年前まで遡るが、固定資産税課税台帳は10年分しか保管されていないため、正確には分からないという。納税者の立場からすれば杜撰極まりないという印象を持たれてもやむを得ない事態であった。

　弘前市としては、この誤納金のうち、地方税法の規定に基づき還付できる5年分については平成14年第3回市議会定例会で補正予算措置をし、10月上旬にこれらの団体に返還した。しかし、地方税法の規定で時効となるそれ以前の還付不能分が残され、弘前市としてもどのように誤徴収分を返還すればよいか対応を迫られた[4]。

　筆者はそのときに組織された「弘前市固定資産税等過誤納金問題研究会」の座長として他の委員（弁護士、公認会計士、税理士）とともにこの問題を検討する機会があり、短期間に集中して検討を行い、同年11月13日には「弘前市固定資産税等過誤納金問題報告書」をまとめ、弘前市長宛提出した。右研究会においては、固定資産税等の課税誤りに関する裁判例や横浜市、神戸市、八潮市の同様の研究会報告を参照して検討がなされた[5]。右研究会の検討の際には、市議会の会期の問題など納税者への返還を可能な限り早くするという前提があったので、理論的な問題については必ずしも結論を出す際に

---

(3)　青森市については東奥日報2002年9月12日付参照。八戸市については東奥日報2002年9月19日付参照。十和田市については東奥日報2002年9月20日付参照。

こだわらなかった経緯がある。さらに、議会の議決を必要とするため、納税者側の財産状態について詳細な点が公開されることへの市当局側の配慮も働いたであろう。

　右研究会の結論は、非課税規定の適用誤りによる不利益を補填することは、地方自治法第232条の2に規定する「公益上必要な場合」に該当するものという解釈を採用し、議会で予算の議決を得て、還付不能分相当額を補填金として返還するというものであった（後述）。

　本稿では、本件のような固定資産税等の過誤納金を返還する法的根拠（納税者側からみれば過誤納金の返還請求権）について、主に、不当利得、国家賠償という民事責任からの検討を行うことを中心とし、関連して、地方自治法の規定を利用した「寄付・補助」による返還にもふれることとする。

　検討すべき事項は多岐に渡るが、紙数の関係上、固定資産税等の過誤納金に対象を限定し、不当利得を理由とする返還、国家賠償を理由とする返還、及び、寄付・補助による返還について、判例・学説を検討し、一応の理論的な結論を得るとともに今後の課題を探ることとしたい。

---

(4) 県内各市の過誤納金の取り扱い方法は必ずしも統一されていない。返還年数と返還の根拠は以下の通りとなっている。
　・青森市　年数：10年（資料提出があれば10年前でも対象とする）　根拠：「青森市固定資産税過誤納金補填金支払要綱」
　・八戸市　年数：10年　根拠：「地方税法の規定に基づき還付することが出来ない誤課税による固定資産税の取扱方針」
　・十和田市　年数：10年（資料提出があれば10年前でも対象とする）　根拠：「十和田市固定資産税等過誤納金補填支払要綱」「十和田市固定資産税等過誤納金補填支払事務要領」
　・三沢市　年数：5年　根拠：地方税法
　・むつ市　年数：5年　根拠：地方税法
　・五所川原　年数：5年　根拠：地方税法
　・黒石市　年数：5年　根拠：地方税法
(5) 横浜市固定資産税等過誤納金問題研究会報告（平成2年12月）、神戸市固定資産税等過誤納金問題研究会報告（平成2年11月）、八潮市定資産税等過誤納金問題研究会報告（平成5年3月）。

2．不当利得による返還

(1)　公法上の不当利得ないし行政法上の不当利得[6] をめぐる学説

　一般に、行政上の法律関係に基づいて個人と国または公共団体との間に財産的利益の移転があった場合に「不当利得」となるかについては問題とされてきた[7]。民事上の不当利得と異なる点があるからである[8]。

　この点に関しては、現在、「公法上の不当利得」と「行政法上の不当利得」の観念が見られるという。前者は、田中二郎説に典型的に見られるように、公法と私法の二元的対立関係を基礎として、「①行政権の認定を一応正当として是認し、これを覆すためには一定の手続・制限に服さねばならない点に制度的対立の合理的解釈上の共通的特殊性が認められる公法上の不当利得が、民法上の不当利得に関する規定によりえないとされる理由、②公法上の不当利得を正当づけるだけの特殊性の存否、③一般的規定の存しない場合における具体的な公法上の不当利得に関する救済方法を検討しようとするものである」とされる[9]。これに対して後者を代表する今村成和説は、「行政法上の不当利得」を、行政裁判所廃止により裁判制度が一元化された現行憲法において、公法と私法の区別は相対化され、法の一般原理を含むものとしては私法が一般法の地位を占めるに至ったという前提に立って、行政主体としての国または公共団体になんらかの特殊な地位が認められる場合の不当利得の内容を吟味しようとするものである[10]。いずれにしても、行政上の法律関係に基づいて個人と国または公共団体との間に財産的利益の移転があった場合には、民事上の不当利得の場合とは異なった何らかの特殊事情が存在し、それがなんらかの制度的措置（固定資産税等の過誤納金の例で言えば、「還付請求」

---

(6)　以下の記述は、小高剛『新版・注釈民法 18 巻』（有斐閣、1991 年）513 頁に多くを負っている。

(7)　四宮和夫『事務管理・不当利得・不法行為上巻』（青林書院新社、1981 年）101 頁。

(8)　今村成和「行政法上の不当利得」『現代の行政と行政法の理論』（有斐閣、1972 年）34 頁。

(9)　田中二郎「公法上の不当利得に就いて」『公法と私法』（有斐閣、1955 年）45 頁。小高剛『新版・注釈民法 18 巻』（有斐閣、1991 年）513 頁。

(10)　今村・前掲書 35 頁。

の制度）を伴っているときには、不当利得の一般理論をそのまま適用はできないことになる。裏返せば、何らかの特殊事情の存在が法的に意味を持たない場合には、不当利得の理論が適用可能であることになる。

　ところで、不当利得が生じるのは行政側だけとは限らない。個人の側に生じることもありうる。行政行為に基づく個人に対する給付が、当該行政行為が違法とされたときに、国または公共団体は当然にその個人を相手として違法な給付の返還を請求出来るのではなく、当該行為を違法として職権で取り消した後に、はじめて返還請求をなすことが出来る。この場合には、行政行為の職権取消制限の法理が働くから、個人の側に責めに帰すべき事由がないにもかかわらず、処分庁の過誤に基づく違法を理由として当該処分を取消し、個人に生じた利得の返還を請求することは出来ないとされる[11]。とりわけ社会法分野に於ける年金給付等が念頭にあり、法律上も、受給権者に不正行為があった場合に限って、交付決定が取り消される場合や、受給した金員の返還を命じられる場合がある（健康保険法67条の2、生活保護法78条等）。

　なお、過誤納金とは法律上の原因がないにもかかわらず納付済みとなっている租税金での総称である。理論上は、これを区別することができるとされる。「過納金」とは、納付の際には適法であったにもかかわらず、後に、免除、減額更正、課税処分の取消し等の事情が生じたため、超過納付となった金額をいう。身近には、給与所得者の給与取得に係る源泉徴収税額が年末調整の結果過納であった場合に発生する（所得税法191条）。また、「誤納金」とは、法定の予納の要件を具備する場合を除き、国税債務がないにもかかわらず納付された金額をいう。両者は、還付加算金の起算日を異にする（国税通則法58条他）。

　不当利得との関係では、「過納金」は、過大申告または課税処分等の税額確定行為もしくは違法な徴収処分に基づき発生した場合には、違法なものであっても、当該行為が取り消されて公定力が排除されるまでは、有効な納付・徴収であって、法律上の原因を欠くことにはならない（判例・通説）ので、不当利得に基づく返還請求権は成立しない。

---

(11)　今村・前掲書44頁。

他方、「誤納金」は、その納付・徴収の時点において、実体法的にも手続法的にも法律上の原因を欠くものであるから、所定の還付申告手続を経て、直ちにその還付を請求することが出来る[12]。

⑵　不当利得の成否をめぐる裁判例の動向

次に、租税の過誤納金返還をめぐる訴訟における裁判例の動向を概観することにする。戦前は、行政裁判所が存在したため、行政訴訟の位置づけが現代とは異なるけれども、戦前から、違法な課税処分による過誤納金が不当利得に当たるかが争点になっており[13]、戦後の一時期までは、行政上の手続きに不備があったため、やむを得ず裁判所は不当利得の法理を用いて返還請求を認容していたと思われる。一種の裁判による「法の創造」であり、他の分野に目を転じれば、不動産賃借権に関わるいわゆる「信頼関係理論」なども戦後の混乱期に判例法が形成され、今日に至っている。したがって、違法な課税処分による誤徴収を返還する制度が準備されるようになると、その制度による救済（「還付請求」制度など）が図られればそれを不当利得として私法上の請求権として構成するメリットは減少する。

しかし、その制度的救済には往々にして「期間制限」が設けられている。例えば、地方税法18条の3は還付金の消滅時効を規定するが、「地方団体の徴収金の過誤納により生ずる地方団体に対する請求権及びこの法律の規定による還付金に係る地方団体に対する請求権」は、「その請求をすることができる日から5年経過したときは、時効により消滅する」と規定しており、民事の債権に対する消滅時効期間10年と比べると、期間も半分であるし、時効の起算点も「その請求をすることができる日」であり、客観的に過誤納となった時点から時効が進行するから、過誤納をしてしまった納税者の保護に欠けるきらいがあるといえる。5年より以前の地方税法上還付請求をもなしえない期間については、税法上やむを得ない制約と考えるのか、それとも、不当利得や国家賠償による私法上の救済を図るのかという問題に直面する。この間の裁判例は、制度的救済が整備されるに従って不当利得の成立を認めなく

---

(12)　金子宏『租税法（第3版）』（弘文堂、1990年）444頁。
(13)　谷口知平「訴訟・行政処分と不当利得」民商法雑誌21巻11・12号12頁。

なってきているように思われる。

　ここでは、戦前から戦後・現代にかけて特徴的な裁判例を中心にその動向を概観する。

(1) 戦前の裁判例

　大判大昭 5・7・8 民集 9 巻 719 頁は、「其ノ賦課処分ノ取消アラサル限リ其ノ徴収シタル金額ハ法律上ノ原因即租税ノ賦課処分ニ基キ取得シタルモノニ外ナラサルヲ以テ之ヲ不当利得ト做ス余地ナキモノトス従テ本件被上告人ノ請求ハ之ヲ棄却スヘキモノトス然ルニ原審ハ右租税ノ賦課処分ノ違法ナルノ故ヲ以テ其ノ徴収シタル金額ニ付不当利得アルモノト為シテ被上告人ノ請求ヲ認容シタルハ不当利得ニ関スル法則ノ適用ヲ誤リタル不法」ありとして不当利得の成立を認めた原判決を破棄し、自判をおこなった。不当利得返還請求として主張されていても、実質的に、租税賦課処分の違法を主張するものに他ならないから、違法な処分であろうとその効力は裁判所を拘束するため、抗告訴訟等の一定の手続を経て租税賦課処分を取り消した上で、民事訴訟において不当利得返還請求をなすべきものという理解は当時の学説の立場と同一といえよう[14]。

　さらに、行政裁判所のあった時代であるから、違法な租税賦課処分の取り消しを求めるべきところ、不当利得返還請求を行ったため、過誤納金返還を求める訴えを不適法とし却下したものも存在する[15]。

　これに対し、大阪地判昭 11・3・30 新聞 3994 号 5 頁は、「行政行為の重大なる瑕疵が客観的に明白なる場合に於ては当該行政行為は取消を要せずして当然無効なりと認むるを相当とす然らば当然無効の行政行為に基く被告の金員取得は法律上の原因を缺き（中略）不当に利得したるものなれば被告は原告に対し之が返還すべき義務あること勿論なり」と判示した。同旨の裁判例もあり[16]、行政行為が無効と認められる場合には、その取消を抗告訴訟等に

---

(14) このほかに、同旨のものとして、大判明 38・6・10 民録 11 巻 931 頁、大判大 5 年
　　3 月 15 日民録 22 巻 467 頁等がある。
(15) 行判大 11・7・4 行録 33 巻 793 頁、行判大 14・9・16 行録 36 巻 861 頁等。
(16) 大判明 43・2・25 民録 16 巻 153 頁、大判明 43・6・30 民録 16 巻 492 頁。

おいて主張するまでもなく、不当利得返還請求をなすことができることを判例も認めていたのである。もっとも、戦前では行政裁判所による救済が不備であり、それを補完するものとして不当利得返還請求がなされたという背景があるという指摘[17]は十分留意すべきであろう。

(2)　戦後の裁判例

　前述のように、行政行為の重大なる瑕疵が客観的に明白と認められる場合には、その取消を抗告訴訟等において主張するまでもなく、不当利得返還請求をなすことができることを戦前の裁判例も認めていたが、戦後に至っても、租税課税処分が違法であり無効と認められる場合にも同様の判断がなされている。特に、戦後税制などの制度変更等がなされ、違法な行政行為に対する救済が不備であった時代には、不当利得返還請求を認める判例の立場は立法の不備を補うものとして、一般に、学説の承認を得ていたものとされる[18]。

　その適例が、課税後に貸倒れが生じたため、右金銭債権が回収不能になった場合の納税者の救済のために不当利得の法理が適用できるかが争われた事件である。原審が貸倒れのケースに不当利得返還請求を認めたのに対し、貸倒れの場合における調整は租税政策の問題であり、立法により解決すべきこと、行政行為の公定力が認められる場合には民法上の不当利得の規定がそのまま妥当せず、原因行為の無効または取消を前提とすべきことを主張した上告がなされたが、最高裁は次のように判示して、右上告を棄却した[19]。

　「所得税法は、具体的な租税債権及びその数額が法規の定める課税要件の充足と税額計算方法によって自動的に確定するものとはしないで、課税所得及び税額の決定ないし是正を課税庁の認定判断にかからしめているのであるから、かような制度のもとでは、債権の後発的貸倒れの場合にも、貸倒れの存否及び数額についてまず課税庁が判断し、その債権確定時の属する年度における実所得が貸倒れにより回収不能となった額だけ存在しなかったものと

---

(17)　今村・前掲書36頁。
(18)　小高剛『新版・注釈民法18巻』（有斐閣、1991年）521頁。
(19)　最判昭49・3・8民集28巻2号286頁。

して改めて課税所得及び税額を算定し、それに応じて先の課税処分の全部又は一部を取り消したうえ、既に徴税後であればその部分の税額相当額を納税者に返還するという措置をとることが最も事理に即した是正の方法というべく（中略）、課税庁としては、貸倒れの事実が判明した以上、かかる是正措置をとるべきことが法律上期待され、かつ、要請されているものといわなければならない。」

「しかしながら、旧所得税法には、課税庁が右のごとき是正措置をとらない場合に納税者にその是正措置を請求する権利を認めた規定がなかったこと、また、所得税法が前記のように課税所得と税額の決定を課税庁の認定判断にかからしめた理由が専ら徴税の技術性や複雑性にあることにかんがみるときは、貸倒れの発生とその数額が格別の認定判断をまつまでもなく客観的に明白で、課税庁に前記の認定判断権を留保する合理的必要性が認められないような場合にまで、課税庁自身による前記の是正措置が講ぜられないかぎり納税者が先の課税処分に基づく租税の収納を甘受しなければならないとすることは、著しく不当であって、正義公平の原則にもとるものというべきである。それゆえ、このような場合には、課税庁による是正措置がなくても、課税庁又は国は、納税者に対し、その貸倒れにかかる金額の限度においてもはや当該課税処分の効力を主張することができないものとなり、したがって、右課税処分に基づいて租税を徴収しえないことはもちろん、既に徴収したものは、法律上の原因を欠く利得としてこれを納税者に返還すべきものと解するのが相当である。」

右事件にかんしては、その後、昭和37年に所得税法の改正が行われ、更正の請求の手続きを取ることが認められるようになったために、問題は立法的に解決されている。

なお、近年の裁判例で固定資産税の賦課処分を違法とし、不当利得返還請求を否定しなかった事案として大阪高判平成3年5月31日[20]がある。本事案は、現況が畑である土地を雑種地と認定して固定資産税を賦課した違法な

---

(20)　判例時報1400号15頁。本判決の評釈としては、碓井光明（判批）判例時報1418号165頁、山村恒年（判批）判例地方自治98号93頁、森義之『平成4年度主要民事判例解説（判例タイムズ821）』（1993年）270頁。

処分であった。判旨は、このような場合には重大・明白な瑕疵があることを理由とする民法上の不当利得の返還請求は許されること、及び、固定資産課税台帳の登録事項に関する不服について、地方税法上、特別の不服申立手続が用意されているからといって、市町村長の認定に重大かつ明白な誤りがあり課税処分自体が無効であると認められる場合には、一般の正義公平の原則に基づき、一般法たる民法の不当利得として返還を求めることができるという判断を示した（一般論に留まる）。事案の処理としては、「本訴請求の当否にかかる先決問題として、本件課税処分に控訴人ら主張のような無効原因が存在するかどうかを審理、判断すべきであったところ」、「固定資産課税台帳の登録事項に関する不服について、地方税法上、前示のような特別の不服申立手続が用意されていることを理由として、一般法たる（民法の）不当利得に関する規定の適用は排除されているとの見解の下に、本件課税処分の控訴人ら主張のような無効原因が存在するかどうかについて何ら判断することなく本訴請求を排斥した原判決は、不当というべきである。」として、原判決を取消差戻した（事件は確定）。不当利得の成否に関する理由は次の通りである。

　「前記地方税法の一連の規定は、前示のとおり、固定資産課税台帳の登録事項について、固定資産税の賦課処分に至る前段階において、課税処分に対するそれとは別に、これに関する独立した争訟手続を設け、右登録事項についての不服については、課税処分に対する争訟手続によらずに、専ら右の独立した争訟手続中において解決することを意図したものである点において、独自の制度的意義を有することはいうまでもないが、右の趣旨に鑑みても、また、その規定の仕方ないしは文言に照らしても、右にみた違法な課税処分にかかる納税者の権利救済に関する現行法の一般的な制度的枠組みの下において、右の一連の規定が、固定資産課税台帳の登録事項に関する市町村長の認定に重大かつ明白な誤りがあり、ひいてはその認定に基因する固定資産税の賦課処分自体が無効であると認められるような場合においても、納税者が、右無効な課税処分により徴収された税額（過誤納金）について、一般の正義公平の原則に基づき、これを不当利得としてその返還を求めることをも許さないとした趣旨のものと解することが合理的であるとする理由はこれを見出し得ないというほかはないからである。」

⑶　検　討

　地方税法第18条の3による「地方団体の徴収金の過誤納付により生ずる地方団体に対する請求権及びこの法律の規定による還付金に係る地方団体に対する請求権」とは、法律上の原因なくして地方団体が不当に利得している金員を納税者に返還することを内容とするものであり、納税者側からみれば、民法上の不当利得返還請求権に該当する。過誤納金の性質が一種の不当利得であることは間違いないが、民法上の不当利得返還請求権が成立するためには、単なる違法な課税処分であるだけでは足りず、右処分に重大・明白な瑕疵が必要であると思われる。

　固定資産税等の課税誤りについては、還付請求の制度が整備されており、この制度を利用することで目的を達することが出来る場合には、公法関係において早期に紛争を決着することが望ましい。その意味では、「国税通則法の過誤納金に関する規定は、納付された国税に関し民法の不当利得の特則を定めたもので、過誤納金について民法の不当利得の規定を排除する趣旨であると解するのが妥当である[21]。」というのが、判例・通説の立場であり、おおむね妥当であると思われる。

　しかし、不当利得返還請求権の成立はすべて排除されると考えるのは行き過ぎであろう。前述の大阪高判平成3年5月31日が正当に指摘しているように、課税処分に重大・明白な瑕疵があった場合には、課税処分自体は有効な公定力のあるものとして一度は成立している場合と異なり、課税処分自体が無効であり、還付請求権も生じない。その場合には、一般法である不当利得が成立しその返還請求権が納税者に認められるべきである。

　したがって、課税誤りの態様が「重大かつ明白な誤り」を伴い、課税処分自体が無効であると認められる場合には、一般の正義公平の原則に基づき、一般法たる民法の不当利得として返還を求める余地を残すべきであろうと思われる。

　なお、行政行為により一方的に負担を課した場合は、仮に不当利得の成立を認めるとして、その返還範囲は「現存利益」に限られるか。国または公共

---

(21)　東京地判昭49・7・1訟務月報20巻11号178頁。

団体には、法律上根拠のない金額を受領する権限を有していないから受けた利益の全額を返還すべきものと解される[22]。行政行為によらずに不当利得が生じた場合も同様に解してよいであろう。もっとも、法令は、そのような場合には、納期を繰り上げて納付したものとして処理する途を開いている（国税通則法 57 条他)。

3．国家賠償による返還

(1)　国家賠償責任の成否

　国家賠償法第1条第1項は、「国又は公共団体の公権力の行使に当る公務員が、その職務を行うについて、故意又は過失によって違法に他人に損害を加えたときは、国又は公共団体が、これを賠償する責に任ずる。」と規定している。固定資産税等過誤納金の返還を納税者が請求する場合に、国家賠償法第1条の規定は適用されるか。もし、適用可能であれば、還付不能分相当額の返還が可能になる。

　まず、国家賠償法上の請求権行使にあたっては、以下の要件が充足される必要がある。

　　①国または公共団体の公権力の行使に当たる公務員の行為であること。
　　②その行為が「職務を行うについて」なされたこと。
　　③公務員に故意または過失があること。
　　④違法な加害行為があること。
　　⑤加害行為により損害が生じたこと。

　課税誤りの場合、①、②及び④の要件充足は問題がないと考えられる。問題は加害公務員に「故意・過失」があったのかということと、損害が生じているかということである。

　「故意・過失」についてはどうか。弘前市のケースでは、地方税法 348 条第4項の非課税対象となる協同組合の建物について、固定資産税を課することができない物件から固定資産税等を徴収していた事案であり、実定法の執行

---

(22)　今村・前掲書 43 頁。

を誠実に行うべき責務を有している市当局としては厳に戒められるべき行為
である。重大な過失と評価できるかどうかは今後検討を要するが、少なくと
も過失はあったものと考えざるを得ないであろう。ただ、弘前市の場合、複
数件の課税誤りを起こしており、それぞれが全く同一の条件で起こったわけ
ではないから一律の認定が出来るかどうかは問題がある。

　⑤の要件はどうか。取消訴訟出訴期間の経過後に、実体法上過大な金額を
損害として国家賠償を認めることは、実質的に取消訴訟制度の趣旨を没却さ
せることにもつながるから許されないと解する余地がないわけではない。

　しかし、国家賠償法上の請求権は私法上のものであり、公法上の過誤納金
還付請求権との相互関係が問題になるが、裁判例によれば、国家賠償法に基
づく損害賠償請求権は、私法上の請求権であり、公法上の過誤納金還付請求
権とは別個独立に行使することができるとされている[23]。

　したがって、⑤の要件に関しても、過誤納金相当額をもって損害額である
と解する余地が十分にある。

　これらを勘案すると、課税誤りという違法行為により、国家賠償法第１条
第１項に規定する賠償責任の要件は充足されると考えられる。

⑵　国家賠償責任に関わる裁判例の検討

　固定資産税の賦課課税にかかる訴訟として浦和地方裁判所平成４年２月24
日判決[24]がある。この事件は、地方税法に基づく減税特例制度（昭和48年新
設）に関して、条例で住宅用地の所有者に対し申告を義務付けた八潮市にお
いて、申告があったものについては減税特例を適用したが、申告がなかった
ものについては、改めて申告を促す等の措置をとらなかったために、要件を
具備していながら減税特例が適用されないものが多数生じる結果となった。
こうして、10年以上を経過した昭和61年になって、埼玉県の調査を契機に
減税特例未適用物件が多数（約3,000件）発見され、被告八潮市は、昭和58

---

　(23)　那覇地判昭50・7・16訟務月報21巻9号1807頁。

　(24)　山代義雄（判批）判例地方自治100号109頁、伴義聖、大塚康男（判批）判例地方
　　　自治103号13頁、森義之『平成4年度主要民事判例解説（判例タイムズ821）』270頁
　　　（1993年）。

年以降の分については、減税特例を適用すれば過納となる税額に相当する金員をそれぞれの納税者に支払ったが、それ以前の分については、地方税法第 17 条の 5（更正、決定等の期間制限）、第 18 条の 3（還付金の消滅時効）の各規定との関係で支払の法的根拠を見出しがたく、支払をしなかったという事案である。

　右判決は、まず被告の過失につき以下のように判示した。

　「被告の市長が原告らに対してした固定資産税の賦課決定は、減税特例を適用するのに必要な要件を具備しているのに、これを適用しなかったという点で、地方税法第 349 条の 3 の 2 第 1 項又は第 2 項に違反し瑕疵のあるものではあるが、その瑕疵は、課税手続上、特例措置の適用を看過したというものであって、課税要件の根幹にかかわる事由に関するものではないから、重大なものとはいえず、右固定資産税の賦課決定を当然に無効と解することはできない。」として、まず、賦課課税自体の効力は有効とした。「しかしながら、固定資産税の賦課決定は、市町村長の納税義務者に対する納税通知書の交付によってされるのであって（地方税法第 364 条）、納税義務者からの申告によるものではないのであり、同法第 384 条第 1 項本文が、市町村長は、住宅用地の所有者に対して、当該市町村の条例の定めるところに従い、土地の所在及び面積等、固定資産税の賦課に関し必要な事項を申告させることができるとしたのは、納税義務者に対して右申告義務を課することにより課税当局において減税特例の要件に該当する事実の把握を容易にしようとしただけのものであって、右申告がないからといって、減税特例を適用しないとすることが許されるものでないことは課税の当局者にとっては見易い道理である。それにもかかわらず、被告の市長が右申告をしなかった原告らを含む納税義務者に対して、ほかに調査のための何らの手段を講ずることもなく、減税特例を適用しないで固定資産税の賦課決定をしたのは甚だ軽率というほかなく、市長が右固定資産税の賦課決定をしたことには過失があり、これが租税法規に違反してされた点で違法性を有するものであることは多言を要しない。」として、被告には過失があると判示した。

　また、課税誤りは「専ら行政不服審査上の異議申立て又は審査請求、及びこれに続く取消訴訟の提起等によって是正されるべきである」との被告の主

張に対し、「これは専ら租税の賦課処分の効力を争うものであるのに対して、租税の賦課処分が違法であることを理由とする国家賠償請求は租税の賦課処分の効力を問うのとは別に、違法な租税の賦課処分によって被った損害の回復を図ろうとするものであって、両者はその制度の趣旨・目的を異にし、租税の賦課処分に関することだからといって、その要件を具備する限り国家賠償請求が許されないと解すべき理由はない。」と判示して国家賠償請求を容認した。

　さらに、「特に、本件においては、原告らは、昭和 63 年 2 月 14 日の新聞報道によってはじめて被告の市長が原告らに対してした固定資産税の賦課決定が違法であることを知ったものであることは弁論の全趣旨に照らして明らかであり、この時点においては、申立期間の経過等のため右前者の手段に訴える途は閉ざされていたわけであるから、なおさらのことである。」と判示した。

　また、損害の発生については、「原告らは、被告の市長がした固定資産税の賦課決定により法定の納税義務の限度を超えた納税をし、その超過部分に相当する損害を被ったわけであるから、被告は原告らに対しこれを賠償すべきである（なお、右損害が発生したことについては、前述したとおり、原告らにも所定の申告をしなかった点で一半の責任があることは否定できないが、固定資産税については賦課課税方式がとられていることや右申告が課税当局の便宜のために設けられた手続であることなど、諸般の事情に照らすと、原告らの右申告義務の懈怠を損害額を算定するうえで斟酌するのは相当でない。）。」と判示し、基本的に賦課課税である以上、原告に申告義務の懈怠があったとしても影響がないと判断した。

　なお、このほかにも、登記官の過誤と固定資産課税に当たる県職員の過誤が競合した事案について、不自然な通知を受けた市の課税担当者が、その過誤を看過して誤った地積を土地課税台帳に記載したことは違法であるとして、市に対し、固定資産税及び都市計画税の過大徴収による損害の賠償を命じた事例[25]がある。

---

(25)　広島地判平成 6・2・17 判例地方自治 128 号 23 頁。

(3) 検 討

課税誤りという違法行為によって、国家賠償法第1条第1項に規定する賠償責任の要件が充足されると考えた場合には、国家賠償請求権の消滅時効は、同法第4条により民法第724条が準用される。同条は、「不法行為による損害賠償の請求権は、被害者又はその法定代理人が損害及び加害者を知った時から3年間行使しないときは、時効によって消滅する。不法行為の時から20年を経過したときも、同様とする」と規定する。

従って、国家賠償請求権の消滅時効の始期は「損害及び加害者を知った時」である。特に「損害を知った時」との点に関する有力説は、「法律生活一般において要求される広い意味での注意義務に関する規範」に基づき、「通常人の予知しうる限りにおいて当該の被害者も知るべきはず」の時点であるという[26]。

「弘前市固定資産税等過誤納金問題研究会」の議論においては、この消滅時効の問題では委員に見解の相違が見られた。それは次のような問題である。

すなわち、徴税権者である弘前市自身、長年にわたって地方税法第348条第4項の規定を没却して固定資産税を課することができない物件を所有する団体から徴収していたのであるから、当該団体もまた、損害発生を平成14年6月に課税誤りが確定するまで知らなかったことを理由にして、課税誤り確定までは消滅時効が進行しないと考えるというのが一つの立場である。

他方、「徴収権者が固定資産税を課することができないとして明記されている物件を所有する団体から固定資産税を徴収することは、法律生活一般において要求される広い意味での注意義務に違反する。」と考えられるのと同様、「各種組合法に基づいて設立された組合は、自らがどのような権利義務を有しているかについて的確に把握すべき義務があり、これらの組合が固定資産税を課せられないということの権利を認識することは当該組合に要求される広い意味での注意義務に関する規範」であると考えることもまた可能でないかという意見も出された。この見解は、「固定資産税を課せられないという特別の権利を侵害されたにもかかわらず、そのことに気がつかないまま3年

---

(26) 末川博「不法行為による損害賠償請求権の時効」『民法論集』（評論社、1959年）290頁。

間を経過した場合、国家賠償請求権の消滅時効が完成する」という考えである。

　この問題に関しては、研究会としては明確な結論を下すことが出来なかった。確かに、請求権者である各組合における「損害を知った時」をどのように確定するかによって理論上は消滅時効が完成する余地がないとはいえないものである。しかし、この点に関しては、当該各組合の事情を個別に検討する必要があり、時間の制約等からその個別的な検討はなしえなかったが、筆者としては、上記を総合的に判断すると、本件は還付不能分相当額について国家賠償法第1条に基づく損害賠償請求権が成立し、かつ、当該各組合の事情によっては課税誤り確定までは消滅時効が進行しないため、弘前市が当該組合に対して、同条に基づく損害賠償責任を免れないと判断される可能性も否定できないと考える。

4．寄付・補助による返還

　各地の固定資産税等過誤納金の紛争事案において一つの方法として採用されているものが地方自治法の「寄付・補助」の規定を借用する方法である。地方自治法第232条の2には、「普通地方公共団体は、その公益上必要がある場合においては、寄附又は補助をすることができる。」と規定しており、「寄附」とは「贈与契約による金銭の支出、財産権の移転」のことであり、例示を行えば、災害救助法の適用にならない小規模災害の被害者に対して見舞金を支出する場合などがこれに当たる。「補助」とは、「私人等に対しその活動を育成・助長する目的で交付する金銭的給付」をいうものであるとされている。

　地方自治法第232条の2の規定により、本件還付不能分相当額の返還は可能か。「弘前市固定資産税等過誤納金問題研究会報告」によれば、「補助金としての支出は、特定の事業、研究を育成・助長するためであることから本件の課税誤りの場合にはなじまない」として、まず「補助」は採用しないこととした。もう一つの可能性である「寄附金」として市が支出できるか。「寄附金」としての支出が認められるためには、当該支出が「公益上必要がある場

合」に該当しなければならない。

　「公益上必要かどうか」の判断は一応長及び議会がこれを行うものとされているが、全くの自由裁量行為ではないから、「客観的にも公益上必要であると認められなければならない」とされている[27]。

　また、公益上の必要については、裁判例では「地方自治法第232条の2は、地方公共団体は、その公益上必要がある場合においては、寄附又は補助をすることができる旨定めているが、その内容を具体的に定めていないから、地方公共団体が同条の規定の趣旨に従って、右交付処分が住民にもたらすであろう利益、程度等諸般の事情を勘案して判断すべきことになるが、その判断につき著しい不公正もしくは法令違背が伴わない限り、これを尊重することが地方自治の精神に合致する所以というべきである。[28]」と判示している。

　「弘前市固定資産税等過誤納金問題研究会報告」では、次の3点から「公益上の必要」の要件を満たすと結論づけている。

　まず、第一に、「地方税法第18条の3の還付請求権の消滅時効の規定により還付しないことは、納税者に不利益を与えるものであり、同時に市民の弘前市政、税務行政に対する信頼を損なう」と指摘して、「これをこのまま放置することは、行政に対する信頼確保の観点から不適切であり、この不利益を補填し、信頼の回復を図ることは、『公益上の必要』に合致する」ことである。

　第二に、「本件の適用誤りをした非課税規定は、協同組合等の発達の促進、協同組合等が行う事業発達の確保、協同組合等に参入する人々の経済的社会的地位の向上を図ることを目的としているものである。この適用誤りにより被った不利益を補填することは、言い換えれば、公益上必要なために設けた非課税規定の適用誤りを正すことであり、『公益上の必要』に該当する」ことである。

　第三に、「市の無効な賦課処分により、本来徴収すべきでない誤納金を時効の規定があるからといって納税者に返還しないことは、広く社会的・道義的観点からも許されない」ことである。

---

　(27)　昭和28年6月29日自行行発第186号・資料29頁。
　(28)　熊本地判昭51・3・29行政事件裁判例集27巻3号416頁。

　地方自治法第 232 条の 2 の規定に関わる「公益上の必要」という要件は、場合によっては、地方公共団体から特定の団体への寄附または補助を行う場合に利用されたという事実がある[29]。本来は不当利得なり国家賠償なりという明確な処理を行うべき固定資産税の課税誤りにこれを利用することは、特定団体への補助を行う場合に比べれば問題は少ないとも考えられるが、理論的には望ましい解決でないことは明らかであろう。

5．むすびにかえて

　過誤納金返還の法的根拠を種々検討した結果、可能性があるのは、民法 703 条の不当利得返還請求権、国家賠償法第 1 条の規定による賠償金と地方自治法第 232 条の 2 の規定による寄付金である。そこで、これらの比較検討を行うこととする。

　まず、不当利得返還請求権については、課税誤りの態様が「重大かつ明白な誤り」を伴い、課税処分自体が無効であると認められる場合には、一般の正義公平の原則に基づき、一般法たる民法の不当利得として返還を求める余地がある。協同組合等への固定資産税等非課税部分に対する課税は無効であるが、「重大かつ明白」な瑕疵を伴うかどうかについては単純に結論が下せない。課税対象の建物に課税部分と非課税部分が混在し、実地調査を毎年行うことが実際には困難であるという事情があるからである。さらに、課税処分自体を無効として不当利得の返還請求を認めるならば、還付請求権も当然発生しないし、その結果遅延損害金の性質を有する還付加算金（7.3%）の請求も出来ない。還付の範囲が 5 年以内であれば、還付金を利用した方が納税者も有利である。時効による還付不能分については、別途方策を講じた方が現実的でもある。また、不当利得返還請求と還付請求権について判例・通説が、還付請求権を優先適用しているという重みもある。これらを勘案すれば、今回のようなケースに限っては、過誤納金の返還については不当利得構成を採用しえない。

---

(29)　神戸地判昭 62・9・28 判例タイムズ 665 号 119 頁等。

　そうすると、国家賠償法による賠償金と地方自治法第232条の2の規定による寄付金が候補に残る。そこで、この二つを比較検討してみることとする。

　国家賠償法による返還の方法をとったときの問題は、5件の課税誤りの個々の事例ごとに過失認定や消滅時効完成の有無を検討する必要があること、及び、課税台帳等帳簿類のない年度（最長で7年分が不明）の損害額の算定が困難であるという問題がある。10年以上も前の納税記録を納税者が保管しているとは限らない。さらに、個々の事案について市議会の議決を要するため、納税者個々の名称や金額が公表されるなどプライバシーの問題もある。また、基本的に訴訟を起こしてもらう[30]など返還事務の煩雑さに加え即応性にかける難点がある。

　一方、地方自治法による返還については、納税者及び市民の税務行政に対する信頼の早期回復を図るための支出であり、納税者個々のプライバシーも保護され返還手続きの即応性に長じている。

　本件の場合、非課税規定の適用誤りによる不利益を補塡することは、地方自治法第232条の2に規定する「公益上必要な場合」にまさに該当するものである。

　以上のことを考慮すると、議会で予算の議決を得て、地方自治法第232条の2の規定に基づき還付不能分相当額を補塡金として返還することが良策であり、誤納付された固定資産税等の返還にあたり地方税法上還付不能となる部分の取扱いについては、弘前市独自の「取扱要綱」を制定し、今後の事例に対処すべきであろう。

---

(30) 阿部泰隆『政策法務からの提言』（日本評論社、1997年）202頁では、国家賠償請求訴訟を納税者から提起してもらい、一括して和解に持ち込むことを提案されている。

第4章 遺伝子実験施設の利用等に対する差止請求
——バイオハザード問題と差止訴訟等——

1．はじめに

　近年、バイオテクノロジーの発展はめざましく、ヒトゲノムプロジェクトのもとに遺伝子情報の解読が進められ、特に、医療や農業分野におけるバイオテクノロジーを利用した難病治療や品種改良が具体的な成果を上げている。一方で、「神」の領域へ踏み込むとも評すべき生命倫理の問題など今までにない困難な課題に直面している[1]。また、近年問題となっている「遺伝子組換え食品」のように、食料の生産・加工においても遺伝子組換え（組換えDNA）技術が利用されている。このように、現代のバイオテクノロジーによって遺伝子をめぐる情報や技術は「商品化」されつつあり（したがって、遺伝子組換えのノウハウは当然知的所有権の争いになる）、単に実験室での問題にとどまらないことに注意する必要がある。

　そして、これら遺伝子組換え技術の実用化は、遺伝子組換え実験の蓄積を不可欠の前提としており、これらの研究・開発は、人類に有用な成果を生み出す可能性を持つ反面、これまで自然界に存在しなかった新しい遺伝子の組合せをもつ生物が作られることとなり、これらが環境に漏出することによって、病原体微生物による感染等の深刻なバイオハザード（生物災害）を惹起する危険がある。もともと、第二次大戦以前の細菌兵器の研究開発段階からす

---

(1) 生命倫理に関しては、日本生命倫理学会編『生命倫理を問う』（成文堂、1991年）、米本昌平『遺伝管理社会——ナチスと近未来』（弘文堂、1989年）、佐藤和夫他『生命の倫理を問う』（大月書店、1988年）など参照。近年、生命倫理に関する学際的研究が進められており、医療の分野での研究の蓄積がある。医学など自然科学における「暴走」を監視するために社会科学の果たす役割は大きいが、特に法学においては、法制審議会などでの検討が進められているとはいえ、臓器移植や生殖医療の現場で既成事実化されている実態と既存の法秩序とのギャップがあまりにも大きい。

でにバイオハザード問題は存在したが、軍事機密のベールに覆われたいわば闇の存在から、バイオテクノロジーの名のもとに医療や産業の中心的な技術へと変身を遂げたのである。しかし、その危険性については本質的には何ら変わることがなく、人類は、今後、一歩間違えば甚大な災害を引き起こしかねない技術のコントロールという重い課題を背負わされたといえる。

　本稿においては、遺伝子実験施設の利用等をめぐる法的諸問題の一端を検討することを課題とする。この問題についての先行研究はまだ非常に少ないが[2]、遺伝子実験をめぐる技術は今後産業の中核ともなりうるとも言われており、重要な問題であると思われる。筆者は、バイオハザード問題に関しては以前検討を行ったことがあるが、本稿はその後の法規制の進展や裁判例の展開を補充する意味を有している[3]。本稿では、バイオハザード問題と遺伝子実験施設、遺伝子実験施設差止訴訟等の動向を概観し、問題点を検討することとしたい。なお、本稿は基本的には民事差止訴訟を中心としているが、関連する裁判例のうち、高槻JT情報公開請求訴訟は民事差止の事案ではない。しかし、遺伝子実験施設をめぐる訴訟として第一審では一部原告勝訴判決が下されたものであり（控訴審では逆転）、この問題を解明する一つのキーワードである「情報の独占」に関わる訴訟であるという重要な要素を有している。

2．バイオハザード問題と遺伝子実験施設

(1)　バイオハザードの特質

　バイオハザード（生物災害）とは、広義には、生物またはその毒性代謝物質による生物すべてへの危険性・障害であるが、主として、微生物またはその毒性代謝物質によってもたらされる人体への危険性・障害をいう[4]。コレラ

---

(2)　次注記載の拙稿参照。須加憲子「高度な危険性を有する（バイオハザード）研究施設による「不安感・恐怖感」と「平穏生活権」について——国立感染症研究所実験等事件を契機として——」早稲田法学78巻1号167頁はこの問題について「平穏生活権」を中核に検討する意欲的な論文であり、注目される。

(3)　牛山積編『体系　環境・公害判例第5巻』（旬報社、2001年）151頁以下参照。

(4)　井上薫『遺伝子からのメッセージ』（丸善、1997年）82頁参照。

等の微生物による被害は史上幾度となくその猛威をふるい、人類はこれらの微生物に対する研究によって疾患の克服・予防を図ってきた。今日、WHOによって撲滅宣言が出された天然痘のウイルスは今では研究機関にしか存在しないといわれるように、現代では、「微生物の研究施設自体が有力な生物災害の源」となっている。そして、これらの施設は、前述のように、バイオテクノロジーの進展に伴いその範囲を大幅に拡大しており（企業の研究所、大学の遺伝子実験施設等）、市街地にバイオテクノロジー関連施設が立地していることも珍しくない。そうなると、微生物等が一度環境に漏出すれば甚大な被害が生じることが予想されるため、後述するような遺伝子組換え実験等に対する各種のガイドラインを設け、「規制」を行ってきた。ただし、右規制は施設自体に対するものではなく、遺伝子実験に関わる研究等を行う上での「指針」にすぎず、違反者に対する罰則もないという極めて不十分なものであった。

　さらに、実験段階ではなく、実用段階にある遺伝子組換え技術により生産された食品の流通によって、様々な被害が生じる危険性がある。その一例として、1988（昭和63）年から翌年にかけて、米国で、昭和電工が製造した必須アミノ酸の一つ「トリプトファン」を含む健康食品を食べた人に重大な副作用が多発した「L－トリプトファン」事件（34名死亡、患者数は1,200人以上）があり、製造物責任に係わる事故とされているが、原因物質と思われる不純物の一つが遺伝子組み換えによるものとの疑いがあり、「初めての遺伝子組み換え食品事故だった可能性が高い」という指摘がある[5]。

　バイオハザードの特徴としては、原子力施設における放射能汚染等の被害、特に、微量放射線の長期間の曝露によるケースとの類似点が指摘できる[6]。すなわち、「晩発性」と「不顕現性」である。病原体等の微生物や放射線を体内に取り込んでから実際の被害（疾病）が生じるまで時間がかかり、原因が不明なままで終わることである。「目に見えない被害」といわれるゆえんであるが、放射線の検出に比べれば、漏出した微生物の検出は非常に困難であるとされ、生物であるから増殖・伝播する点ではより扱いにくいといえ

---

(5)　朝日新聞1991（平成3）年1月6日付記事参照。
(6)　原子力被害に関しては、牛山積編『体系　環境・公害判例第5巻』（旬報社、2001年）参照。

よう。また、放射線による被害が世代間にいわば「縦に継承される」のに対し、バイオハザードでは、不特定多数に対するいわば「横への被害」として出現する。原子力施設においても見られる問題であるが、施設設置者等による「情報の独占」がなされることも顕著であり、高槻市 JT 情報公開請求訴訟はこれを問題としたものであった。第一審判決では原告の主張が一部認容されて「開示命令」がなされたことはバイオハザード問題を考える上で注目に値する（この訴訟の詳細は後述）。

　このように、遺伝子実験施設では、当該施設の労働者を含め、国民の生命・健康の安全を保証するという点からは問題が多いと思われる。この他にも、原子力関連施設が「核原料物質、核燃料物質及び原子炉の規制に関する法律」等に基づき建設段階から国による規制が行われるのに対して、遺伝子関連施設には同じような法的規制がないという重大な相違点がある。遺伝子実験等に対する各種「指針」しか当初は存在しなかった。「生物の多様性に関する条約のバイオセーフティに関するカルタヘナ議定書」の締結とそのための国内法整備により、ようやく、2004（平成16）年2月19日に関連する国内法令等が施行され、遺伝子実験に対する法的規制が始まったばかりである。

(2)　遺伝子実験に対する規制の現状

(1)　遺伝子組換えの「実験指針」による規制

　わが国では、研究段階の遺伝子組み換え実験を安全に実施するための基準として「組換え DNA 実験指針」が定められており、実験の種類によっては事前に申請をして許可をうけることが必要となっていた。かつては、大学などの実験は文部省、それ以外は科学技術庁の所轄であった。指針は改定のたびに緩和されてきたが、1996 年に行われた第 10 回目の改定では、大幅な見直しが行われた。また、実利用の段階では、「組換え DNA 技術応用食品・食品添加物の製造指針及び組換え DNA 技術応用食品・食品添加物の安全性評価指針」[7]等の化学品製造、医薬品製造、農業用品種、農薬など、所轄官庁においてそれぞれ指針が設定されていた。

---

(7)　平成 3 年 12 月厚生省生活衛生局長通知（衛食第 153 号）。

　従って、その限りにおいて、わが国では、遺伝子組換え実験や同実験施設に関する法令に基づく規制は存在しなかった。右のような、各種の「実験指針」等は、ガイドラインであって、研究者の自主規制に委ねられていたからである。もっとも「実験指針」上も安全確保のための「安全委員会」の規定があり、内部的な被害については右義務の不履行による責任を問う余地はあるが、施設外の被害は射程距離にはなかったと思われる。

　なお、法律ではないが、条例に基づく規制の一例として、遺伝子組換え実験施設の安全性等の確保を目的として制定された条例が存在していたことは注目すべきであろう[8]。

(2)　遺伝子組換え実験に関する規制立法（「カルタヘナ法」）の成立

　遺伝子組換えに関する国際的規制としては、2000（平成12）年1月、カナダで開かれていた生物多様性条約に基づく特別締約国会議で採択された「バイオセーフティに関するカルタヘナ議定書」(以下「議定書」という。）があげられる[9]。右「議定書」は、「近代的なバイオテクノロジーによる遺伝子組換え生物[10]が、生物多様性の保全と持続可能な利用に悪影響を与えないよう、国境を越える移動に十分な安全性を持たせる」ことを目的とする国際的な取り決めであり、オゾン層保護に関するモントリオール議定書、温室効果ガス

---

(8)　井上薫「吹田市遺伝子組換え施設規制条例の法律問題」ジュリスト1064号94頁参照。

(9)　右「議定書」は、遺伝子組換え生物の使用による生物多様性への悪影響を防止することを目的とし、2000年1月に採択され、「議定書」発効に必要な50カ国が締結した日から90日後の2003年9月11日に発効したものである。水上千之他編『国際環境法』（有信堂、2001年）130頁（高村ゆかり）参照。浅野優子「生物の多様性に関する条約のバイオセーフティに関するカルタヘナ議定書」ジュリスト1551号44頁参照。

(10)　「議定書」は、第1条においてその目的を「遺伝子組換え生物等＝Living Modified Organism（LMO）の使用による生物多様性への悪影響（人の健康に対する悪影響も考慮したもの）を防止すること」と規定している。LMOの定義は、さらに、同第3条(g)から(i)では、現代のバイオテクノロジーの利用によって得られる遺伝素材の新たな組み合わせを有する生物であるとされ、より具体的には、バイオテクノロジーとは、「自然界における生理学上の生殖又は組換えの障壁を克服する技術であって伝統的な育種及び選別によって用いられない生体外核酸加工技術及び異なる科に属する生物の細胞融合」のことであり、生物とは、遺伝素材を移転し又は複製する能力を有するあらゆる生物学上の存在（不稔性の生物、ウイルス及びウイロイドを含む。）をいう（「議定書」第3条(h)）。

の削減に関する京都議定書に続くものである。右「議定書」によって、栽培や繁殖を目的とする種子等の国際的な取引において、輸出国と輸入国の間で事前同意手続きが義務付けられ、輸入禁止の措置も認められる。農水産物の輸入禁止措置については、保護貿易を理由として世界貿易機関（WTO）は認めていなかったが、限定的とはいえ、初めて環境を理由にした輸入禁止を可能とする道が拓かれたと評価できる[11]。

　我が国の対応としては、国内法として「遺伝子組換え生物等の使用等の規制による生物の多様性の確保に関する法律」[12]（以下「カルタヘナ法」という。）及び関連する政省令等の整備を行い、2003年11月21日に「議定書」を締結した。「議定書」の規定により締結の90日後の2004年2月19日から「議定書」が我が国について発効し、「カルタヘナ法」も同日施行となった。なお、主務官庁として環境省が窓口となったことも大きな変化であろう。

　なお、環境省によれば、2004年5月21日現在、97カ国及びECが議定書を締結しており、日本は73番目である。遺伝子組換え生物等の主要な生産国であるアメリカ、アルゼンチン、カナダは締結していないという現状にある。

(3) 「カルタヘナ法」の概要

　遺伝子組換え技術の開発や実用化の環境に対する影響については、これまで文部科学省の「組換えDNA実験指針」や農林水産省の「農林水産分野等における組換え体の利用のための指針」等により「規制」が行われてきたが、生物多様性条約に基づく「カルタヘナ議定書」の円滑な実施を目的として、「遺伝子組換え生物等の使用等の規制による生物の多様性の確保に関する法律」（「カルタヘナ法」）が、平成16年2月19日に施行され、今後は同法及び関連法令に基づく法的規制が行われることとなった[13]。これに伴い、それまで

---

(11) 朝日新聞2000年1月30日付記事参照。
(12) 同法の解説、「議定書」締約国の一覧等については下記を参照。
　　https://www.maff.go.jp/j/syouan/nouan/carta/about/（閲覧日：2024年10月27日）
(13) 「遺伝子組換え生物等の使用等の規制による生物の多様性の確保に関する法律」（平成15年6月18日法律第97号）施行にあわせ、例えば「研究開発等に係る遺伝子組換え生物等の第二種使用等に当たって執るべき拡散防止措置等を定める省令の規定に基づき認定宿主ベクター系等を定める件」（平成16年1月29日文部科学省告示第7号）参照。

運用されてきた関係各省の「指針」は廃止され[14]、「カルタヘナ法」の施行により生物多様性の確保を図るための制度となった。

　「カルタヘナ法」では、遺伝子組換え生物について、「閉鎖系での利用」か「開放系での利用」かによって規制方法が異なる。

①閉鎖系での利用

　実験室や工場等における閉鎖系での利用（「カルタヘナ法」では「第二種使用等」という）については、関係各省が遺伝子組換え生物の封じ込め確保の為に必要な基本条件を本法律に基づいて示しており、それに従って使用する法的義務が生じた。

②開放系での利用

　遺伝子組換え生物の栽培や輸入などの開放系での利用（「カルタヘナ法」では「第一種使用等」という）を行う場合には、我が国の生物多様性を損なうおそれがない場合に限って関係大臣（遺伝子組換え作物の場合は農林水産大臣と環境大臣）が使用の承認を行うこととなった。

　さらに、遺伝子組換え生物を食品として利用する場合は、内閣府食品安全委員会・厚生労働省が「食品安全基本法」・「食品衛生法」に基づいて、安全性評価（リスク評価）・承認を行い、また、飼料として利用する場合は、「飼料の安全性の確保及び品質の改善に関する法律」（「飼料安全法」）における省令の改正（平成15年4月）により、本法律に基づいて農林水産大臣が飼料としての安全性確認を行い、その確認に当たっては、内閣府食品安全委員会に意見を聴く必要があることとなった。

　なお、「飼料安全法」の省令改正に伴い、これまで運用されてきた「組換え体利用飼料の安全性評価指針」は廃止された。また、厚生労働省では、遺伝子組換え技術を利用した医薬品の安全性審査を「医薬品などの製造のための法律」に基づいて運用している。

---

(14) 例えば、「組換え DNA 実験指針を廃止する件」（平成16年1月29日文部科学省告示第6号）等。

(4)　遺伝子組換え実験とその「安全性」

「カルタヘナ法」施行以前の「組換え DNA 実験指針」によれば、組換え DNA 実験の安全確保のため、病原微生物学実験室で一般に用いられている標準的な実験方法を基本とし、実験の安全度評価に応じて、「物理的封じ込め（Physical Protection)」(組換え体を施設、設備内に閉じ込めることにより、実験従事者等への伝播及び外界への拡散を防止しようとするもので、P4 は最高度の物理的封じ込め機能を示す) 及び「生物学的封じ込め（Biological Protection)」(特殊な培養条件下以外では生存できない「宿主」と宿主以外の生細胞には移行しない「ベクター」との組み合わせにより、組換え体の環境への伝播、拡散を防止するか、又は生物学的安全性が極めて高いものと認められた宿主・ベクター系を用いることにより組換え体の生物学的安全性や実験の安全の確保を図るもので B1 と B2 の区分がある) の二種の方法を組み合わせることにより、安全確保を行うことになっている。「カルタヘナ法」に基づく規制では、罰則のある法的規制にまで高めたものといえる。実験室や工場等における閉鎖系での利用は「第二種使用等」に該当し、関係省が遺伝子組換え生物の封じ込め確保の為に必要な基本条件を「カルタヘナ法」に基づいて示しており、防止措置の基本的な手法は「組換え DNA 実験指針」を踏襲しているが、第二種の遺伝子実験に関しては、使用者等は事前に使用規定を定め、生物多様性影響評価書等を添付し、主務大臣の承認を得る義務が定められている[15]ほか、主務大臣の審査に当たっては専門家による意見聴取（パブリックコメント）を行わなければならないなど、規制がより詳細になっている。

(3)　裁判例の動向と問題点

　バイオハザードに関する訴訟としては、①理化学研究所 P4 実験差止め訴訟、②国立感染症研究所訴訟[16]、③高槻市 JT 情報公開請求訴訟があり、①

---

(15)「遺伝子組換え生物等の使用等の規制による生物の多様性の確保に関する法律」第4条第2項。

(16) 国立感染症研究所訴訟に関しては、準備書面等を収録した芝田進牛編『バイオ裁判』（晩聲社、1993 年）、予研＝感染研裁判原告の会他編『バイオハザード裁判』（緑風出版、2001 年) が有益である。バイオハザードに関しては、芝田進牛編『論争　生物災害を防ぐ方法』（晩聲社、1990 年) 参照。

のみが確定している。争点としては、①訴えの利益、②因果関係の立証責任、③賠償額の算定、④差止要件としてのアセスメントと住民参加、及び、⑤平穏生活権に基づく差止請求があげられるが、次節以降で検討する。

　なお、遺伝子に関する裁判例は、民事では、遺伝子組換え技術等に関する特許紛争が多く、20件を超える裁判例が存在する（例えば、雪印乳業対麒麟麦酒審決取消請求事件・東京高裁判決[17]）。現在のバイオテクノロジーが産業界において不可欠の技術となっていることの反映であると思われる。

3．遺伝子実験施設差止訴訟等の動向

(1)　遺伝子実験施設差止訴訟等の動向

　組換え DNA 実験施設の安全性をめぐる訴訟としては、「国立感染症研究所組換え DNA 実験差止め等請求事件」及び「高槻 JT バイオ施設情報公開請求事件」があるが、本稿執筆段階ではまだ判決が確定しておらず上訴中である。確定した裁判例としては、P4 施設利用差止め等請求事件・水戸地裁土浦支部判決[18]のみである。

　なお、組換え DNA 実験の装置、製法及び生産物等に関しては、医薬品・食品等の製造業者間の知的所有権に関する訴訟が近年増えつつあり、外国企業から日本企業が訴えられるケースもある[19]。企業間の研究・開発競争の過熱によって組換え DNA 実験にかかわるガイドラインすら遵守されないとすれば、問題が生じよう。この点で、P4 施設利用差止等請求訴訟・水戸地裁土浦支部判決は、組換え DNA 実験指針の規制について、「実験実施の手続、国の指導の方法、内容等からして、これらが組織的な規制であることからすれば、原告らが主張するように、個々の実験従事者が先陣争いのような動機からその規制を逸脱する事態はない」と判示しているが、すでに、「ヒト組織プラスミノーゲン活性化因子」に関する遺伝子組換え特許権侵害事件第一審判決[20]が出ていたことを考慮すれば、右判示の説得力は疑問である。以下、P4

---

(17)　東京高判平成 12・6・29 審決取消請求事件（特許庁平成 8 年審判第 3000 号事件）。
(18)　水戸地判平 5・6・15、判時 1467 号 3 頁。
(19)　特許権侵害予防請求事件・大阪高判平 8・3・29 判時 1568 号 117 等。

施設利用差止等請求訴訟の概要と争点を述べる。

(2)　P4 施設利用差止等請求訴訟

(1)　事件の概要と争点

　本件は、茨城県つくば市及び牛久市に居住する原告（Xら）が、被告理化学研究所（Y_1）が 1984 年に建設した「ライフサイエンス筑波研究センター」施設内の「P4 実験室」における P4 レベルの組換え DNA 実験により、その生命、身体に回復しがたい重大な損害を受けるおそれがあり、平穏で安全な生活を営む権利や生命、身体に対する安全性の意識が現に侵害されているとして、Y_1に対し、不法行為及び人格権に基づいて右 P4 実験室を P4 レベルの組換え DNA 実験に使用することの差止めを求め、また、すでに右 P4 実験室でなされた実験により損害を被ったとして、Y_1及びその理事長である被告 Y_2 に対し不法行為に基づく損害賠償を請求した事件である。本件は、P4 レベルの組換え DNA 実験の安全性に関するわが国初の司法判断となったが、X らの請求はいずれも棄却され、判決は確定した[21]。

　被告の Y_1 は、1958 年に、理化学研究所法に基づく科学技術に関する総合的試験研究機関として設立された特殊法人である。本件施設は、最高度の物理的封じ込め機能（P4 レベル）を有する組換え DNA 実験区域を備えた総合的研究施設設置の必要性に関する「科学技術会議」の提言に基づいて Y_1 が建設したもので、5 万平方メートルの敷地に、組換え DNA 実験棟、高圧滅菌処理棟、RI 廃棄物処理倉庫、研究棟 2 棟、細胞遺伝子保存施設、実験動物維持施設、エネルギーセンター、排水処理施設、管理棟、情報・研修棟等が建てられている。

　Y_1 は、1987 年 12 月から、ウイルスをベクター（組換え DNA 実験において、宿主に異種の DNA を運ぶ DNA）として利用し、人に有用な遺伝子を生物細胞や動物に効率的に導入する技術の確立を目的とする研究を行い、1988 年 6 月から 1989 年 3 月まで、本件 P4 実験室を利用して、癌遺伝子、あるいは、抗

---

(20)　大阪地判平 3・10・30 判時 1407 号 34 頁。
(21)　本件の評釈としては、中村哲『平成五年度主要民事判例解説（判タ 852 号）』122 頁がある。

生物質耐性遺伝子を使用した2件のP4レベルの実験を行った。これらの実験により出現するウイルスは、癌遺伝子、あるいは、抗生物質耐性遺伝子を有するウイルスであり、これらのウイルスの施設外への漏出によって、Xらがこれに感染すれば、癌を発病する、あるいは、抗生物質による治療が不可能となる等、未知の病気に罹患する危険があるとして、Xらは将来にわたる実験の差止めと右2件の実験に対する損害賠償を請求したものである。

　本事件の争点としては、第一に、差止請求の適法性、第二に、組換えDNA実験の安全性、第三に、「平穏生活権」侵害に基づく差止請求権、及び、第四に、「平穏生活権」・「安全性の意識」の侵害による損害賠償請求があげられる。

(2)　差止請求の適法性

　Yらは、Xらの請求はその内容が特定されず不適法であると主張したが、本判決は、次の通りXらの請求を適法とし、さらに、本件請求の内容が無期限の実験の禁止の請求であったとしても不適法とはならないと判示した。いわゆる「抽象的不作為請求」の適法性については、裁判例も判断が分かれているが、名古屋新幹線訴訟第一審判決以降、積極に解する裁判例も増えており、新幹線、空港、道路等からの一定量の騒音・振動や二酸化窒素の原告住居内への侵入を禁止している（名古屋新幹線訴訟事件第一審、同控訴審、小松基地訴訟、及び、国道四三号線訴訟控訴審、西淀川公害訴訟第二～四次第一審、横田基地公害訴訟上告審など）。他方、大気汚染関係の事件では消極に解する裁判例が多い（国道四三号線訴訟第一審、西淀川公害訴訟第一次第一審、倉敷公害訴訟、千葉川鉄訴訟第一審など）。

　本件の場合の実験は「組換えDNA実験指針」にしたがい所定の申請手続を経て実施されるものであるから、その内容と種類を特定することは容易であり、判旨は妥当である。

(3)　組換え DNA 実験の安全性
①安全性に関する司法審査の方法

　組換えDNA実験の安全性を判断するためには遺伝子工学などの高度の専

門的知識を要するが、訴訟上問題となるのは、安全性に対する司法審査の対象・方法及び立証責任の配分である。特に、後者に関しては、情報等を被告側が独占しているため、原告が施設等の危険性を具体的に立証することが現実には不可能であることが考慮されるべきである。本判決は、アセスメント等欠如における立証責任の転換・軽減を否定した他は特に明示しておらず、原告が立証責任を負うという原則を堅持しているものと思われる。

　類型が異なる取消訴訟の事例であるが、伊方原発訴訟上告審判決における判断は、これらの問題について一応の参考となろう。これまで、原子炉設置許可処分の取消訴訟において、右施設の安全性に関する司法審査の対象・方法については、裁判所自らが安全性に関する基準を設けて判断する「実体的判断代置方式」によるのか、それとも、行政庁の判断が適法な手続によってなされたかを判断する「手続的審理方式」によるのかについては対立があり、右判決は「手続的審理方式」を採用することを明らかにしたものである。

　すなわち、右判決は、原子炉施設の安全性に対する裁判所の審理、判断は、「原子力委員会若しくは原子炉安全専門審査会の専門技術的な調査審議及び判断を基にしてされた被告行政庁の判断に不合理な点があるか否かという観点から行われるべき」であるとし、「現在の科学技術水準に照らし、右調査審議において用いられた具体的審査基準に不合理な点があり、あるいは当該原子炉施設が右の具体的審査基準に適合するとした原子力委員会若しくは原子炉安全専門審査会の調査審議及び判断の過程に看過し難い過誤、欠落があり、被告行政庁の判断がこれに依拠してされたと認められる場合には、被告行政庁の右判断に不合理な点があるものとして、右判断に基づく原子炉設置許可処分は違法と解すべきである」と判示した。さらに、右判決は、「被告行政庁がした右判断に不合理な点があることの主張、立証責任は、本来、原告が負うべきものと解されるが、当該原子炉施設の安全審査に関する資料をすべて被告行政庁の側が保持していることなどの点を考慮すると、被告行政庁の側において、まず、その依拠した前記の具体的審査基準並びに調査審議及び判断の過程等、被告行政庁の判断に不合理な点のないことを相当の根拠、資料に基づき主張、立証する必要があり、被告行政庁が右主張、立証を尽くさない場合には、被告行政庁がした右判断に不合理な点があることが事実上

推認されるものというべきである」と判示し、立証責任の所在についての原則は維持しつつ、被告側の情報の独占を立証責任の配分に事実上反映させるものとして注目される。なお、このたび、取消訴訟ではなく、人格権に基づく民事差止請求（志賀、女川原発訴訟）に対する最高裁の判断が示されたが、原発に具体的な危険性が認められないとした原審の判断を支持し、請求を棄却した[22]。

②実験指針による安全確保

本件では、伊方原発訴訟の場合とは異なり、組換え DNA 実験を規制する法令が当時には存在しなかった。右実験に関しては、科学技術会議の答申「遺伝子組換え研究の推進方策の基本について」に基づき「組換え DNA 実験指針」[23]が策定され、その後改訂を経ていたものであり、大学を除くすべての研究機関における組換え DNA 実験を対象としている（大学は別途「文部省告示」による）。右「指針」は、「組換え DNA 実験及びこれに準ずる実験の安全を確保するための必要な基本条件を示し、もって組換え DNA 研究の推進を図る」ことを目的とするものであって、生物災害防止に関しては「指針及び内部規則を熟知するとともに、生物災害に関する知識及び技術に習熟した者」を安全主任者としておくことを規定しているのみである。また、組換え DNA 技術に関する指針は、実験レベルの基礎研究を対象とした「実験指針」と食品・医薬品製造などの分野におけるプラントレベルの製品化研究を対象とした「産業利用指針」との二層構造となっており、研究の進度、対象研究機関に応じて監督官庁による指導が行われるものとされている。このように、右「指針」自体は研究機関が自主的に遵守することを予定したガイドラインであって、法的な強制力を持たないものであった。

本件において、X らは、まず、組み換えられた遺伝子等は、排気、排水、実験施設の破壊、実験者による漏出などが考えられるから物理的封じ込めには限界があり、また、増殖等の生命活動を有しないウイルスを生物学的に封じ込めることは不可能であるから、物理的、生物学的封じ込めはいずれも不

---

(22) 最一判平 4・10・29 民集 46 巻 7 号 1174 頁。
(23) 1979 年 8 月内閣総理大臣決定。

完全であるとの認識に基づき、次に、「指針」改訂による大幅な基準緩和によって、「指針」の内容は、「クローン化された DNA が原ウイルス DNA と同程度に感染性を有することを看過し、また、外の環境でも生き残りそうなものまで加えられており、科学的安全性は全く保証されておらず、もはや実験指針は規制としての性格を失」っているとし、さらに、P4 レベルの物理的封じ込めを必要とする実験は安全度評価の確認されていない実験であり、「国の指導という形式的なことで生物災害の危険性が変わるものではない」として「指針」の有効性を争った。

　しかし、本件判決は、「我が国の実験指針が定める組換え DNA 実験の安全確保の方法、内容は、決して特異なものではなく、一般的に妥当なものとして採用されているということができ、むしろ内容的にはアメリカ合衆国のガイドラインなどに比べると厳しい面もあり、P4 レベルでの実験を含め、この実験指針の定めに従って組換え DNA 実験が行われるかぎりは、その物理的封じ込めと生物学的封じ込めとの組合せによって、組換え体等の漏出や外界への伝播、拡散のおそれはなく、その安全は確保されるといってよい。(中略) 以上によれば、本件施設の組換え DNA 実験棟及び本件 P4 実験室の設計、構造、設備は、いずれの点においても実験指針が詳細に定めているところをすべて充足しており、また、本件施設における組換え DNA 実験の実施に当たっては、実験指針における実験実施要領、組換え体の取扱い、教育訓練及び健康管理、実験の安全確保のための組織等についての定めを遵守すべきものとされ、その内容をさらに安全管理規程によってより具体的に定め、遺漏のないよう万全の配慮がなされていることが認められる。したがって、本件 P4 実験室を使用して行う組換え DNA 実験についても、実験指針に従ってその安全の確保が図られているものということができる。」と判示し、「指針」の内容は一般的に妥当なものであるという認識に基づき、本件の組換え DNA 実験は、「指針」や Y₁ の「安全管理規程」にしたがってなされる限り、その安全確保が図られているとして X らの請求を斥けている。

③社会的安全性（住民参加）

　本件実験の安全性については、自然科学的な安全性の問題に加え、社会的

な安全性の問題が争われた。Xらは、本件組換え DNA 実験においては、「(a)
実験内容、目的、住民或いは人類全体に対する影響の資料の提供、(b)右資料
の十分な説明、(c)第三者の参加、科学者以外の専門家の参加、(d)住民の参加、
(e)実験の決定、(f)実験の実行」の過程を経ることの保証を求め、少なくとも
P4 実験室を用いて行うべき実験に対する社会的コンセンサスは成立してお
らず、これを備えないことは注意義務違反であり過失があると主張した。し
かし、本判決は、「Y_1 が本件施設の目的や社会的有用性、そこで行われている
各種実験の内容等について周辺地域住民に情報を提供し、積極的な広報活動
等を行うことが、住民の無用な不安感を除去し、その理解や協力を得るため
に適当であるとしても、Xらが主張するような意味での住民参加等の保証が
なければ、ただちに本件 P4 実験室における組換え DNA 実験の実施が社会的
安全性の保証を欠くことになって、法律的に違法と評価され、これが当然に
不法行為となるとする理由はない。」と判示し、P4 実験室における組換え
DNA 実験の実施が社会的安全性の保証を欠くことになって、法律的に違法
と評価され、これが当然に不法行為となることはないとして、Xらの主張を
認めなかった。

　なお、取消訴訟の場合の例であるが、原子炉規制法等が、周辺住民に対す
る同意、公聴会開催、告知、聴聞手続及び安全審査資料の公開に関する定め
を置いていないことが問題となったが、福島第二原発原子炉設置許可取消請
求事件上告審判決は、憲法 31 条に違反しないとした[24]。

④本件各実験による生物災害の発生のおそれ

　本件で問題となった 2 件の P4 実験に関して、Xらは、本件各実験により、
予定外の遺伝子が伝播する可能性があること、さらには、具体的な被害の発
生は未だ不明であることから、生物災害発生のおそれを争った。しかし、本
判決は、「本件各実験は右のようなウイルスの出現はありえないとの理論的
検討のもとに行われ、実際にもそのようなウイルスの産生は認められなかっ
たものであり、また、予定外の遺伝子の伝播の可能性というのは、前述のよ

---

(24) 最一判平 4・10・29 判時 1441 号 50 頁。

うに増殖のための遺伝子を欠損させたレトロウイルスが、感染した細胞の中で遺伝子を一部入れ替えたりして変化し、自己複製能を回復して二次的ウイルスを産生するようになるか否かの可能性を指しているものと解されるのであって、Ｘらのいうように予定外の遺伝子が新たに出現してくるようなことを考えているものではなく、また本件各実験によりそのような遺伝子が出現する可能性のあることを認めるに足る証拠も存しない。（中略）本件各実験によってウイルスや組換え体等が漏出したり、それによる被害の発生を疑わせるような事実については何らの主張立証もないのであって、本件各実験で採用された P4 レベルの物理的封じ込めの前記内容、実験に使用したレトロウイルスについて、その自己複製能を欠損させて生物学的安全性を高める措置が講じられていたこと、そして実験の前後においてとられた前記のような安全確保のための措置及び実験後の検査、確認とその結果などに照らしても、ウイルスや組換え体等の漏出のおそれは認められないというべきである。」と判示して、これを認めなかった。具体的な被害の発生に関して、Ｙらは、本件の「安全性評価実験は我が国では初めて」であり、「安全性評価実験においては二次的ウイルスが産生される可能性を最大限見積もる必要性があること、使用する DNA 供与体が発癌性ウイルス等であることから、安全確保に万全を期し、最高度の封じ込めレベルである P4 実験室を使用して、これを実施」した結果、「自己複製能を回復した二次的なウイルスの産生は認められず、また実験中及び実験終了後の安全は確保され、実験操作上の過誤、施設、設備の運転、保守上の事故は一切発生せず、実験者、安全管理者等の健康にも全く異常はなく、いかなる意味においても被害は発生」しなかったとしているが、実験に至る過程での生物災害発生のおそれがないことの立証はなされておらず、結果として実験は安全であったというに止まる。ウイルスや組換え体等の漏出とそれによる被害の発生を疑わせるような事実についての立証責任をＸらに負わせることは事実上立証不可能を強いる結果となり、問題が残る。

⑷ 「平穏生活権」侵害に基づく差止請求権

　名誉・プライバシー侵害、騒音・振動公害などの事案では、精神的苦痛や

睡眠妨害を味わわない「平穏生活権」は、人格権の一種であり、その侵害は差止請求権の根拠として裁判例でも認められるようになってきた。例えば、廃棄物処分場の建設に関する工事中止等仮処分申請事件・仙台地決平4・2・28[25]は、原告には「人格権の一種としての平穏生活権の一環として、適切な質量の生活用水、一般通常人の感覚に照らして飲用・生活用に供するのを適当とする水を確保する権利」があり、これらに対する侵害が生ずる「高度の蓋然性」が認められる場合には侵害行為予防の差止請求権があることを認めた。

　本件において、Xらは、「本件P4実験室で行われる組換えDNA実験は常に生物災害発生の危険性を有し、右実験に使用されるウイルス或いは遺伝子が実験室から漏出してXらに感染し、その生命、身体に回復しがたい重大な被害を受ける危険性があり、日常的にそのような危険と不安にさらされている」から、Y₁が本件実験を行うことによって、Xらは、「現在、平穏で安全な生活を営む権利を侵害され、また、生命、身体の安全性の意識を侵害されて損害を受けている」とし、右損害は主観的なものではあるが法的保護の対象になり得ると主張した。しかし、本判決は、Xらは主観的な不安感に基づき平穏で安全な生活を営む権利が侵害されていると主張しているものであるとし、一般に受忍すべき限度を超えた平穏生活権或いは人格権の侵害といえないとし、Xらの請求を認めなかった。

①平穏生活権及び生命、身体の安全性の意識の侵害

　この点に関し、本判決は、「仮に、平穏で安全な生活を営む権利（以下、平穏生活権ともいう。）の侵害を理由に本件P4実験室の使用の差止めを請求し得る場合があるとしても、右の平穏生活権或いは人格権の侵害は、それが客観的に違法といえる程度に重大で、社会生活上、通常人が一般に受忍すべき限度を超えたものであることが必要である。そして、右の平穏生活権或いは人格権の侵害の前提である生命、身体の侵害はすでに発生しているか、未だ発生していなければ、これが発生することの客観的な蓋然性がなければならな

---

(25)　判時1429号109頁。

い。（中略）本件P4実験室を使用して行われた番号一六、一七の各実験によっても、右の生命、身体の侵害が現に発生し、或いは発生しつつあるとは認められず、また、本件P4実験室で将来行われるであろうP4レベルの組換えDNA実験によって右の侵害が発生する客観的な蓋然性も認められない。（中略）生命、身体の安全性の意識の侵害が差止請求の理由となるほどの利益の侵害にあたらない」と判示している。

②立証責任の軽減・転換

　Xらは、本件施設の建設に当たっては環境アセスメントも反対住民に対する十分な説明も行われておらず、また、そこで行われる各種実験の内容についても十分な情報が公開されていないとして、そのような場合は、Xらは本件実験により受忍限度を超える公害被害が生じる一般的抽象的蓋然性のあることを立証すれば足り、右立証がなされたときは、被害が発生しないことをYらが立証すべきであると主張した。しかし、本判決は「本件施設の建設及び本件P4実験室の設置に当たって環境アセスメントをなすべき義務があるとする根拠はなく、したがって、これが行われておらず、或いは住民に対する説明や実験に関する情報の公開が不十分であったとしても、そのことの故に、本件のような差止請求訴訟において、ただちにXら主張のような立証責任の軽減或いは転換を図るべきであるとは解されない。」と判示して、これを認めなかった。

(5)　「平穏生活権」・「安全性の意識」の侵害による損害賠償請求

　Xらは、本件実験は高度な科学技術を要する最先端の研究であるところ、Xらに正確な知識がなく、Yらからもこれらの知識の提供がなかったため、Xらは、「すでに被害を受けているか否か不明であるが、仮にないとしても、その不安にさらされ、平穏で安全な生活を営む権利或いは安全性の意識を現に侵害された」としてこれらの権利侵害に基づく損害賠償を請求した。しかし、本件判決は、「右にいう安全性の意識はその内容が極めて抽象的かつ曖昧といわざるを得ないうえ、本件の内容に照らしてみても、一般に精神的被害として慰謝料をもって償われるべきものとされる現実の精神的苦痛や恐怖心

などとは異なり、漠然とした懸念、不安感或いはせいぜい危惧感という程度の心理的負担ないし感情であって、差し迫ったものとは認められないので、これをもって法律上保護されるべき利益ということはできず、仮にXらがその主張するような安全性の意識を侵害されたと感ずることがあるとしても、法的にはXらの主観的感情が害されたという以上にその権利ないし法律上保護に値する利益が侵害されたものとは認められないので、これが前記差止請求の理由となり得るものでないことはもとより、不法行為による損害賠償請求の理由ともなり得ない。」と判示して、前述の「社会的安全性」に関する判断と同じく右請求を認めなかった。

4．むすびにかえて

　これまでの遺伝子実験施設にかかわる差止訴訟は、旧「実験指針」の下におけるものであったため、「カルタヘナ法」に基づく判断はできないが、遺伝子実験施設の安全性を判断する際の判断基準としては、今後「カルタヘナ法」に基づく規制が基準となろう。高槻市JT訴訟で一部ではあるが原告の請求を認めたことなど、情報開示、住民参加の意義はより一層重要になると思われる。本稿で検討できなかった「国立感染症研究所組換えDNA実験差止請求事件」も含め、詳細の検討は今後の課題としたい。

事項索引

著者紹介

村田　輝夫（むらた　てるお）

1954年　三重県伊勢市生まれ
　早稲田大学法学部卒業
　同大学大学院法学研究科博士後期課程単位取得満期退学
　弘前大学人文学部講師・助教授・教授を経て
　現在　関東学院大学法学部教授

現代人身損害賠償論

2025年3月20日　初版第1刷発行

著　者	村	田	輝	夫
発行者	阿	部	成	一

〒169-0051　東京都新宿区西早稲田1-9-5
発行所　　　株式会社　成文堂

電話 03(3203)9201　Fax 03(3203)9206
https://www.seibundoh.co.jp

製版・印刷　三報社印刷　　　　　　製本　弘伸製本
© 2025 T. Murata　　　　　Printed in Japan
☆乱丁・落丁本はおとりかえいたします☆　検印省略
ISBN978-4-7923-2816-0　C3032

定価（本体5,000円＋税）